Social Work in Daily Life

Topics on Social Work Theories

日常生活中的社会工作

社会工作理论漫谈

童敏 著

北京大学出版社

图书在版编目（CIP）数据

日常生活中的社会工作：社会工作理论漫谈 / 童敏著. —北京：北京大学出版社，2022.10

ISBN 978-7-301-33215-3

Ⅰ.①日… Ⅱ.①童… Ⅲ.①社会工作 Ⅳ.①C916.2

中国版本图书馆 CIP 数据核字(2022)第 142851 号

书　　名	日常生活中的社会工作 ——社会工作理论漫谈 RICHANG SHENGHUO ZHONG DE SHEHUI GONGZUO —— SHEHUI GONGZUO LILUN MANTAN
著作责任者	童　敏　著
责 任 编 辑	陈相宜
标 准 书 号	ISBN 978-7-301-33215-3
出 版 发 行	北京大学出版社
地　　　址	北京市海淀区成府路 205 号　100871
网　　　址	http://www.pup.cn
信 公 众 号	ss_book
电 子 邮 箱	编辑部 ss@pup.cn　总编室 zpup@pup.cn
电　　话	邮购部 010-62752015　发行部 010-62750672 编辑部 010-62753121
印 刷 者	三河市北燕印装有限公司
经 销 者	新华书店
	650 毫米×980 毫米　16 开　16.25 印张　228 千字 2022 年 10 月第 1 版　2023 年 11 月第 3 次印刷
定　　　价	49.00 元

未经许可，不得以任何方式复制或抄袭本书之部分或全部内容。
版权所有，侵权必究
举报电话：010-62752024　电子邮箱：fd@pup.cn
图书如有印装质量问题，请与出版部联系，电话：010-62756370

序　言

2019年初完成了《社会工作理论：历史环境下社会服务实践者的声音和智慧》后我才发现，这本书太厚了，一百多万字，恐怕只有在学校里读这个专业的学生才会去看，那些在机构、在城市社区、在农村、在山区工作的一线社会工作者应该没有那么多时间和那么多耐心去读完它，更不用说整天忙于日常事务的社区工作者，而他们才是中国本土社会工作实务的主力军，最了解中国本土的实务要求，也最需要用理论来指导自己。于是，我就有了写作这本书的想法，想写一本社会工作的入门读物，简简单单、直接明了，二十万字左右，作为给那些与社会工作有缘分的人的"伴手礼"，只要想看随时可以看，没时间看也可以放下，就是这样的轻松读物。当然，这背后自己也有"小想法"，想挑战自己，看看自己是否能够把社会工作那些高深的专业理论说清楚，让那些干过社会工作或者准备干社会工作的人看了就能够明白社会工作的道理、了解社会工作的价值，甚至能够多喜欢它一点。一开始着手这本书的写作，我就切身体会到，这世界上最难的事恐怕就是把道理说得简单朴实，就像我们每天早上起床后呼吸的一口清新空气，那么自然，那么亲切，同时又让我们的精神为之一振，精神饱满地开始新的一天的生活；也像那变幻莫测的晚霞，随着太阳的西落，展现出斑斓多彩的身姿，那么柔滑，那么和谐，没有一处多余。这样，每天早晨，我在期待中写了又改，改了又写……一抬头，窗外已经走过三个春夏秋冬，终于在2022年初完成了这本书稿，对自己有了一份交代。

这本书稿与我之前写的完全不一样，我第一次学着运用生活化的语言去描述社会工作。这一方面来自自己二十多年的实务经验的体会，我真切感受到社会工作就是我们生活中的故事，它帮助我们在生活的困顿中看到改变的希望，找到前行的方向。我把自己的这些体会写成了小故事，把自己的遭遇变成了案例，把自己生活中的感悟变成了寓言，汇入社会工作的故事，让现实生活中的遭遇、现实生活中的改变，成为社会工作故事的主旋律。另一方面来自在社会工作理论书稿十多年的整理过程中点点滴滴的发现，其中有理论创建者自己的生命抉择、求知探索路上的遭遇以及生活困顿中的感悟等，最后汇聚成社会工作理论的漫谈。说来也奇怪，开始整理社会工作理论书稿时，我只是希望把西方社会工作理论的每一派每一支说清楚，好让自己回答学生问题时清清楚楚。但是随着书稿整理的深入，我才认识到，原来社会工作理论是一种实务理论，每一位社会工作学者都在寻找理论与实务结合的最佳方式，只是有的学者从实务开始寻找，有的从理论开始探索，最后他们都回到了现实生活，因为理论来自生活，又需要回馈生活。任何多余的解释、多余的粉饰，在现实生活面前都会显得微不足道。生活的风雨终究会冲刷一切，留下的才是真真切切的生活的朴素道理。

这本书借助故事、寓言、案例等生活化的通俗语言对社会工作的理论逻辑、主要流派以及历史演变的过程进行了阐述，让读者在有趣、轻松的阅读氛围中体会到社会工作理论的趣味和温情，了解它的核心概念、服务原则、背后秉持的价值理念和它的生活本质，理解社会工作的真正价值所在，以及它对生活改变发挥的作用，学会运用社会工作的思维方式应对日常生活中遭遇的困难，给生活多添一份喜悦、多添一份从容和自信。本书由五个部分组成，分别就现实生活问题带来的困扰、经历以及人们应对问题时所需要的关怀、协同和整合的要求展开讨论。这五个部分包括：生活就是问题解决、生命是一种成长经历、成长需要关怀、成长需要协同以及生命是一种整合。"生活就是问题解决"是说，人们只要活着，就会遭遇问题，要让生活过得好一些，就需要学会解决问题。没有问题的生活只能在童话故事中找到，它不是现实。"生命是一种成长经历"是想让人们看到，遇到问题、解决问题是人们成长的唯一途径，这种成长永远伴随着生命的领悟、心胸的打开以及视野的拓展。"成长需要关怀"是希望人们能够放慢生活的脚步，用心倾听身边亲朋好友的诉说，感恩他们为自己付出的点点滴滴，让生活有了心与心之间的感动。"成长需要协同"是让人们发现，环境永远是自我成长的土壤，只有实现人与环境的协同，人们的生活才有生命力。"生命是一种整合"则是希望人们能够发现，生命其实是人们对待生活的态度，参与和整合永远是让生命焕发力量的不可或缺的核心要素。

这是国内第一本采用生活化的语言阐述社会工作理论的作品，无论对于社会工作理论的理解，还是对于社会工作的推广都有重要的意义。

本书的正式出版得到"福建省社会工作专业人才培训基地"专项资金的支持，也离不开北京大学出版社以及陈相宜编辑的辛勤付出，在此一并表示感谢！

童　敏

于厦门大学海韵北区

2022 年 3 月 30 日

目 录

第一章　生活就是问题解决　1
- 第一节　心理社会：改变事实与客观事实　3
- 第二节　个人意愿：改变意愿与反向意愿　12
- 第三节　问题解决：问题中解决与问题的解决　20
- 第四节　任务中心：做中学与学了做　29

第二章　生命是一种成长经历　41
- 第一节　自我："主观"现实与"客观"现实　43
- 第二节　认知：个人现实与社会现实　53
- 第三节　经验自我：关怀与接纳　69
- 第四节　过程自我：无我与超越　77
- 第五节　灵性：小我与大我　87

第三章　成长需要关怀　97
- 第一节　人际策略：沟通与掌控　99
- 第二节　生命故事：命名与讲述　108
- 第三节　生态关联：环境联结与循环影响　120
- 第四节　优势视角：资源运用与希望植入　134
- 第五节　人际关系：双人视角与双向增能　141

第四章　成长需要协同　157
- 第一节　增能视角：意识提升与行动反思　159
- 第二节　批判视角：批判反思与责任承担　179

第三节　性别视角：差异生活与平等关怀　　192

　　第四节　多元文化：生命历程与身份自觉　　206

第五章　生命是一种整合　　219

　　第一节　宏观视角：生活自决与在地参与　　221

　　第二节　社会工作：问题解决还是自我成长　　241

第一章

生活就是问题解决

生活的改变离不开问题解决。我们不仅需要了解那些能促使生活发生积极改变的心理社会和个人意愿的问题界定方式，而且需要掌握从现在入手的问题解决模式及关注做中学的任务中心模式。

第一章 生活就是问题解决

当我们翻开生活这本书时就能看到,在我们的成长中,随处可见让我们为之困扰又为之感恩的那些日常生活中大大小小的问题。它们就像我们前行路上的石子,实在普通不过,有时绊倒我们,提醒我们它们的存在;有时又带着我们来到意想不到的"柳暗花明"之处,让我们的生活在平淡之中有了惊喜。生活就是从这些问题开始,又在这些问题中延伸。

第一节 心理社会:改变事实与客观事实

我们每一个人在生活中遭遇的问题多种多样,解决问题的方式也千差万别。怎样才算是一种有效的问题解决方法呢?通过"助人"能够实现"自助",让问题从此不再成为问题,这几乎是我们生活中的普遍共识。不过,在现实生活中似乎授人以鱼更直接一些,也更受欢迎一些,而要做到授人以渔则并不那么容易,它需要我们用心去体会,去实践。

一、在环境中帮助人

社会工作的故事自始至终都与工业化和现代化的进程联系在一起。19世纪工业革命的车轮带动了美国工业化和城市化的快速发展，同时也带来了大量失去土地的贫困人口。① 为了帮助这些来到城市打工寻找新的生活希望的穷人摆脱在城市生活中的困境，以"助人自助"为目标的社会工作也就开始了自己的实践和理论探索，它想通过自己的努力让那些身处困境中的人看到改变的希望和前行的方向。美国慈善组织会社（Charity Organization Society，COS）领袖玛丽·里士满（Mary Richmond）就是这样一位社会工作助人服务的先行者，她带领一群受过良好教育的社会热心人士开始了针对贫困人群的家访工作，在1901年的一次全美工作会议上提出了"在环境中帮助他人"（to help the person in his situation）的观点。② 里士满坚信，个人在生活中遇到的困难与他们的生活环境是紧密联系在一起的，要么是个人不能适应环境，要么是环境妨碍个人适应，两者都表现为个人与环境关系的失调。③ 因此，里士满主张，个人在生活困境中的任何成长改变都离不开个人内部的心理调整和外部的环境改善，个人和环境这两个方面是相互促进的。④

第一次世界大战期间，美国红十字会的一名年轻护士艾米·高登·汉密尔顿（Amy Gordon Hamilton）在一次服务项目培训中见到了里士满，她受里士满"在环境中帮助他人"这一理念的影响，来到当时的纽约慈善组织会社，尝试个案辅导工作。1923年，汉密尔顿转入纽约社会工作学院（NYSSW，后改为哥伦比亚大学社会工作学院）继续她长达三十多年的社会工作实践和理论的探索。⑤ 汉密尔

---

① D. Howe (2009). *A Brief Introduction to Social Work Theory*. Basingstoke: Palgrave Macmillan, p. 26.

② M. E. Richmond (1901). "Charitable Corporation." In *Proceedings of the National Conference of Charities and Corrections* (pp. 298-313). Boston: Press of George H. Ellis, p. 313.

③ M. E. Richmond (1922). *What Is Social Casework?* New York: Russell Sage Foundation, pp. 89-90.

④ M. E. Richmond (1917). *Social Diagnosis*. New York: Russell Sage Foundation, p. 25.

⑤ Department of Applied Social Sciences (2003). *Historical Development of Social Work Theories: Reading Materials*. Hong Kong: Hong Kong Polytechnic University, pp. 43-44.

顿发现，在帮助受助者摆脱生活困境的过程中，针对个人的心理和针对环境的社会这两个方面的工作需要整合，两者根本无法拆分开来，心理社会本身就是发生改变的两面，它们一起构成生活改变的整体，是受助者寻求成长改变过程中两个最为核心的元素。① 为了帮助社会工作者更好地理解人的成长改变的规律，汉密尔顿称这种现象为"人在情境中"（the person-in-his situation），把它作为社会工作助人服务的考察焦点，强调人的任何改变都是发生在特定环境中的，人与环境中任何一方的改变都会影响人的整个生活状况的变化。② 汉密尔顿的这一观点得到了她的学生弗洛伦斯·郝利斯（Florence Hollis）的认可，郝利斯在自己1964年出版的代表作中把人的这种成长改变规律直接概括为心理社会理论，声称社会工作助人服务就是要运用心理社会双重视角。③

心理社会理论是出现于社会工作早期发展阶段的一个理论，它提出了助人服务的一个重要概念，就是心理社会，要求我们从心理和社会两者结合的角度考察人的成长改变要求。不过，对于心理社会这个概念却有三种常见的不同理解。第一种，把人与环境看作两个层面，认为生活中的困难可以简单划分为心理和社会两个不同层面来分析（person or situation）；第二种，把人与环境当作两个方面，强调生活中心理与社会这两个方面相互影响（person and situation）；第三种，把人与环境视为一个整体，注重特定环境中心理与社会的相互影响（person-in-his situation）。

大家一起来讨论

针对目前国内社会工作的发展状况，有下面两种常见

---

① G. Hamilton (1941). "Underlying Philosophy of Social Casework." *The Family*, 18(1): 139-148.

② G. Hamilton (1951). *Theory and Practice of Casework* (2nd ed.). New York: Columbia University Press, p. 34.

③ M. E. Woods and F. Hollis (1990). *Casework: A Psychosocial Theory* (4th ed.). New York: McGraw-Hill, p. 14.

的看法：

第一种认为，目前国内社会工作的社会认知度不高；

第二种认为，目前国内的社会工作者大多比较年轻，经验不足。

你认同吗？你的观点是什么？

如果我们认同上面这两种看法，就会自然而然地想到需要增加社会工作助人服务的媒体报道和宣传，举办社会工作宣传周，让大众了解社会工作，提高社会工作的社会认知度；同时，需要加强社会工作者的专业培训和技术指导，提升社会工作者的专业技能，让大众看到社会工作的实际助人服务成效。这样的理解就是采用了心理社会双层视角，把生活中的事实拆分为心理和社会两个层面。像我们常说的"心理社会评估"，就是采用这种双层视角分析我们生活中面临的困难以及探求克服困难的方法。其实，只要我们仔细观察现实生活就会发现，社会认知度不高不一定是一件坏事。正是这种不高的社会认知度给目前经验不足的年轻社会工作者提供了更大的成长空间，让他们有机会、有时间静下心来学习助人服务的专业方法和专业技术，积累助人服务的经验；否则，一旦社会认知度得到快速提高，人们对社会工作者提供的助人服务的要求也会迅速增加，社会工作者的成长学习空间自然会被压缩。如果此时社会工作者还没有做好专业服务的准备，这样的社会认知度提高带来的害处显然要比益处大。当然，我们也可以采用心理社会相互影响的视角来理解上面这两种看法，同时做好社会工作助人服务的媒体宣传和社会工作者的专业能力培训这两项工作，让它们相互促进。这样的安排看上去要比第一种心理社会双层视角的安排更为合理，但是实际上，还是没有找到具体要做什么和怎么做的答案，只是针对目前国内社会工作发展的一般情况做出心理和社会两个方面的改变安排。心理社会理论所说的心理社会双重视角不同于上述两种解释，它要求我们在做出改变安排之前，先找到这一改变安排的具体环境，确定谁在什么环境中需要做出改变安排。这样，也就需要确定，这里所说的比较年轻、经验不足的社会工作者是指哪里的社会工作者，他们面对的社会认知度不高又是在什么环境中出现的现象。只有在具体的环境中，人的改变要求才能够与环境的改变条件联系起来，也只有在这个时候，我们才能够确定到底人需要做出什么样的调整，环境需要做出什么样的改变，让人与环境相互适应。

可见，在生活困难面前，我们有两种完全不同的对待生活困难的方式。第一种，自己面对什么困难，就关注这一困难，分析它到底存在什么不足，需要什么方面的补充。这样的困难是我们在生活中遇到的一种"客观事实"，需要我们把自己当作"局外人"，去客观分析生活困难的变化规律。① 第二种，把困难与具体的环境联系起来，看在具体的环境条件下我们有什么样的成长改变要求。这样的困难既与具体的环境条件有关系，也与我们怎么理解环境条件相关联，它是我们在特定生活困境中寻求成长改变的"改变事实"，需要我们把自己当作"局内人"，理解特定环境中人的成长改变规律。② 因此，我们可以看到，生活中存在两种看上去似乎相反的"事实"："客观事实"和"改变事实"。前者把"事实"从生活中抽离出来，分析这一"事实"在没有时间和空间要求下的"客观"变化规律；后者把"事实"放回到生活中，考察它在特定环境中的"改变"规律。通过总结实际的助人经验，心理社会理论发现，"改变事实"的考察与"客观事实"的分析是不同的，随时需要关注特定场景中的环境条件以及与之相关的人的想法和感受，这是一种心理与

---

① 以弗洛伊德为代表的精神分析学派就是采用这种作为"客观事实"的"局外人"的分析方法，它遭到玛丽·里士满的强烈反对，她认为这种分析方法根本忽视了"事实"的客观环境。为此，里士满在1917年出版了《社会诊断》一书，倡导在特定环境中理解人们的成长改变要求。

② M. E. Woods and F. Hollis (1990). *Casework: A Psychosocial Theory* (4th ed.). New York: McGraw-Hill, p.28.

社会融合的双重视角。①

心理社会理论提出的心理社会这个概念，说到底，是让从事助人服务的社会工作者关注特定环境中的"改变事实"，它为社会工作这种以改变为目标的助人服务找到了科学基础。"人在情境中"也因此成为社会工作助人服务的核心。我们来看一看下面这个案例：

> 受助者，12岁，上小学四年级，和奶奶住在一起。父亲再婚后对他不闻不问，手摔伤也没有找医生治疗。据老师反映，受助者有时很冲动，无法控制自己行为，有暴力倾向，对其他同学很有影响力。从三年级升到四年级，受助者开始向好的方向转变，成绩也有所提高，但情况不稳定，有时不能独立完成作业，上课也时常走神……②

案例中这名12岁的小学生在现实生活中遇到了一些问题，有家庭方面的，也有学习方面的。我们先来看一看家庭方面。从表面上看，父亲对孩子"不闻不问""手摔伤也没有找医生治疗"这些不合常理的做法，是孩子出现困扰的重要原因。但是，我们只要仔细想一想就会发现，这样的解释只是关注到孩子生活环境中的不足，并没有进一步了解孩子在这样的环境不足面前自己的解释。如果父亲这样的表现在孩子看来是很平常的事情，因为之前父亲也这样做，就不会对孩子造成新的伤害；相反，如果父亲这一次改变了一贯以来的态度，开始关心孩子，孩子反而会感到疑惑。如果是这样，说明真正影响孩子的并不是这件事情，而是之前在他生活中发生的某件事情。老师认为，受助者出现问题的原因是"有时很冲动""无法控制自己行为"。这样的分析忽视了受助者这些行为表现的环

---

① D. Howe (2002). "Psychosocial Work." In R. Adams, L. Dominelli and M. Payne (eds.). *Social Work: Themes, Issues and Critical Debates* (2nd ed., pp.170-190). New York: Palgrave Macmillan, p.170.

② 案例资料引自童敏：《社会工作专业服务的规划与设计》，北京：社会科学文献出版社2011年版，第5页。

境条件。如果同学见到受助者,喜欢笑话他,受助者的这些"暴力倾向"的行为就有了自我保护的功能。同样,受助者升到四年级之后出现了好的方面的转变也是需要一定环境条件的,不仅仅是个人的努力。可见,我们在分析案例时很容易采用单向的集中于"客观事实"的思维方式,只关注困难本身这一"客观事实"以及与此相关的原因,看不到"客观事实"背后的特定生活环境以及受助者在其中的感受和选择。这些分析似乎很"客观",每一点都有事实作为证据,但是实际上却脱离了受助者自身能够感受到的"改变事实"。因此,这种聚焦"客观事实"的看待事情的方式虽然能够帮助人们修补问题,但永远无法带来人们的成长改变。

二、微小改变

一旦确立了以"改变事实"作为关注的焦点,社会工作助人服务就不同于发现"客观事实"的现象分析,它需要帮助我们解答一个难题:当我们面对现实的困难时,如何知道哪里可以改变。哪怕是微小的改变,也具有重要的意义,因为这样的微小改变给困境中的我们带来的是改变的希望和信心。由此才能带动我们社会功能的改善,让我们的生活逐渐发生明显的改变。心理社会理论之所以提出"微小改变"的助人服务策略,不仅仅是为了明确社会工作这种助人服务的改变核心,更为重要的是,它发现,"改变事实"出现在具体的生活场景中,同时受到个人心理和外部环境等众多因素的影响。因此,对于寻求成长改变,尤其是深陷困境而缺乏把握环境变化能力的人来说,最有效的学习途径是寻求微小改变。通过微小改变,我们就有了将环境改变与个人心理调整联系起来的能力,就能够逐渐积累成长改变的经验,由生活的微小改变转变成大的改变。[1]

---

[1] M. E. Woods and F. Hollis (1990). *Casework: A Psychosocial Theory* (4th ed.). New York: McGraw-Hill, p. 48.

"近则远之,远则近之"

小刘从事助人公益服务多年之后发现一个有趣的现象:遭遇的问题越严重越难解决的人,越愿意相信生活中存在"仙人"或者"灵丹妙药",只要得到这些"仙人"的指导,或者"仙人"给予的"灵丹妙药",他们面临的任何问题就不成为问题,都能够立刻得到解决。这种依赖运气的"赌徒心理"让他们只愿意停留在远方的寻找和希望中,看不到近处可以做的小事情和小改变。这样,最终只会让自己的小问题变成大问题,而无法让自己的大问题变成小问题。

小刘觉得,大改变看上去是"近路",似乎一下子就能够把问题解决掉,实际上这种解决方式反而离问题解决的目标更远,是"远路";小改变看起来是"远路",无法一下子解决问题,但能够把问题一点一点地化解掉,实际上走的是"近路"。

显然,如果我们遇到的是小问题,也不需要大的改变;如果遇到的是大问题,也无法通过大的改变一下子解决掉。关注微小改变,这是"改变事实"的要求,因为越大、越复杂的问题涉及的因素也就越多。改变从来就不是哪一个因素或哪一个人的变化,而是包含人与环境的整个现实生活状况的改善,既包括心理,也包括环境,是两者之间的相互适应。因此,"改变事实"不同于观察分析的"客观事实",是生活中实实在在发生的事情,它总是从容易改变的微小事情开始。为此,心理社会理论强调,微小改变才是我们学习成长改变唯一有效的途径。这种微小改变可以是生活困难面前的自嘲,也可以是对他人的微笑,或者是做一些简单的放松练习,不管哪一种,它有两个显著特点:一是力所能及,做那些自己能够做到而且容易做到的小事情;二是小环境变化,做那些能够带来生活小环境变化的小事情，促使现实生活发生细微变化。①

简单来说，心理社会理论所说的微小改变，是特定处境中心理社会两个方面变化带来的生活微小改变，是处境的变化，不偏向心理，也不偏向环境。如果偏向心理，人们就会相信通过心理的调整就能够克服面临的生活问题，看不到问题的现实要求，夸大心理的作用，在现实生活面前可能碰壁；如果偏向环境，人们就会相信通过环境支持的改善就能够满足生活的要求，看不到问题中不同人有不同的感受，不相信人的能力，出现"越帮助越弱"的懒汉现象。正是因为如此，心理社会理论认为，改变不是我们所预想的，喜欢从哪里开始就从哪里开始，而需要坚持这样的信念：哪里可以改变就应该从哪里入手。它既可以是环境，也可以是人，既可以是受助者，也可以是受助者的周围他人，只要这一小点的变化能够带来生活处境的微小改变。心理社会理论发现，一旦我们在生活中遇到问题，就很容易让自己的眼睛只盯着问题，希望生活中的问题能够得到解决，哪方面的问题越严重就越希望能够在那方面得到帮助，把问题立刻解决掉。但是实际上，事情并不因为对我们来说很重要就能够发生改变，它有自己的改变规律，问题的解决总是从容易改变之处开始的。②

从容易改变之处入手

从事多年助人公益服务的小刘在分享自己的经验时，告诉年轻公益人他做公益的"诀窍"就是"等一等，看一看"。

"等一等"。遇到问题时，先"等一等"，不能立刻想着怎样着手解决，告诉自己，不差这一刻，看清问题是什么之后再采取行动。

---

① M. E. Woods and F. Hollis (1990). *Casework: A Psychosocial Theory* (4th ed.). New York: McGraw-Hill, p. 53.

② Ibid., p. 49.

"看一看"。知道问题是什么之后，再看一看问题有哪里可以改变，把不可以改变的部分暂时放一下，从可以改变之处入手。

有了对生活中容易改变之处的考察，我们才能够看清楚问题中可能有的微小改变，找到"改变事实"。不过，从微小改变到大的改变，同样需要"诀窍"。心理社会理论在自己的实践中察觉到，在人与环境的相互适应过程中不同人的作用是不同的，不同环境因素的影响也是不同的。在家庭生活里，就有最后"拍板"的人；在一些事件中，就有对人的生活影响更为持久的。因此，在改变过程中抓住关键人物和关键事件就变得非常重要，这些关键因素的改变会给我们的生活带来持久影响。这一现象被心理社会理论称为微小改变中的"最佳改变点"（a point of maximum reverberation）。[1]

心理社会理论为社会工作这种助人服务找到了现实基础，就是"改变事实"。它要求我们从改变入手，采用心理社会双重视角，遵循微小改变的原则，围绕生活中容易改变之处开始自己的成长探索之路，同时抓住生活中的关键人物和关键事件。[2]

第二节 个人意愿：改变意愿与反向意愿

人要改变，就要有改变的动力。改变动力来自哪里？是来自个人的动机，还是来自环境的要求？对这个问题的解答就成为我们寻找成长改变的基础。只有找到了自身真实的改变动力，这样的改变才能够带给我们真真切切的成长，使我们不会随环境的变化而迷

---

[1] M. E. Woods and F. Hollis (1990). *Casework: A Psychosocial Theory* (4th ed.). New York: McGraw-Hill, p. 281.

[2] M. E. Woods and H. Robinson (1996). "Psychosocial Theory and Social Work Treatment." In Francis J. Turner (ed.). *Social Work Treatment: Interlocking Theoretical Approaches* (4th ed., pp. 555–580). New York: Free Press, p. 556.

茫，也不会因为与周围他人意见的不同而摇摆。有了持久的改变力量，即使遭遇挫折，我们也会坚持前行的方向。

一、个人意愿

与心理社会理论几乎同一时期发展出来的另一个重要的社会工作理论，就是功能理论。这一理论的重要创建者美国宾夕法尼亚大学社会工作学院的儿童心理学专家杰西·塔夫脱（Jessie Taft），她在20世纪20年代初参加了美国亚特兰大举办的一次国际精神分析大会，听到了德国精神分析学家奥托·兰克（Otto Rank）的一场精彩演讲，为兰克倡导的从个人意愿（individual will）出发的心理治疗理论所折服。于是，在她的引荐下，美国宾夕法尼亚大学社会工作学院与兰克签订了一项工作合同，决定引入兰克的心理治疗理论作为社会工作的理论基础。[1]

此时，兰克正在经历人生和学术的艰难抉择。作为弗洛伊德的得意门生，兰克在年轻时就特别受到弗洛伊德的器重，正是在弗洛伊德的资助下完成了大学的学业，21岁时成为弗洛伊德学术沙龙的组织秘书，有机会与当时欧洲顶尖的精神分析大师进行面对面的交流。在兰克的心里，弗洛伊德既是一位恩师，又是一位慈父。[2] 不过，与其他的弗洛伊德追随者不同，兰克并没有接受过任何正规的医学训练，因而喜欢从人文角度观察个人人格的成长和变化。[3] 兰克发现，个人成长改变的动力来源于在生活经验中积累起来的个人意愿，它同孩子出生后与母亲分离的经验以及由此产生的焦虑和担心直接关联，并不是自己的老师弗洛伊德所说的无意识。[4] 因为坚持自

---

[1] J. Taft (1924). *Otto Rank*. New York: Julian, pp. x–xii.
[2] E. S. Stein (2010). "Otto Rank: Pioneering Ideals for Social Work Theory and Practice." *Psychoanalytic Social Work*, 17(2): 116–131.
[3] M. M. Dore (1990). "Functional Theory: Its History and Influence on Contemporary Social Work Practice." *Social Service Review*, 64(3): 358–374.
[4] G. Makari (2008). *Revolution in Mind*. New York: Columbia University Press, p. 117.

己的观点,兰克与弗洛伊德的冲突变得越来越剧烈,也越来越频繁。无奈之下,1926年,兰克来到与弗洛伊德初次见面的咖啡馆向他的恩师做了最后的告别,之后他离开了当时令人向往的精神分析之都——维也纳,辞去精神分析学会的所有职务,只身到巴黎和美国寻找工作机会。① 因为失去了弗洛伊德的支持,兰克从精神分析大师一下子变成了"叛逆者",不仅在巴黎无法生存,就是到了美国,也遭到前所未有的冷遇,没有了之前的鲜花和赞誉,而且之前签订的工作合同也纷纷撤销,最后只剩下与宾夕法尼亚大学社会工作学院签订的这一项工作合同。② 1930年,兰克被彻底取消从事精神分析的资格,甚至之前接受过他督导的精神分析师也需要重新接受"正统"的督导;否则,他们也会像他一样失去从业的资格。失去了工作机会的兰克在越演越烈的攻击、谩骂和排挤面前,选择了沉默和忍耐,因为他知道,这个时候只要他公开讲一句话,就会招致更多的谩骂和嘲讽。在巨大的精神压力下,兰克陷入严重的抑郁情绪中,不得不暂时逃离美国回到巴黎,其间,他从没有停止过自己的思考和创作,想找到生活改变的"真相是什么"。③

在兰克身陷困境时,作为跟随者的塔夫脱并没有因此放弃对他的支持,她与当时宾夕法尼亚大学社会工作学院院长助理弗吉尼亚·罗宾森(Virginia Robinson)一起整理兰克的想法和观点,为社会工作的理论创建做准备。④ 随着与兰克交往的加深,塔夫脱和罗宾森发现,兰克的个人意愿理论与弗洛伊德的无意识精神分析理论存在天壤之别,除了关注个人自我(不是无意识)在当下的成长改变

---

① E. S. Stein (2010). "Otto Rank: Pioneering Ideals for Social Work Theory and Practice." *Psychoanalytic Social Work*, 17(2): 116-131.

② M. M. Dore (1990). "Functional Theory: Its History and Influence on Contemporary Social Work Practice." *Social Service Review*, 64(3): 358-374.

③ 司群英、郭本禹:《兰克——弗洛伊德的叛逆者》,广州:广东教育出版社2012年版,第67—69页。

④ E. S. Stein (2010). "Otto Rank: Pioneering Ideals for Social Work Theory and Practice." *Psychoanalytic Social Work*, 17(2): 116-131.

要求之外，还特别注重对特定环境中反向意愿社会因素（不是心理结构）的分析。这意味着，一旦选择兰克的理论作为社会工作实践的基础，就会与强调精神分析的主流形成对抗，危及学校的学术位置以及老师和学生的成长空间。① 直到这个时候，塔夫脱和罗宾森才意识到，对兰克理论的选择已经远远不是建构社会工作理论那么简单，而是与学院全体师生的命运紧紧联系在一起。在经历了内心痛苦的挣扎之后，她们找到了当时社会工作学院的负责人肯尼斯·普雷（Kenneth Pray）商量此事该怎么办。普雷学的是政治学，当过新闻记者，也负责过社区组织方面的工作，他坚信需要首先从社会角度，而不是心理角度，解释个人在现实生活中面临的问题。在普雷的全力支持下，美国宾夕法尼亚大学社会工作学院拉起了以个人意愿为改变核心的功能理论旗帜，走上从社会角度考察个人行为的艰难探索之路。②

关注个人在与当下环境交流中的改变意愿以及反向意愿，这就是功能理论的核心。③ 这样，人的成长改变永远是在特定环境中的，既受环境的影响，又影响着环境，表现为个人的改变意愿与反向意愿相互影响的动态过程。我们来试一试下面这个游戏：

联想游戏——平常心就是道

请放下手中的工作，将下面三件事情联系起来。它们分别是：

1. 学习
2. 工作
3. 吃饭和睡觉

---

① V. P. Robinson (ed.) (1962). *Jessie Taft: Therapist and Social Work Educator*. Philadelphia: University of Pennsylvania Press, p. 126.

② M. M. Dore (1990). "Functional Theory: Its History and Influence on Contemporary Social Work Practice." *Social Service Review*, 64(3): 358-374.

③ J. Taft (1978). "Translator's Introduction: The Discovery of the Analytic Situation." In O. Rank. *Will Therapy: The Therapeutic Applications of Will Psychology* (J. Taft, Trans.) (pp.xi-xxi). New York: Knopf (Original work published in 1929), p.xxi.

如果我们静下来想一想，就会将自己生活中原来看起来不相关的事件联系起来，像学习、工作以及吃饭和睡觉这些原来不相关的事件，我们通过想象能够把它们按照一定的方式串联起来，成为我们的生活经验。作为学生，我们为什么现在要努力学习？是为了以后可以找一份好工作，这样，吃饭和睡觉就比较踏实，不用担心被辞退。如果你是企业的工作人员，也可以这样想：我在工作之余来上课，是为了学习新的知识，给自己充电，让自己有更多的发展机会，不用担心吃饭和睡觉的问题。一旦我们将这些原来散乱的事件联系起来，就会形成自己的解释，产生个人意愿。功能理论借用了兰克的这一观点，认为每个人都有个人意愿，一种能够把生活中不同经验串联起来的整合能力，这种能力可以帮助我们每个人在散乱的生活经验面前找到生活的意义和努力的方向。① 当然，我们每个人的这种能力是有差别的，越是能将看上去没有关联甚至相互冲突的生活经验串联起来，揭示它们的内在联系，也就越能够帮助我们在纷杂多样的生活环境中找到有效的应对方法。我们常常爱说，保持一颗平常心就是道，不需要过分夸大生活中某一方面的要求而牺牲生活中的其他方面，也不需要有意地忽视某一方面的要求而突出生活中的其他方面。这样，个人意愿的出现和变化就与个人的生活环境以及个人在其中的感悟紧密相连，它让我们每个人都具有主动选择和影响生活的能力，而不是被动的适应。②

二、反向意愿与放弃

一旦个人意愿出现，也就意味着这个人对自己的生活做出了某种选择，当然，同时也意味着放弃了另外的生活选择。③ 个人意愿越

---

① E. S. Stein (2010). "Otto Rank: Pioneering Ideals for Social Work Theory and Practice." *Psychoanalytic Social Work*, 17(2): 116-131.

② A. J. Faatz (1953). *The Nature of Choice in Casework Process*. Chapel Hill: University of North Carolina Press, p. 47.

③ E. S. Stein (2010). "Otto Rank: Pioneering Ideals for Social Work Theory and Practice." *Psychoanalytic Social Work*, 17(2): 116-131.

强烈，个人选择的取向也就越明确，放弃的也就越多，因此，个人的选择总是与放弃并存的。这样，对放弃的探究也就成为考察选择必不可少的一部分。特别是，当一个人的选择意愿非常强烈的时候，也是需要个人放弃最多的时候，这个时候如果不对放弃进行细致的分析，往往不是夸大选择部分的重要性，就是低估放弃部分的价值，最终看不到改变希望的现实基础。①

有意思的是，只要我们内心产生了个人意愿，现实生活中针对个人意愿的反向意愿也随之出现，这样的反向意愿就成为个人意愿实现的现实条件。② 因此，可以说，个人的任何选择都是有条件的，都是在生活的局限和他人的挑战中做出的。如果个人选择缺少反向意愿的阻碍，也就意味着这样的选择是没有现实基础的。我们来看一看下面这个案例：

> 王女士与丈夫是大学同学，结婚17年了，婚后生活一直比较顺利、满意，有车有房，还有一个聪明懂事、上初中的女儿。没想到两年前丈夫突然提出要离婚，和她说得很明白，自己看上了另外一个女人，希望王女士给他自由。王女士觉得自己辛辛苦苦经营起来的家要被别人搅乱了，很不甘心，任凭丈夫怎么说也不同意。家庭开始出现冷战，女儿也没了笑容，学习成绩大幅度下滑。王女士非常着急，找女儿聊天，责怪女儿不懂事、不用心。之后，女儿不但没有变好，反而出现厌学、逃课的状况。有一天，王女士开车上班，看到自己的女儿和一名网上刚认识不久的30多岁的男子站在路边摆摊，穿得很暴露。王女

---

① J. Taft (1950). "A Conception of the Growth Process Underlying Social Casework Practice." *Social Casework*, 31(8): 311-318.

② K. M. Dunlap (1996). "Functional Theory and Social Work Practice." In Francis J. Turner (ed.). *Social Work Treatment: Interlocking Theoretical Approaches* (4th ed., pp. 319-340). New York: Free Press, p. 322.

士看到这一幕一下惊呆了,胸口一阵阵地疼痛,不知说什么、不知是谁的错,一个人在车里暗自流泪。

尽管王女士是受到伤害的一方,理应得到同情,但是个人的选择是有条件的,只有在现实条件下考虑如何选择,才可能保障自己的权益。因此,接受现实生活中的条件,接纳生活中的局限和挑战,就成为做出合理选择的前提。不过,接纳生活中的局限和挑战并不是一件很容易做到的事,特别是当我们发现自己是受害方理应得到补偿,或者自己出于好心理应获得肯定而又得不到他人的积极回应时,接纳就变得异常困难,因为此时我们常常认为理在自己这一边。显然,在这个时候,化解内心的愤恨、放弃"理应"的想法,就成为我们摆脱困境的有效方式。要知道,每个人做出选择都是有自己的理由的,纠结在"理应"上只会让自己承受更多、更大的伤害。就像王女士不甘心自己的生活被别人"无理"打乱,就很容易做出不顾现实要求的选择,最终使自己面对更多、更深的伤害。

如果我们只关注个人意愿,只强调个人目标的实现,就会看不到现实生活中存在的反向意愿,反向意愿也就会成为"幕后抄手",与个人意愿形成对抗,个人意愿越强烈,反向意愿的对抗也越强烈,我们的想法和行为也就越不被自己所控制;同样,如果我们只关注现实生活中的局限和挑战这样的反向意愿,就会分辨不清其中夹杂着的个人意愿,个人意愿由此往往会以反叛的方式表现出来。① 因此,一旦个人意愿出现,就会立刻产生改变意愿与反向意愿这对双胞胎,谁也离不开谁。如果我们偏重其中一方,就会看不清现实的具体条件和自身的改变要求。②

我们对生活都有自己的理解,也有自己希望实现的目标,我们

---

① R. Smalley (1967). *Theory for Social Work Practice.* New York: Columbia University Press, p. 83.

② K. M. Dunlap (1996). "Functional Theory and Social Work Practice." In Francis J. Turner (ed.). *Social Work Treatment: Interlocking Theoretical Approaches* (4th ed., pp. 319-340). New York: Free Press, p. 322.

身边的重要他人也一样，他们也有自己的生活理解和希望实现的目标。当我们只看到自己的目标，努力朝着目标前行时，就会不自觉地忽视甚至曲解我们身边重要他人的想法和目标，要么觉得别人不理解自己，要么觉得别人有意与自己作对，相互之间的对抗就会随着我们个人意愿的增强而不断升级。显然，要缓和对抗只能从个人意愿入手，不是要求其中一方谦让，放弃自己的个人意愿，或者要求双方相互忍让，回避现实中的对抗，而是协助双方找到将个人意愿与反向意愿进行联结和转化的方式。① 联结就是，在生活困境面前我们首先要做的不是继续坚持自己的个人意愿，而是要学会跳出个人意愿，在现实生活中找到与个人意愿相左的反向意愿，把反向意愿与个人意愿联系起来作为生活改变的前提。② 只有这样，个人意愿的选择才有了现实的基础，才有了改变的条件，而不再是"空中楼阁"。转化就是，我们要在个人意愿与反向意愿的联结中找到可以转化对立关系的地方，由此改变这种对抗关系，发现双方可以一同前行的方式。③

显然，我们个人的成长改变是有规律可循的，依据现实生活场景的要求做出合理的选择和放弃，它既不是一种旁观者式的单向考察的"客观事实"分析，也不是依照自己的个人意愿强制执行的过程。④ 它是我们对自己的个人意愿的选择和放弃的双向考察，也体现了我们将个人意愿与反向意愿进行联结和转化的能力。

---

① E. S. Stein (2010). "Otto Rank: Pioneering Ideals for Social Work Theory and Practice." *Psychoanalytic Social Work*, 17(2): 116-131.

② 如果人们在生活困境面前看到的是反向意愿，首先要做的是在反向意愿中寻找个人意愿，将个人意愿与反向意愿放在一起考察。

③ M. M. Dore (1990). "Functional Theory: Its History and Influence on Contemporary Social Work Practice." *Social Service Review*, 64(3): 358-374.

④ O. Rank (1978). *Will Therapy: The Therapeutic Applications of Will Psychology* (J. Taft, Trans.). New York: Knopf (Original work published 1929), pp. 44-45.

第三节　问题解决：问题中解决与问题的解决

人一出生就注定与问题捆绑在一起，因为从我们呱呱落地的那一刻起，生活就明摆着无法完全随我们的愿，有各种各样的条件和限制。尽管我们祝福人们"心想事成"，但那只是求之不得的美好祝愿。真正能够解开我们困惑的钥匙在哪里？似乎只剩下一条路可寻，就是问题解决。实际上，我们每天都在经历大大小小的不同问题和问题解决的过程。

一、成长中的问题

如果说心理社会理论是将我们遭遇的生活困扰这一"事实"放回到具体的环境中，采用心理社会双重视角考察特定环境中我们的成长改变要求，那么功能理论则是直接从我们每个人的独特生活经验入手，通过对个人意愿与反向意愿的考察带动自身的成长改变。显然，这两个理论都有自己的道理，只是心理社会理论偏向生活困扰这一"事实"的分析和解决，依据的是"局外人"的观察者身份；而功能理论则偏向生活困扰这一"事实"的理解和重塑，依据的是"局内人"的参与者身份。这样，心理社会理论与功能理论的很多观点形成了鲜明的对比：心理社会理论强调要对特定环境中我们的成长改变要求进行细致分析，通过分析才能明确问题所在，从而找到有针对性的解决方法；功能理论则认为，这样的"局外人"分析只会损害每个"局内人"自身拥有的个人意愿，一旦失去了个人意愿，任何分析只会流于形式，并且很容易转变成个人成长改变的障碍。心理社会理论相信，从遭遇的问题入手是寻找成长改变规律的有效途径，只有把遭遇的问题解决了，改变才能实现；功能理论不赞同这样的观点，主张我们每个人的成长改变都是从能做的开始的，坚持认为我们之所以遭遇问题，是因为我们在反向意愿的挑战面前不知道能做什么，不知道如何进行合理的选择，而不是真的有什么"问题"。心理社会理论坚信，通过科学的服务规划和安排以及合理的技巧使用，就能够促进我们每个人的成长改变；功能理论不同意这样的看法，强调我们每个人的成长改变只能发生在当下，通过当下的参与和交流打开个人理解的视野，看到个人意愿与反向意愿联结和转化的可能，才能在自己的生活安排中找到新的成长改变的路径。①

功能理论与心理社会理论的争辩从 20 世纪 20 年代就开始了，一直延续到 50 年代末。到四五十年代，这两种理论的争辩几乎达到了白热化的程度。其间，功能理论的代表人物塔夫脱专门在宾夕法尼亚大学组织出版了功能理论学派社会工作的杂志和书籍，把功能作为这一理论的核心，倡导把社会环境放在第一位，从社会环境的功能入手理解我们每个人的成长改变意愿。② 同时，美国宾夕法尼亚大学社会工作学院还对社会工作课程进行了改革，取消那些把个人心理放在第一位、关注个人心理状况分析的精神卫生方面的课程，增加从社会角度考察个人成长改变规律的教学内容。③ 这样的争辩对于学术的探索来说是有利的，但是对于实际工作来说却是一个不小的灾难，因为它不仅给实际工作带来更多的困惑，让实务工作者遇到问题时不知道该怎么办，而且直接引发社会的质疑，怀疑社会工作这门助人服务学科的科学性和专业性。④ 为了统一人们对社会工作这门以改变为目标的助人服务学科的认识，1947 年，美国家庭服务协会（Family Service Association of America，FSAA）专门成立了一个

---

① N. Timms (1997). "Taking Social Work Seriously: The Contribution of the Functional School." *British Journal of Social Work*, 27(5): 723-737.

② V. P. Robinson (ed.) (1962). *Jessie Taft: Therapist and Social Work Educator*. Philadelphia: University of Pennsylvania Press, p. 306.

③ M. M. Dore (1990). "Functional Theory: Its History and Influence on Contemporary Social Work Practice." *Social Service Review*, 64(3): 358-374.

④ V. Robinson (ed.) (1978). *The Development of a Professional Self: Teaching and Learning in Professional Helping Processes Selected Writings, 1930-1968*. New York: AMS Press, p. 21.

由专家组成的调查研究小组,负责心理社会理论和功能理论的整理、对比及研究工作,希望能够在两者之间找到共同点,形成共同认可的社会工作这门助人服务学科的服务框架。不幸的是,经过几个月的努力,这个调查研究小组最终宣布,心理社会理论与功能理论差异太大,两者不存在共同的服务框架。①

美国家庭服务协会的这一调查研究结果,对于当时的社会工作者来说,无疑是一个沉重的打击,让他们在受助者的成长改变要求面前不知道采取哪一种做法是对的。一直到了1957年,美国芝加哥大学社会工作学者海伦·哈里斯·珀尔曼(Helen Harris Perlman)才找到破解这一困局的方法,她借用美国教育学家杜威(John Dewey)的经验学习理论中的问题解决概念,通过这一概念将心理社会理论与功能理论整合起来,提出问题解决模式。②珀尔曼认为,我们每一个人的成长改变都需要通过日常生活中一个一个问题的解决过程来实现,它既涉及生活困扰这一"事实"的问题解决,也涉及对生活困扰这一"事实"的重新理解,是两者融合在一起的问题解决过程。③因此,问题绝不是什么异常,也不是什么不足,而是我们每个人成长改变道路上的石子,它本身就是我们成长改变的一部分,给我们每一个人都提供了重新学习和理解自己的机会。一旦我们的生活中没有了问题,也就意味着我们失去了成长改变的可能。④

不过,要让我们接纳现实生活中的问题并不是那么容易的,这不是因为问题太严重、太复杂或没有解决的办法,而是因为我们对待问题的态度并不总是积极的,很多时候采取的是拒绝的态度。因

---

① C. Kasius (ed.) (1950). *A Comparison of Diagnostic and Functional Casework Concepts*. New York: Family Service Association of America, p. 5.

② M. M. Dore (1990). "Functional Theory: Its History and Influence on Contemporary Social Work Practice." *Social Service Review*, 64(3): 358-374.

③ H. Perlman (1957). *Social Casework: A Problem-Solving Process*. Chicago: University of Chicago Press, p. 93.

④ D. Howe (2009). *A Brief Introduction to Social Work Theory*. Basingstoke: Palgrave Macmillan, p. 76.

此，一旦生活中出现了问题，我们就会立刻想到自己的能力是否存在什么不足，或者自己的生活为什么那么不顺利，有些时候，我们甚至直接把问题等同于失败，觉得自己不如别人，在别人面前抬不起头来。我们来看一看下面这个寓言：

影子的故事

很久很久以前，有一个叫阿明的美男子，觉得自己长得很英俊。有一天，他到沙漠去旅行，当太阳升起的时候，他看到了自己的影子，觉得很丑陋，于是，转过身跺脚，恐吓，谩骂，可影子并没有被吓跑，他内心顿时升起了一阵阵害怕，就想跑起来把影子甩得远远的。当他回过头，看到影子还是紧紧跟在他身后，就加快了步伐，一路狂奔。最后，阿明累死在了沙漠中。

影子这个寓言让我们看到人在面对问题时的担心和害怕，如果你把问题视为生活中的恶魔，这个恶魔就会占据你的整个内心，让你感到恐惧，你越想摆脱它的纠缠，它反而把你缠得更紧。解决这个恶魔的唯一办法就是把问题当作生活中再普通不过的事情，学会放弃站在生活之外思考问题解决办法这种"南辕北辙"的做法，也就是要直面问题，在问题中寻找解决的方法。因此，在生活困扰面前，我们首先要做的不是寻找彻底解决问题的方法，过一种没有问题的舒心生活，而是培养面对问题的勇气，相信有问题的生活才是完整的，才给了我们学习的机会，让我们能够在其中找到更有效的问题解决办法，享受由此而来的生活惊喜和成长的快乐。[①]

二、从今天开始

在现实生活中，我们一旦遇到问题，这样的问题往往不止一

---

① H. Perlman (1957). *Social Casework: A Problem-Solving Process*. Chicago: University of Chicago Press, p. 39.

个,而是有很多,而且这些问题常常相互纠缠在一起,就像抽丝一样,一根会连着另一根,我们很难从中清晰地整理出成长改变的线索。我们来看一看下面这个案例:

> 孟凡在儿童时期,行为能力的发展似乎跟不上同龄的孩子,奔跑的时候容易摔跤,其他女孩子常玩的跳皮筋之类的游戏,她也不擅长。久而久之,她被同龄伙伴排斥在外,经常一个人待在家里。与此同时,孟凡在语言发展方面似乎又比同龄人有更多的天分。在读小学之前,她已经看完了儿童简读版的四大名著,会大段背诵《论语》等诸子百家的文章。进入小学以后,孟凡表现出对学校教育的一些不适应。老师经常向家长反映,孟凡上课不遵守纪律,总是喜欢"打破砂锅问到底",甚至敢于质问老师直至令其感到难堪的地步。而且老师批评其他学生,他们都能虚心接受,就是孟凡经常会和老师理论,一定要老师给出让她心服口服的理由,否则就不接受老师的批评。为此孟凡在学校里经常被老师惩罚,孟凡的父母也经常会被老师叫去"批评"。到小学高年级,孟凡不仅没有变得服从和听话,反而开始习惯性地向父母撒谎。她曾经很开心地告诉父母,老师一周都没有布置家庭作业,但是马上就有老师打电话来告诉孟凡的父母实情。在说教无效的情况下,孟凡的父亲选择了最简单的处理方式:每次有老师告状,他就将女儿痛打一顿。①

面对孟凡父亲的求助,我们可以做些什么?实际上,当我们在生活中遇到问题时,就会很自然地按照时间线索把问题从开始出现到现在的整个过程理出来,就像上面孟凡的这个案例一样,认为有问题就

---

① 案例资料引自全国社会工作者职业水平考试教材编写组:《社会工作实务(初级)》,北京:中国社会出版社 2016 年版,第 13—14 页。

一定有原因，只要找到了问题发展变化的原因和线索，也就找到了解决这一问题的办法。珀尔曼不赞同这种看法，她发现，这种从历史视角出发采用因果直线思维方式整理问题的方法看上去很"客观"，但是与我们在实际生活中的问题解决方式是矛盾的，甚至有时候正好相反，因为我们一旦从历史视角寻找问题出现的原因，就会不自觉地忽视这样一个"改变事实"：今天是昨天的延续，又是明天的起点，我们只有在今天改变一点，明天才会有所不同。[1]

珀尔曼相信，今天才是问题解决的关键，才是承载我们每个人改变希望的落脚之处，我们每个人只有守护好自己的今天，才能守护好自己的希望。[2] 就像上面介绍的孟凡案例，我们不必过多地纠结于孟凡在儿童期和小学开始阶段的表现，那些已经成为事实，无法改变，而需要将关注的焦点放在孟凡的今天——小学高年级面临的冲突，从中寻求可以改变的那一点，从今天入手开启成长改变的航程。显然，在珀尔曼看来，我们的成长改变规律既不存在于过去，也不存在于将来，而是深藏在今天这座城堡里，等待着我们自己去挖掘。

三、从容易之处入手

找到了问题解决的现实基础，并不等于生活改变会自动发生，如果我们没有具体的问题解决方法，问题依旧是问题。实际上，我们在现实生活中遭遇困扰时，不是需要面对哪一个问题，而是需要同时面对多个问题。这个时候，我们经常面临的难题是，不知道从哪里开始着手解决问题。我们来看一看下面这个案例：

> 小敏，12岁，小学五年级学生。无论老师还是同学，都给她这样的评价：非常文静、非常听话。老师补充说，虽然她的学习成绩不好，尤其数学和英语只能考二三

---

[1] H. Perlman (1957). *Social Casework: A Problem-Solving Process*. Chicago: University of Chicago Press, p. 20.
[2] Ibid., p. 21.

十分，但从不扰乱课堂的秩序，总是静静地坐在自己的位置上。如果遇到学校卫生值日，她总是默默地干活。受助者的父亲因为吸毒、贩毒而被判刑，母亲在孩子1岁的时候离开了这个家。受助者由爷爷、奶奶带大。在1年半前爷爷去世了，现在家里只剩下奶奶和受助者。奶奶今年72岁，身体不好，腿有残疾，行走很不方便。奶奶见了熟人就会说："我走了，孙女怎么办？你看她什么也不懂，好不容易凑齐交学费的钱也管不好，被人抢了，还不敢告诉老师，怕给别人添麻烦。"老师都非常同情受助者的处境，有时主动上门给受助者辅导功课。受助者从不主动与别人打招呼，但也不讨厌和别人交往；学习比较被动，英语只认识26个字母和一些简单的单词，但作业能够按时完成。语文是各门功课中相对好的，受助者能够主动复习和预习语文课文，尤其喜欢朗读。①

显然，小敏如果要改变，她必须直面学习成绩不好、基础差的现实，以及家庭教育功能缺失等难题。这就是说，小敏学习状况的改善需要转变奶奶的抱怨和增强家庭的教育功能，而奶奶的抱怨又与她的照顾能力关系密切，小敏家庭教育功能的提升则更为困难，它与小敏家庭父母角色的缺失直接相关。如果这样寻找问题解决的方法，小敏的问题就会成为"死结"，要做出改变实在太难了，甚至可以说是困难重重。但是，如果我们转变思考的方式，从容易的入手，就会发现，这个案例的改变没有那么困难。珀尔曼强调，改变是一种连锁反应，总是从最容易的地方开始，只要我们生活中的任何一点有所改变，其他方面也会随之一点一点地发生变化。② 因

---

① 案例来自童敏：《社会工作实务基础：专业服务技巧的综合与运用》，北京：社会科学文献出版社2008年版，第63页。

② H. H. Perlman (1986). "The Problem-Solving Model." In F. J. Turner (ed.). *Social Work Treatment* (3rd ed., pp. 245–266). New York: Free Press, p. 261.

此，遇到问题，首先要做的不是去解决问题，而是找到其中最容易改变的"点"在哪里。就像小敏这个案例，最容易改变的是小敏的语文学习。只要这个"点"开始改变，就会为下一步改变打好基础，小敏遇到的问题才能逐渐得到解决。① 这就好比流动的水，总是从最容易突破的这个"点"开始，逐渐流向更远、更深的低洼之处。

选定了生活中最容易改变的"点"，就明确了行动的任务。为了完成这样的任务，我们就需要制定行动的目标。然而，在实际生活中，我们遇到的问题往往不是一两天形成的，都有一个不短的积累变化过程，既涉及个人心理的作用，也涉及环境的影响，因此，存在从多种角度制定行动目标的可能。针对这样的"冰冻三尺之寒"，怎样才能制定合理有效的行动目标呢？我们来看一看下面这三个行动目标，注意体会什么样的行动目标才能真正推动现实生活的改变。

助人服务的行动目标

1. 改变不健康的生活方式
2. 转变不良的社会风气
3. 减少发火的次数

"改变不健康的生活方式"，这样的行动目标把我们的注意力集中在今天的改变上，保证问题解决有明确的现实基础。但是，这样的安排并不一定能够带来积极的改变，因为它并没有与我们在现实生活中遭遇的具体问题直接联系起来，而一个没有与具体问题直接关联的行动目标一定是模糊的、缺乏力量的。② 为此，我们需要进一步明确不健康的生活方式，把不健康的生活方式分割成一个一个小问题，看其中哪一个小问题与我们今天的生活安排直接关联，看看是抽烟还是酗酒。如果觉得抽烟或酗酒这个问题还是太大、太复

---

① 思路参考 H. Perlman (1957). *Social Casework: A Problem-Solving Process*. Chicago: University of Chicago Press, p. 129.

② Ibid., p. 144.

杂，一时无法解决，还可以继续分割，一直到我们觉得可以直接做到为止。显然，"从今天开始"只是为我们寻找生活中容易改变的"点"提供了方向，而要真正找到这个"点"，还需要学会分割问题，把大问题变成一个一个小问题，并与我们成长改变的现实经验联结起来，通过小问题的解决带动大问题的改变。这就是问题解决模式强调的代表原则，不求改变所有的，只求改变其中容易的。第二个行动目标"转变不良的社会风气"也与第一个目标一样，太大、太复杂，需要分割，再明确。不过，它与第一个行动目标的不同之处在于，它强调的是他人和社会做出改变，不是自己做出调整。这样的行动目标不仅必然造成我们与他人或者社会的对立和紧张，而且更为糟糕的是，它很容易使我们只看到社会风气对自己的影响，而看不到自己在其中可以发挥的作用，放弃自己可以做出的努力和成长改变的空间。对此，我们就需要转变对待不良社会风气的观察视角，让自己成为"局内人"，把"转变不良的社会风气"变为"调整自身影响不良社会风气的方法"，将目标直接与我们的行动经验联结起来，使之真正成为行动目标。这就是问题解决模式所说的直接原则，只做自己能做的，不寄希望于环境。第三个行动目标"减少发火的次数"，它既与我们的行动经验直接关联，又比较具体，可以说，同时符合代表原则和直接原则。但是，仔细体会就会发现，这样的行动目标是针对我们自己的，并没有呈现出会给我们的现实生活带来什么样的改变，它割断了我们与现实生活的联系，削弱了我们的应对能力，导致我们只知道要做什么，不知道为什么这么做，久而久之，就会陷入"自娱自乐"中。因此，我们在制定行动目标时，就需要遵循问题解决模式所说的可处理原则，把"减少发火的次数"放回到我们的日常生活中，比如转变成"增加与父母的有效沟通次数"，从而推动现实生活发生积极改变。[①]

---

① 思路参考 H. Perlman (1957). *Social Casework: A Problem-Soiving Process*. Chicago: University of Chicago Press, pp. 116-149。

问题解决模式有两个重要概念：问题和问题解决。借助这两个概念，问题解决模式对生活中的"改变事实"有了自己的理解和探索，它把问题看作我们每个人每天都会遇到的一种再普通不过的生活现象，是我们成长改变的起点和条件。有了问题，我们的生活才能发生改变。这样的改变不会出现在昨天，也不会出现在明天，只会发生在今天，它需要我们就在今天去尝试解决那些具体、直接、可处理的小问题，打开生活改变的大门。

第四节 任务中心：做中学与学了做

说起问题解决，就少不了学习。生活变化越快，遇到的问题越多，就越需要我们学会如何学习。尽管我们的学习方式多种多样，学习习惯千差万别，但是概括起来无非两种：一种是知识的学习，把掌握知识作为学习的目标，学到知识之后再运用到实际生活中去解决问题；另一种是经验的学习，把掌握生活技能作为学习的焦点，在实际生活中一边做一边学，在解决问题中学习问题解决。

一、问题解决中的问题

珀尔曼对问题和问题解决的强调，其实是对当时助人服务领域盛行的注重病症和病症治疗这种"异常化"的心理治疗取向的批评，她想让社会工作这种助人服务"正常化"，回归我们每个人的日常生活，在我们的日常现实生活中找到成长改变的基础。珀尔曼的这一想法得到了另一位社会工作学者威廉·詹姆斯·里德（William James Reid）的高度认同。里德在 1969 年与同事一起做了一项实务研究，围绕"如何有效解决问题"这一主题，考察了"异常化"的心理治疗策略与注重"正常化"的现实服务策略的服务效果，发现两者的结果没有显著差别，于是，他提出了直接从问题解决入手这种"正常化"的简要的现实服务策略。① 为了让这种简要的现实服务策略便于操作,里德在 1972 年对自己的探索经验进行了总结,称这种现实服务策略为任务中心模式,认为通过精确设计能够解决某一问题的任务,就可以把我们在日常生活中遇到的问题、希望实现的改变目标以及具体的时间安排联系起来,以任务为中心形成强有力的促进我们成长改变的措施。② 20 世纪 80 年代之后,里德继续自己的探索,他与同事一起将任务中心这个概念运用于家庭问题和小组问题的处理。③ 此后,里德又在各种不同的助人服务中尝试使用这一概念,希望帮助我们在日常生活中找到成长改变的一般规律。④ 显然,里德提出的任务中心模式,说到底,是如何帮助我们在现实的日常生活中实现成长改变的经验总结。他想回答这样一个现实问题:怎样才能帮助人们在日常生活中提高问题解决的能力?⑤

像珀尔曼一样,里德也使用了一个我们在日常生活中经常用的词——任务,把它作为帮助我们实现成长改变的核心概念,不过,他对任务有自己独特的理解。里德认同珀尔曼的观点,强调我们所有的成长改变努力都需要围绕问题解决,而不是问题分析。即使我们在分析问题形成的原因时,也需要首先考虑怎样改变,从如何解决问题的角度呈现问题,不是重点针对我们的问题展开分析,而是针对我们面临困难时的问题解决的过程进行考察,目的是

---

① W. J. Reid and A. W. Shyne (1969). *Brief and Extended Casework*. New York: Columbia University Press, p. 1.

② W. J. Reid (1996). "Task-Centered Social Work." In Francis J. Turner (ed.). *Social Work Treatment: Interlocking Theoretical Approaches* (4th ed., pp. 617–640). New York: Free Press, p. 617.

③ W. J. Reid (1987). "The Family Problem Solving Sequence." *American Journal of Family Therapy*, 14(3): 135–146.

④ E. R. Tolson, W. J. Reid and C. D. Garvin (1994). *Generalist Practice: A Task-Centered Approach*. New York: Columbia University Press, p. vi.

⑤ W. J. Reid (2000). *The Task Planner: An Intervention Resource for Human Service Planners*. New York: Columbia University Press, p. vii.

帮助我们在困境中找到有效解决问题的途径和方法。[1] 这样，在我们的日常生活中也就有两种类型的问题：一种是我们在日常生活中需要直接面对的困难，它阻碍了我们愿望的实现，常常被我们称为阻力；另一种是我们应对这种阻力过程中遇到的困难，被我们称为限制。一旦我们在问题解决过程中遇到了限制，也就意味着我们需要学习新的、更有效的应对困难的办法，以克服这些限制，从而在问题解决过程中获得成长。显然，里德所说的是这样一种任务，它与我们解决问题的能力直接相关，既涉及我们自身应对困难能力的增强，也涉及我们运用周围环境资源能力的提升。[2] 尽管我们每个人在问题困境中的学习任务有所不同，但是我们努力的目标始终只有一个，就是提高我们问题解决的能力。因此，可以说，里德所说的问题是问题解决中的问题，他所提倡的任务是提升问题解决能力的学习任务。

这样一种问题解决的学习任务，显然不是知识取向的，不是知道得越多能力就越强，而是行为取向的，越有办法应对能力也就越强。它具有明确的针对性，是指向我们应对特定问题时遭遇的困扰。一旦我们借助这样的学习任务找到了更有效的问题解决方法，困扰也就不存在了。有时尽管问题还在那里，但是我们已经学会了应对这一问题的办法，之后也就不会再为之担心和苦恼。因此，有效的问题解决行动才是现实生活改变的基础，尤其在我们做好了改变的准备时，这一现实要求就显得更为突出。[3] 我们来看一看下面这个案例，这是一名志愿者在开展助人公益服务时遇到的问题。

> 小李是一位热心人士，他想帮助那些在社区生活的行动不便的老人。于是，他与其他一些热心人士来到了张阿

---

[1] W. J. Reid (1992). *Task Strategies: An Empirical Approach to Clinical Social Work*. New York: Columbia University Press, p. 24.
[2] Ibid., p. 16.
[3] Ibid., p. 44.

婆家里，发现张阿婆快 70 岁了，患有高血压、糖尿病等慢性疾病，而且每天需要照顾行走不便的丈夫，生活压力不小，但是张阿婆很开朗、健谈。张阿婆的儿子很优秀，博士毕业后留在了国外工作，女儿目前在其他城市生活，到了假期她就会过来看望两位老人。

面对张阿婆这样的老老照顾的空巢家庭，小李可以做什么？指导张阿婆管理自己的慢性疾病？小李不是医生，没有那么专业。指导张阿婆照顾好行走不便的丈夫？小李不是护理人员，根本给不出具体的建议。看起来，小李只能提供赠送物资或者陪老人聊天这样一些"普通"的志愿服务。但是，如果我们转换一下观察角度，从有效的行为入手，就会发现，小李这样的志愿者可以做的事情远远不止这些"普通"的志愿服务。小李可以首先询问张阿婆在平时是怎么照顾行走不便的丈夫和管理自己的慢性疾病的，对张阿婆的应对行为进行分析，看一看张阿婆的褥疮处理能力、生活护理能力、日常生活安排、慢性疾病的服药情况、生活饮食的安排、运动锻炼的状况以及压力处理的方式等，从中找出哪些做法是有成效的、哪些做法是需要改善的，找到张阿婆在问题解决中遇到的问题；接着，小李可以把注意力放在张阿婆那些有成效的做法上，除了通过赞扬、肯定等正向强化的方式让张阿婆看到自己的能力，还可以和张阿婆一起讨论在生活压力比较大或者生活比较困难的时候如何保持这些有效的做法，帮助张阿婆巩固和拓展这些有效的做法；与此同时，小李也可以关注张阿婆那些需要改善的做法，选择其中最容易改变的入手，帮助张阿婆学习更有效的应对方法，让张阿婆的问题解决能力得到提升。① 显然，小李上述的这些做法针对的是张阿婆个人的日常生活安排。除此之外，小李还可以从更宽泛的范围来理

---

① 思路参考 W. J. Reid (1996). "Task-Centered Social Work." In Francis J. Turner (ed.). *Social Work Treatment: Interlocking Theoretical Approaches* (4th ed., pp. 617-640). New York: Free Press, p. 619。

解张阿婆的日常生活安排状况,从人际支持的角度考察张阿婆与丈夫和儿女的沟通情况,了解张阿婆在做什么事情的时候与这些身边重要他人有比较多的沟通,其中哪些沟通是有效的、哪些沟通是无效的,通过加强有效的做法和改善无效的做法最终增强张阿婆的家庭支持。[1] 可见,任务中心模式所说的任务是一种能够提升问题解决成效的行动任务,这样的任务同时具有行动和成效两个方面的要求,缺一不可。

二、做中学

任务中心模式所说的任务学习的重点不是知道什么,而是怎么做,是一种在行动尝试过程中的经验学习。[2] 这样,行动尝试就成为这种任务学习最为核心的部分。实际上,这样的行动尝试往往不是一次就能够成功的,需要多次的努力。我们遇到的问题越复杂,需要学习的时间也就越长,相应地,我们需要行动尝试的次数也就越多。而一旦我们完成了一次行动尝试,实际情况就会随之发生变化,继而有了一个做了之后怎么办的问题:是继续按照计划做下去,还是做了之后根据实际成效对计划进行调整? 从表面上看,两者似乎差别不大,只是需不需要调整计划的技术问题,有些时候我们会选择按照计划继续做下去,而有些时候我们又会调整计划,但是实际上这两种方式是有本质差别的。继续按照计划做下去,这样的做法依据的是我们内心的某种想法,是一种从想法入手的做事方式,这种做事方式强调想法在前,做法在后,做法随着想法走,通过做来实现自己的想法,想法成了做事的标准,这就是人们常说的学了之后再做。根据实际成效调整行动计划,则是一种从做法入手

---

[1] 思路参考 W. J. Reid (1992). *Task Strategies: An Empirical Approach to Clinical Social Work*. New York: Columbia University Press, p. 2。

[2] W. J. Reid (1996). "Task-Centered Social Work." In Francis J. Turner (ed.). *Social Work Treatment: Interlocking Theoretical Approaches* (4th ed., pp. 617-640). New York: Free Press, p. 627.

带动想法和做法一起改变的做事方式,它把做法放在前,想法放在后,想法成了一种理解,需要随着做事的经验而改变,在做当中找到对生活更真实的理解,这被称为做中学。① 简单来说,学了做就是想好了再做,做中学是在做当中去想。

显然,无论学了做还是做中学,都涉及想和做两个要素,都强调想的重要性,都希望能够找到生活中的"事实",让自己行动起来更有信心。但是,两者对生活"事实"的理解是完全不同的:学了做把想放在了做之前,它立足过去,要求目前的生活能够适应我们做之前看到的"客观事实",是一种向后看的"事实"探寻方式;做中学把想法放在了做的过程中,它立足现在,要求我们的想法能够适应目前做了之后的"改变事实",是一种向前看的"事实"探寻方式。② 我们来看一看下面这个案例,注意用心体会两种"事实"探寻方式的不同:

> 小刘是一名从事助人服务的社会工作者,她热爱社会工作,毕业之后主动来到一家社会工作服务机构当了一线青少年社工。最近,小刘情绪总是不高,工作热情也大不如前,同事们都认为小刘度过了社会工作的"蜜月期",感受到了现实的"骨感"。其实,小刘心里一直有一个"疙瘩"没解开,她找到机构有经验的督导提出了自己的疑问:社工主张"助人自助",强调尊重案主,让案主自决,但是生活中案主并不喜欢自决,不劝说、不指导根本无法让案主发生改变。面对这样的情况,社工该怎么办?是不是社工把实际生活想得太美好了?

小刘所说的受助者不愿意自决这种现象其实在现实生活中非常普遍,尽管我们希望每个人都能够为自己的生活主动做出选择,做

---

① W. J. Reid (1992). *Task Strategies: An Empirical Approach to Clinical Social Work.* New York: Columbia University Press, p. 2.

② Ibid., p. 6.

好安排,但是实际上在生活困难面前人们是很容易放弃主动选择权的,这样做可以减少失败的可能和避免责任的承担。面对这种情况,社会工作者该怎么办?在这里就有两种处理的方式:一种从想法入手,劝说受助者,指导受助者做出行动尝试。这种"学了做"的处理方式会导致社会工作者与受助者之间产生巨大的张力,即使受助者做出了改变,也是在社会工作者的劝说下发生的,受助者自身的"自助"能力并没有提高,甚至常常因此反而削弱了。显然,这样的改变成效是很难维持的,它并没有带来受助者自身能力的成长。另一种是"做中学"的处理方式,即从做法开始,不管受助者是否喜欢自决,从他喜欢做或者不得不做的事情着手,了解他做事的方式和成效,把他现在能做的还给他,让他承担起实际上已经在承担的责任,这是受助者"自助"的起点。有了"自助"的起点,也就有了"自决"的基础,社会工作者就可以在受助者"自助"的过程中协助他发现生活中最容易改变之处,学会在做的过程中找到提升"自助"能力的自决窍门。这样,通过"自助"就能让受助者看到自己拥有的能力,带动"自决";通过"自决"又能够让受助者明确自己的成长改变要求,带动"自助",真正实现能力的成长,也就是社会工作所说的增能。[1] 因此,可以说,不管什么时候,我们每个人都是有成长改变的"自助"和"自决"能力的,关键在于我们怎么发现它,培育它。[2]

三、自决

真正从一种被动的"自助"转变成一种主动的"自助",也就是我们所说的"自决",并不是一下子就能做到的,需要一个发现和培

---

[1] W. J. Reid (1992). *Task Strategies: An Empirical Approach to Clinical Social Work*. New York: Columbia University Press, p. 38.

[2] W. J. Reid (1996). "Task-Centered Social Work." In Francis J. Turner (ed.). *Social Work Treatment: Interlocking Theoretical Approaches* (4th ed., pp. 617–640). New York: Free Press, p. 622.

育的过程。这个过程不是一种知识的学习,而是我们在日常生活的实际问题解决中的行动学习,它需要围绕问题解决的成效,并且以此为依据调整我们内心的动机以及增加我们对外部环境要求的理解,从而在日常生活中找到有效解决问题的行动应对方式。① 这样,通过对问题解决成效的考察找到合理的行动成效预期,就成为我们学会"自决"的关键,它不仅让我们看到自己行动带来的生活改变,使我们的信心建立在实际问题解决的能力之上,而且让我们看到生活环境的现实要求以及我们在其中可以行动的方向,使我们有了直接面对环境变化的行动勇气,既不夸大自己,也不矮化自己。② 我们来读一读《庄子·山木》中的一个寓言故事。

空船的故事

有一个人划着一只小船在河中行驶,有一只空船撞到了他的小船,他虽然脾气不好,但并没有因此而生气。之后,又有一只小船撞到了他的小船,这一次有一个人正好在那只船上,他就大声呵斥。呵斥一次没有听到,他就一而再、再而三地呵斥,直到恶言相对。他为什么之前不生气现在却生气了呢?因为之前是空船,现在船上有了人。如果人们不以自我为中心,虚怀若谷地生活,又有谁能伤害到他们呢?

庄子的这个寓言故事给了我们很好的启示,要做到"自决",就需要"虚怀若谷",将自己的行动尝试建立在合理的行动成效预期上。这样,行动尝试—成效考察—行动成效预期三者就能够串联起来,形成我们"自助"的学习链,从行动尝试开始找到行动的问题解决成效究竟如何,然后从行动成效的考察中发现合理的行动成效预期是什么,接着再开始新一轮的行动尝试,一环扣一环,循环往

---

① W. J. Reid (1992). *Task Strategies: An Empirical Approach to Clinical Social Work*. New York: Columbia University Press, p. 13.

② Ibid., pp. 59-60.

复，在做的过程中我们逐渐培养起自主学习的能力，从被动的"自助"变成主动的"自决"。① 为此，我们在日常生活中遇到问题时，需要学会放弃对与错、好与坏的讨论，而是将我们的注意力转向可以带动"自助"的行动尝试，在做的过程中考察行动尝试的成效，确立合理的行动成效预期。②

在适应这种"做中学"的过程中，有一种非常有效的指导方式，就是行动任务布置。这种指导方式不是我们通常所说的要求性建议，指示受助者应该怎么看或者应该怎么做，而是尝试性建议，鼓励受助者试着采取某种行动，通过行动尝试成效的考察及合理的行动成效预期的确立来培养受助者的自主学习能力。③ 这样，在了解受助者问题解决的行动方式之上提出行动尝试的任务，就成为推动受助者成长改变的起点，通过这个起点，受助者才能逐渐找到"自助"的目标和方式，培养起"自决"的能力。我们来看一看下面对行动任务布置的六种说法。

下列说法中正确的是：

1. 行动任务布置的第一步是让人们了解标准的行动要求
2. 行动任务布置就是根据标准的行动要求设计行动任务
3. 行动任务布置是关于怎么行动的任务安排
4. 针对不同的人可以布置相同的行动任务
5. 行动任务布置就是告诉人们应该做什么
6. 行动任务的成效检查与行动任务的布置同样重要

---

① W. J. Reid (1992). *Task Strategies: An Empirical Approach to Clinical Social Work*. New York: Columbia University Press, p. 38.

② D. Howe (2009). *A Brief Introduction to Social Work Theory*. Basingstoke: Palgrave Macmillan, p. 80.

③ W. J. Reid (1992). *Task Strategies: An Empirical Approach to Clinical Social Work*. New York: Columbia University Press, p. 36.

第一种说法是要求在行动任务布置时先了解标准的行动要求，以专业标准的做法为依据。这样的行动任务布置与任务中心模式所说的行动任务布置明显不同，因为任务中心模式所说的行动任务是以受助者目前已经有成效的做法为基础的，它是一种"自下而上"的行动经验的学习方法。① 同样的道理，我们也不能根据标准的行动要求设计行动任务，而是需要站在受助者的角度依据他们的生活安排提出行动尝试的要求。因此，第二种说法也是错误的。第三种说法是要求布置怎么行动的任务，这是正确的说法，因为只有了解了怎么做，才能掌握有效的行动应对方法，生活才能因此有所改变。不同的人的生活经验和做法是不同的，即使是同一个人，在不同的时间和地点他的做法也不同，甚至同一个人在同一时间和同一地点，针对不同的问题他的做法也是不同的。因此，布置行动任务是一件非常个性化的事情，它需要随着场景和受助者生活经验的不同而变化。可见，第四种说法是错误的。第五种说法强调行动任务布置是告诉受助者应该做什么，也是错误的说法。行动任务布置的关键是让受助者自己找到怎么做的方向和途径，它不是应该做什么，而是尝试做什么，是一种生活探索，需要受助者查看哪一种做法能够给自己的生活带来积极的改变。② 正是因为如此，行动任务的成效考察就变得极其重要，它是帮助受助者审视当下行动尝试是否合适的一面"镜子"，借助这面"镜子"，受助者才能了解自己的行动应对能力和环境的现实要求，看清楚自己当下的哪些行动尝试是合适的、哪些是不合适的，之后可以怎样调整和改进。③ 这样，行动

---

① W. J. Reid (1996). "Task-Centered Social Work." In Francis J. Turner (ed.). *Social Work Treatment: Interlocking Theoretical Approaches* (4th ed., pp. 617-640). New York: Free Press, p. 619.

② W. J. Reid (1992). *Task Strategies: An Empirical Approach to Clinical Social Work*. New York: Columbia University Press, pp. 2-14.

③ W. J. Reid (1996). "Task-Centered Social Work." In Francis J. Turner (ed.). *Social Work Treatment: Interlocking Theoretical Approaches* (4th ed., pp. 617-640). New York: Free Press, p. 628.

任务的成效检查也就具有了与行动任务布置同样的重要性。总之，任务中心模式所说的行动任务布置是一种"做中学"的任务布置，它以受助者目前已经有成效的应对行动为基础，制定怎么做的行动尝试任务，这种行动尝试任务具有个性化设计和成效检查的要求。

显然，社会工作这种助人服务是在生活中帮助人走出困境的学科，它相信，改变才是我们生活的核心。我们之所以必须做出改变，不是我们愿意改变，而是因为我们在日常生活中遇到小问题时，如果不改变，就会遭遇更多、更大的问题。因此，我们在问题面前也就需要从能做的入手，借助行动任务布置学会"做中学"，通过心理和社会两个方面的循环影响提高自身在生活困境中的问题解决能力。

第二章

生命是一种成长经历

生活的改变对于个人而言就是一种经历。在这样的经历中，我们只有学会向内审视自我，才能认清个人现实与社会现实的差异，学会关怀与接纳，开启自我超越的灵性之旅。

第二章 生命是一种成长经历

我们总是在经历之后才恍然大悟，原来生活可以这样，我们在不经意间丢失了那么多再也无法找回的机会，遗憾也就伴随着我们的成长，成为我们生命中无法抹去的伤疤，藏在记忆的深处，不时提醒着我们，曾经的拥有都将成为故事。生命是一种成长经历，体验过我们才知其中的酸、甜、苦、辣。

第一节 自我："主观"现实与"客观"现实

自我就像是藏在我们每个人内心的"家"，哪怕是最简单的旅行也需要从这里出发，最遥远的探险最终也会回到这里。离开了自我，我们的生活就会像断了线的风筝，随着风雨四处飘零，没有了安全感，也没有了发自内心的微笑。

一、环境改善中的自我

美国芝加哥大学社会服务管理学院的珀尔曼教授提出的问题解决模式，深深影响了在这一学校读书的艾达·戈尔茨坦（Eda Goldstein），她在学校学习期间就对自我心理学产生了浓厚的兴趣，仔细研读了弗洛伊德以及他的追随者的一些重要著作，发现这些学者的讨论始终围绕着同一个重要的心理学概念——自我，而这一点恰恰是问题解决模式所忽视的。于是，戈尔茨坦对自我这一概念进行了细致的梳理。之后她才认识到，原来我们对于自我有两种完全不同的理解：一种依据弗洛伊德在1923年出版的《自我和本能》（*The Ego and the Id*）以及他的女儿安娜·弗洛伊德在1936年出版的《自我和防卫机制》（*The Ego and the Mechanisms of Defense*）的想法，把自我看作协调内心冲突的机制，注重从心理结构的角度解释自我。另一种依据海因茨·哈特曼（Heinz Hartmann）在1939年出版的《自我心理学与适应问题》（*Ego Psychology and the Problem of Adaptation*）的有关讨论以及埃利克·埃里克森（Erik Erikson）有关人生八阶段任务的分析，把自我作为我们在适应环境过程中形成的心理机制，强调从环境适应的角度考察自我。对于追求"在环境中帮助他人"的社会工作而言，显然，后一种看法更接近实际工作的要求。①

20世纪70年代初，戈尔茨坦来到美国哥伦比亚大学社会工作学院攻读博士学位，开始学习从环境改善入手的系统和生态视角的社会工作。她求教于当时正好在哥伦比亚大学就职的持系统和生态视角的国际著名学者卡罗尔·迈耶（Carol Meyer）和卡雷尔·杰曼（Carel Germain），希望能够找到从环境改善角度考察自我的理论依据。② 让戈尔茨坦感到失望的是，尽管系统和生态视角的社会工作助人服务在当时已经获得了很多人的认可，但是它所依据的仍然是三十年前哈特曼提出的自我的适应功能，一味地强调对现实环境的被动适应，看不到环境改善对个人心理的积极影响，这样的社会工作助人服务很容易导致个人成长的缺失，因为它只关注现实问题的解决，忽视了问题解决中最为重要的个人自我的成长，无法帮助我们避免在遭遇同样问题时依旧没有能力解决的现象。③ 更为糟糕的是，在六七十年代民权运动的推动下，虽然社会环境改善成了社会

---

① E. G. Goldstein (1995). *Ego Psychology and Social Work Practice* (2nd ed.). New York: Free Press, p. 37.

② Ibid., p. 42.

③ E. G. Goldstein (1983). "Issues in Developing Systemic Research and Theory." In Diana Waldfogel and Aron Rosenblatt (eds.). *Handbook of Clinical Social Work* (pp. 5–25). San Francisco: Jossey-Bass, p. 24.

关注的中心，但是注重个人自我如何成长的心理学考察却被学者们逐渐淡忘，甚至被视为对个人的"污名化"而排除在人们考量的范围之外。① 这样，人的改变也就被简化为社会环境条件的改善，丢失了其中的"人"以及对自我的关怀。社会工作助人服务从此踏上了一条"南辕北辙"的改善环境的发展道路。

博士毕业后不久，戈尔茨坦来到美国纽约州立精神疾病研究中心和纽约医院康奈尔治疗中心，开始了她长达七年的精神疾病患者心理治疗的实践。与之前的经历不同，这一次戈尔茨坦选择了当时流行的自我心理学中的客体关系理论作为自己的主攻目标。② 戈尔茨坦想解答一直困扰着她的一个疑问：个人自我到底来自何处？如何促成患者的真正改变？这样的改变不只是让患者表面上看起来没有问题。客体关系理论给了她答案，个人自我不是来自弗洛伊德所说的生理本能，而是来自个人在成长过程中与重要他人建立起来的关系以及这种关系的内化，因此，它是一种主观的经历。③ 之后，戈尔茨坦就职于美国纽约大学社会工作学院，专门从事社会工作助人服务的实践、研究和教学。④

戈尔茨坦在阅读新精神分析学派代表人物阿尔弗里德·阿德勒（Alfred Adler）、凯伦·霍尼（Karen Horney）、埃里希·弗洛姆（Erich Fromm）和哈里·斯塔克·沙利文（Harry Stack Sullivan）等人的论著时找到了灵感，发现人的自我本质具有一种社会属性，以我们的日常人际交往为基础。为此，她主张从更宽泛的像社会组织和社会变迁等社会层面来理解个人的自我，使个人自我的成长拥有

---

① S. Kammerman, R. Dolgoff, G. Getzel and J. Nelsen (1973). "Knowledge for Practice: Social Science in Social Work." In Alfred J. Kahn (ed.). *Shaping the New Social Work* (pp. 97–148). New York: Columbia University Press, p. 98.

② E. G. Goldstein (1995). *Ego Psychology and Social Work Practice* (2nd ed.). New York: Free Press, p. xii.

③ E. G. Goldstein (1990). *Borderline Disorders: Clinical Models and Techniques*. New York: Guilford Press, pp. 23–45.

④ E. G. Goldstein (1995). *Ego Psychology and Social Work Practice* (2nd ed.). New York: Free Press, pp. vii–viii.

现实的社会基础。① 不过，戈尔茨坦很快察觉到，这种从社会层面出发考察个人自我的角度很容易把社会认同的主流生活方式作为社会"现实"，而将当地的文化习俗作为个人自我欠缺的证据，忽视社会"现实"背后我们每个人不同的观察视角和自我的主观经历，社会就会被人为"现实"化。② 到了 20 世纪 90 年代，戈尔茨坦开始把性别文化视角引入对个人自我的考察，强调采用女性主义提出的"关系中的自我"（self-in-relation）来理解个人自我的成长。③ 这样，社会生活就与个人自我联系起来了，它不再是个人自我之外的"客观"现实，需要个人适应它的要求，而是个人自我成长过程中不可缺少的"主观"现实，需要个人在现实要求面前随时反观自我的成长要求。戈尔茨坦强调，只有当个人在社会现实要求面前看到自我的成长发展空间时，才不会迷失，才能够通过现实生活的改善真正实现个人自我的成长改变，推动现实生活的人性化。④

二、"主观"现实

如果将自我心理学中的自我概念引入日常生活，我们很快就会发现，在问题面前我们首先要做的不是把注意力放在外部环境上，"客观"分析问题是什么，而是退回到自己（自我）这个原初点，从自己所处的位置出发理解自己在问题面前面临哪些挑战。只有退回到自我，我们才能融入现实的生活场景，去观察分析，让自己看清楚生活的现实要求。一旦我们绕开自己直接观察外部环境的"客观"事实，这样的"客观"事实就会丢失生活的根基，成为没

---

① E. G. Goldstein (1995). *Ego Psychology and Social Work Practice* (2nd ed.). New York: Free Press, p. 26.

② Ibid., p. 19.

③ A. Kaplan and J. L. Surrey (1984). "The Relational Self in Women: Developmental Theory and Public Policy." In Lenore Walker (ed.). *Women and Mental Health Policy* (pp. 79-94). Beverly Hills: Sage, p. 93.

④ E. G. Goldstein (1995). *Ego Psychology and Social Work Practice* (2nd ed.). New York: Free Press, p. 130.

有个人现实生活作为基础的普遍化的"客观"事实。① 我们来读一读庄周梦蝶这个寓言故事。

庄周梦蝶

　　昔者庄周梦为胡蝶，栩栩然胡蝶也。自喻适志与！不知周也。俄然觉，则蘧蘧然周也。不知周之梦为胡蝶与？胡蝶之梦为周与？周与胡蝶，则必有分矣。此之谓物化。（《庄子·齐物论》）

　　是庄周梦到了蝴蝶，还是蝴蝶梦到了庄周？当我们纠结是谁在影响谁的时候，也就意味着，我们已经把自己与环境拉开了距离，相信生活中看到的现实就是"客观"的。实际上，这样的看法恰恰忽视了"客观"现实本身就是个人自我观察理解的现实，采取的是一种"客观"现实的自我观察理解方式，它让我们放大对"客观"现实的描述而放弃对描述背后个人自我的考察。在这种眼见为实的"客观"现实面前，任何个人自我都没有多少发展空间，成了生活的"奢侈品"，唯一剩下的是我们如何适应现实的要求，而我们如何成长改变根本无从谈起。我们越喜欢强调"客观"现实，我们个人自我的成长空间也就变得越小，导致我们只有通过放弃自我才能达到成功适应环境的目标。

　　显然，我们在现实生活中的成长改变既涉及与社会环境的交流，也涉及与我们自己的对话，绝不能以牺牲个人自我为代价引入对社会的考察，因为即使这样做能够获得成功，也只是本末倒置，最终阻碍我们自我的成长改变。② 为此，戈尔茨坦从个人自我入手把我们的成长改变方式分为两种：一种她称之为心理结构取向的，只关注我们心理结构中那些没有被意识到的改变愿望和未被满

---

① E. G. Goldstein (1995). *Ego Psychology and Social Work Practice* (2nd ed.). New York: Free Press, p. 99.
② E. G. Goldstein (1980). "The Knowledge Base of Clinical Social Work." *Social Work*, 23(3): 173–178.

足的需求,通过发掘这些无意识中的愿望和需求来缓解我们内心的紧张和担心。这种方式主要遵循弗洛伊德精神分析理论的原理。另一种她称之为问题解决取向的,它注重我们与社会环境之间的具体交流过程,通过提升我们个人意识层面的自主能力来解决现实生活中面临的问题。这种方式主要受到哈特曼和埃里克森等人的自我心理学理论的影响。[①] 值得注意的是,无论采用哪种成长改变的方式,我们都需要对个人自我进行深入探究。只有这样,我们才能突破个人自我原有的局限,找到自我成长改变的方向和路径。这是我们实现个人成长改变不可缺少的前提。

有意思的是,戈尔茨坦为了帮助我们在现实生活中找到对个人自我进行考察的方法,她将自我和环境两个元素放在了一起,采取一种她称之为自我环境综合评估的方式。这是一种把人放到具体的环境中并且从个人自我入手的考察方式。[②] 我们来看一看下面这个案例,注意体会受助者个人的自我在特定环境中的变化。

> 受助者,男,15岁,初中三年级学生,个头不高,体质比较弱,近视。受助者平时喜欢看书,学习成绩非常优秀,在全年级名列前茅,尤其数学,总是全年级第一。受助者对自己的学习充满自信。但是,在最近的一次考试中出现了意外,受助者的学习成绩第一次出现了不及格,而且一向自信的数学也只达到了一般水平。知道考试结果后,受助者非常沮丧,把自己锁在房间里,一声不吭。第二天,受助者对父亲说他不愿意再上学了,担心同学笑话他。在父亲的一再鼓励下,受助者来到学校,但发现自己很难记住老师抄写在黑板上的句子。这主要是因为他担心

---

① E. G. Goldstein (1995). *Ego Psychology and Social Work Practice* (2nd ed.). New York: Free Press, p. xiii.

② E. Goldstein (1996). "Ego Psychology Theory." In Francis J. Turner (ed.). *Social Work Treatment: Interlocking Theoretical Approaches* (4th ed., pp. 191–217). New York: Free Press, p. 196.

自己没有看仔细漏了内容,于是看了一遍又一遍,努力想记住它,但总是记不住。不久,看书时也出现了同样的情况,反复阅读同一段文字,但就是记不住。不得已,受助者选择了休学。在家轻松了几天之后,受助者感到心里空落落的,白天父母上班,家里只剩下他一个人,整天无事可做,只能上网消磨时间。受助者感到越来越没有安全感,情绪变得起伏不定,经常与父亲吵架,抱怨父母对他关心不够。①

受助者"个头不高,体质比较弱,近视",这是一种站在生活之外对现实的"客观"描述。如果我们希望走进受助者的内心,就需要将这样的"客观"现实描述与个人自我的感受联系起来,询问受助者是如何评价自己长相的,是否对自己目前的样子感到满意。这样,我们就能够了解受助者个人自我的偏向和局限。"受助者平时喜欢看书,学习成绩非常优秀,在全年级名列前茅,尤其数学,总是全年级第一",这样的"客观"现实让"受助者对自己的学习充满自信"。显然,此时受助者的个人自我其实是朝向不好的方向发展的,尽管从表面看,受助者对自己充满信心,是一种积极的表现,但是这种表现背后隐藏着危机,表明受助者的自我对学习中可能出现的回退缺乏准备,容易失去面对问题的勇气和能力。这样,当"受助者的学习成绩第一次出现了不及格,而且一向自信的数学也只达到了一般水平"时,他的个人自我面临严峻的挑战。与其说受助者遭受的是学习挫败,还不如说是接纳自我的困扰,因为这时受助者需要面对生活中不如意的自我。尽管受助者"在父亲的一再鼓励下"重新回到学校,似乎问题得到了解决,但是实际上他此时急需转变对待自己的态度,接纳生活中面临的挑战;否则,受助者的自我就会因为重新上学而变得更加脆弱,面临更大的危机。

---

① 案例资料引自童敏:《社会工作专业服务的规划与设计》,北京:社会科学文献出版社 2011 年版,第 5 页。

在受助者不得已选择了休学的时候,虽然从形式上看他的学习压力减轻了,但是实际上他的自我面临的挑战不仅没有减少,反而增加了,因为此时受助者面对的是如何自主安排学习生活的挑战。可惜的是,受助者的这一自我发展要求并没有得到家人,包括他自己的重视。

显然,在个人与环境的相互影响过程中,个人是否适应环境是重要的,但是在适应环境过程中个人的自觉意识(self-awareness)能否得到提升更为关键,因为只有通过个人自我意识的改善,我们才能站在更高的层面理解环境变化的要求,我们应对环境变化的能力也才能真正得到提高。① 由于社会工作助人服务是帮助在日常生活中遭遇困扰的我们,我们此时都有一个共同的特点,就是我们的自我没有受到根本性损害,仍能够在日常生活中发挥积极的作用,只是效果不佳而已。② 因此,针对日常生活开展的助人服务,就不能从我们不足的自我入手,而需要从我们能做的开始,以增强我们在日常生活中的问题解决能力为主线,把问题解决过程与自我意识提升的过程结合起来,给我们的自我注入新的力量,帮助我们提高掌控生活的能力,特别是摆脱危机和处理冲突的能力。这样,可改变现实的自我觉察能力就成为我们提高问题解决能力过程中的核心内容。③ 我们来看一看一位志愿者在助人公益服务中遇到的一个"棘手"案例。

眼泪汪汪的孩子

志愿者小李最近遇到了一名小学三年级的男生。这个男生看上去很听话,也很懂事,但是小李辅导他学习后发现,他学习非常被动,从来不主动做作业,在别人的再三催促下才会做点什么。男生的父母告诉小李,他们知道孩

---

① E. G. Goldstein (1995). *Ego Psychology and Social Work Practice* (2nd ed.). New York: Free Press, pp. 232-233.
② Ibid., pp. 173-174.
③ Ibid., p. 169.

子就是这样，但是也没办法，如果催急了，孩子就会不合作，一个人待在那里不和别人说话，眼泪汪汪的。面对这样的情况，小李不知道该怎么办才好。

针对这样的男生，小李该怎么办呢？显然，在这个案例中，孩子学习问题的解决与他的自我联系在了一起，如果孩子的自我意识没有改变，他的学习问题是很难得到解决的。因此，小李就不能只关注如何为孩子提供学业辅导，而需要同时结合孩子自我意识的改善，例如，将孩子遇到的学习问题切割成更小的作业完成问题，并且与孩子一起做作业，在做的过程中让孩子把精力集中在可改变的现实方面，帮助孩子学会"从能做的开始"这种困难应对方式，改变孩子做事情的态度，让孩子逐渐树立起改变的信心。当然，在孩子有了一些改变信心的时候，也可以通过角色扮演和示范等方式让孩子了解之前的行为给父母和老师带来的困扰，帮助孩子学习以更好的方式回应父母和老师的要求，改善孩子的自我意识，使孩子具有更为积极的自我和问题解决能力。[①] 可见，对于个人的成长改变来说，无论问题解决能力还是积极自我，都是必不可少的；否则，即使我们具有问题解决能力，也不会采取积极主动的态度应对面临的困难。

三、现实联盟

如何在生活的困境中促进我们个人自我的成长呢？答案似乎很明确，就是通过建立信任关系，让我们把平时没有机会说出来的困扰轻松、自由地讲出来。[②] 但是，实际上，这种轻松、自由的氛围并不是生活的常态，过分强调信任关系的建立只会让我们在生活困境

---

① 思路参考 E. G. Goldstein (1995). *Ego Psychology and Social Work Practice* (2nd ed.). New York: Free Press, p. 172。

② E. Goldstein (1996). "Ego Psychology Theory." In Francis J. Turner (ed.). *Social Work Treatment: Interlocking Theoretical Approaches* (4th ed., pp. 191-217). New York: Free Press, p. 207.

的压力下有意或者无意地选择逃避,不去面对生活充满矛盾冲突的现实,错把这种暂时温馨、接纳的非现实关系看作真实的关系,其结果不是培养我们积极的个人自我,而是让我们个人自我的现实感逐渐流失掉。这样的信任关系显然很容易成为我们脆弱自我的"保护伞",阻碍我们个人自我的成长。因此,在个人自我的成长过程中,建立信任关系是必要的,不过,这不是关键,关键是要增强我们的现实感,让我们在这种信任关系下看到生活中可以改变的现实,使我们的自我更加积极。简单来说,这是一种能够增强我们现实感的现实联盟。①

在这种现实联盟中,我们需要做的是增强个人自我的现实感,而不是像传统的问题解决模式那样去挖掘我们内心那些未被满足的需要。② 我们来看一看下面这个案例,这是社会工作者这样的助人者在助人服务中经常遇到的问题。

> 小李是一位入职没多久的社会工作者,他在心里一直有一个疑问:社会工作者帮助的都是生活中遇到困扰的人们,有的是社会的低收入人群,他们生活比较困难,常常会把生活中的负面"垃圾"告诉社会工作者。长此以往,社会工作者自己会不会成为"垃圾"桶,受到这些负面"垃圾"的影响?作为社会工作者,该怎样避免这种情况的出现?

对于社会工作者来说,生活也是一样的,他们不可能是生活之外的旁观者,活在"真空"之中,他们每天也需要面对生活中的矛盾和冲突,也会遭遇生活的困扰。这些困扰虽然会给我们每一个人造成压力,但它们也是我们了解生活现实不可缺少的部分,提醒我们生活中确实存在个人意愿之外的现实,这些生活现实不随我们的

---

① E. G. Goldstein (1995). *Ego Psychology and Social Work Practice* (2nd ed.). New York: Free Press, p. 170.

② Ibid., p. 202.

喜好而变化。显然，我们要做的不是否认这样的生活现实存在，而是设法改变那些令我们感到不满的生活现实；否则，我们就会把生活中遇到的困扰当作"垃圾"，努力想办法扔掉它或者忘掉它。这样做，不仅难以找到解决困扰的有效办法，还可能带来更多的困扰，因为我们并没有用心倾听生活困扰的提醒，发现其中的现实要求，也没有把我们解决问题的努力放在回应生活现实的要求之上。① 因此，在协助他人解决问题的过程中，从事助人服务的社会工作者也在学习如何更现实地看待问题和更有效地解决问题，通过帮助受助者界定问题和解决问题而更清晰地了解自己的现实处境，使个人的自我拥有更多的成长空间，避免遇到什么问题就解决什么问题这种被动的环境适应型问题解决方式。②

一旦将自我概念引入助人服务，从事助人服务的社会工作者就能看到，任何问题的解决不仅取决于我们个人的问题解决能力，也取决于我们个人自我的现实观察能力，就是能否在困扰冲突面前看到可以改变的现实之处。这就要求我们每一个人都把问题解决看作一种个人的"主观"经历，在生活困扰面前学会从个人自我出发，寻找困扰冲突中可以改变的现实生活，找到更为实际的问题解决办法，提高我们个人这种"主观"现实的自我察觉能力。这样，问题解决的"主观"经验中的现实反思就成为个人自我成长的关键，也是问题得以有效解决的关键。③

第二节 认知：个人现实与社会现实

有时候我们会怀疑自己的存在是否有价值，因为我们发现，这

---

① M. Payne (2005). *Modern Social Work Theory* (3rd ed.). New York: Palgrave Macmillan, p. 90.

② E. G. Goldstein (1995). *Ego Psychology and Social Work Practice* (2nd ed.). New York: Free Press, p. 169.

③ Ibid., pp. 201-202.

个世界似乎离开任何一个人都能够照常运转，就像过去不曾发生过任何事情一样。有时候我们又会对自己信心满满，毕竟生活因我们的付出多了色彩和温情。生活就是这样起起落落，时常牵动我们内心的感受，总是在不经意间给我们不同的生活启示。我们会发现，只有在个人的真切感受中，我们才能够看到自己生命历程中的生活现实。

一、经验现实

作为影响我们成长改变的一个重要因素——认知，一直以来都受到我们的特别关注，因为我们发现，一个人怎么想就决定了他怎么感受和怎么行动，特别是在20世纪五六十年代人本主义思潮兴起之后，个人所拥有的经验受到重视，被当作我们每个人行动的基础。这样，社会工作助人服务的关注焦点也逐渐从他人外部的技术指导转向个人内部的经验调整，从我们自身的经验出发，挑战和改变我们内心的消极想法，克服由此而来的在情绪和行为方面表现出来的困扰。[1] 从表面上看，我们找不到合理的问题解决方式是因为没有应对问题的有效办法，但是实际上，进一步深入观察就会发现，之所以没有有效的办法，真正的原因是我们常常采用错误的思考方式，这样自然无法获得对问题的正确理解，更不用谈问题的合理解决了。[2] 就像手里拿了一张错误的地图寻找目的地一样，我们只会越找越糊涂。

对于生活中遭遇困扰的我们来说，这些困扰就是问题，但是仅看困扰，会发现它们并没有什么特殊的，与我们日常生活中发生的其他事情没什么两样，只是超出了我们目前的理解能力，一旦我们

---

[1] J. Lantz (1996). "Cognitive Theory and Social Work Treatment." In Francis J. Turner (ed.). *Social Work Treatment: Interlocking Theoretical Approaches* (4th ed., pp. 94-115). New York: Free Press, p. 94.

[2] H. Goldstein (1984). "A Framework for Cognitive-Humanistic Practice." In H. Goldstein (ed.), *Creative Change: A Cognitive-Humanistic Approach to Social Work Practice* (pp. 33-66). New York: Tavistock Publications, p. 36.

找到了合理的理解方式，它们就会成为我们成长改变前进路上的石子，帮助我们迈向更远的前方。我们怎样看待问题，就意味着怎样经历和感受问题。① 如果这样理解问题，我们就会相信，每个人都具有成长改变的潜力，而要把这种潜力变成现实，就需要我们紧紧抓住问题，让问题成为我们成长改变的机会。显然，问题只是一种提醒，它告诉我们任何人的任何成长改变都是发生在现实生活中的，我们不能仅仅凭着自己的意愿安排生活，外部环境也有自己的要求，它同样是我们生活中无法忽视的一部分，我们每一个人的生活就是在这种人与环境的交错影响中发生改变的，既不单是个人影响环境，也不单是环境影响个人，并非单向影响下的结果。②

因此，我们并不是一张白纸，只能被动地接受环境的书写，也不是站在环境之外的旁观者，可以冷静地观察生活的变化，而是拥有一定生活经验和知识并且能够对环境产生影响的有选择能力的人。我们来看一看下面这个外派的故事。

> 阿明之前很少出远门，生活很安逸，也很知足，但是他内心一直有一个梦想，希望有一天能够出去走一走，毕竟世界那么大，自己还年轻，不能老是待在一个地方。于是，他向单位提出外派的申请。单位外派名单下来之后，亲朋好友发现，阿明像是变了一个人，整天神经绷得紧紧的，一脸担心的样子，因为单位要派他到一个离家乡很远的地方工作，是浙江省嘉兴市的船山社区，他对这个地方一无所知，不知道该怎么办才好。

我们之所以觉得某事是一个问题，是因为这件事情在我们的生活中没有出现过，我们没有经验，不知道该如何应对，就像案例中

---

① B. S. Vourlekis (2008). "Cognitive Theory for Social Work Practice." In Roberta R. Greene (ed.). *Human Behavior Theory and Social Work Practice* (3rd ed., pp. 133–163). New Jersey: Transaction Publishers, p. 152.

② Ibid., p. 139.

的阿明，他没有想到自己会被外派到很远的地方工作，而且这件事情无法依靠自己原来的方法解决，在自己原有的经验知识中找不到答案，需要一种新的知识。这种新的知识能够解释目前遇到的问题，揭示问题蕴含的可以改变的现实。因此，从表面上，问题解决就是帮助遇到问题的我们找到解决办法的过程，但是实际上，它是我们依据现有的经验知识进行探索的过程，需要我们拓展现有的经验知识，看到问题中的改变可能，这是新知识的生产，涉及如何理解遭遇的问题、选择从哪些方面着手解决、怎么推断生活事件的变化以及自己到底需要什么改变等，这些个人认知上的变化都会对我们的行为和感受产生重要的影响。① 可见，针对案例中的阿明，我们不能直接告诉他浙江省嘉兴市船山社区在哪里、那里是怎么样的，因为这样的介绍仍旧没有与阿明原有的经验知识联系起来，只会让阿明感到那是一个"离家乡很远的"陌生地方。如果阿明只知道浙江省，就可以从他知道的浙江省开始，让他在自己原有的经验知识中看到与嘉兴市船山社区的联系。这样，阿明在应对外派的挑战时就会更有信心，因为他已经知道要从哪里寻找问题解决的答案。

　　仔细观察现实生活就会发现，外部环境并不是一个实际在那里等着我们去探索或者适应的世界，它展现出来的样子与我们观察它、理解它的角度直接关联，我们怎么认识生活中的问题，也就意味着外部环境怎么展现给我们，只有当我们自身观察生活的角度发生了改变，对外部环境的理解才有了深入的可能，可以说，外部环境呈现的深度与我们认知能力的提升是同步的。这样，我们怎么看问题就显得至关重要，它是我们提高问题解决能力的关键，其中包括问题是什么的事实判断和问题解决有什么意义的价值判断。这也意味着，如果我们希望提高自身的问题解决能力，我们关注的重点就不应是如何采取外部"客观"分析的方式考察问题是什么，而是如何

---

① B. S. Vourlekis (2008). "Cognitive Theory for Social Work Practice." In Roberta R. Greene (ed.). *Human Behavior Theory and Social Work Practice* (3rd ed., pp. 133-163). New Jersey: Transaction Publishers, p. 138.

运用个人内部"主观"体验的方法考察问题判断的依据是什么。只有从问题判断的依据入手，我们才能走进他人的内心，让他人开启心灵的窗户，看清楚个人成长改变的道路。因此，更确切地说，问题解决不是"客观"问题的解决，而是个人问题解决，它始终与个人的经验知识联系在一起，是个人经验现实的探寻过程。①

二、预见力

一旦我们观察生活的视角得到了扩展，我们就能看清楚之前模糊不清或者被忽视的东西，我们的问题预见能力会随之得到提升。这样，在生活中的小问题变成大问题之前，我们就能够发现它，采取必要的应对措施，找到问题解决的办法。② 这种解决问题的方式不仅可以大幅度降低问题解决的难度和花费的时间精力，而且能让我们体会到自己是生活的决策者和创造者，能够极大地提高我们问题解决的信心和生活的主动性。③ 因此，问题征兆的准确识别和及时处理就成为我们提升问题解决能力的重要途径，它让我们能够从被动的问题适应转变成主动的问题寻找，做到对于问题"及早发现，及时处理"。

如何在现实生活中识别问题征兆？我们需要做的不是直接从外部环境入手，在问题的客观世界中寻找答案，而是转向个人的生活经验，考察个人主观生活经验的现实基础，在用心倾听、理解个人生活经验的描述中识别其所面临的微小冲突。显然，问题预见能力的培养是一种向内探寻的过程，它与个人主观经验的自觉能力的提

---

① B. S. Vourlekis (2008). "Cognitive Theory for Social Work Practice." In Roberta R. Greene (ed.). *Human Behavior Theory and Social Work Practice* (3rd ed., pp. 133–163). New Jersey: Transaction Publishers, p. 155.

② Ibid.

③ H. Goldstein (1984). "A Cognitive-Humanistic Approach to Practice: Philosophical and Theoretical Foundations." In H. Goldstein (ed.). *Creative Change: A Cognitive–Humanistic Approach to Social Work Practice* (pp. 3–32). New York: Tavistock Publications, p. 23.

升有着密切的关系。① 此外，在问题征兆的识别过程中，还有另一个重要方面也需要我们给予特别关注，就是我们的情绪变化状况。实际上，当我们在现实生活中遇到周围环境的挑战时，我们首先体会到的是自己的生活原则和社会身份受到了威胁，我们的情绪会随之出现变化，甚至产生剧烈的反应。这样，通过考察情绪变化状况，我们就能够从模糊、细微的生活线索中找到情绪背后隐藏的潜在问题，发现生活中需要面对的冲突，使问题在没有变得严重之前就显现出来，得到及时处理。② 我们来看一看下面这个情绪管理的训练计划。

为了帮助一群青少年管理好自己的情绪，小李设计了一个情绪管理的训练计划。这个计划的内容主要分为四个部分：

1. 识别情绪变化。关注自己在生活中的情绪变化，学会识别积极和消极的情绪。

2. 肯定积极情绪。肯定自己的积极情绪，让自己在生活中保持良好的心态。

3. 转变消极情绪。转变自己的消极情绪，让自己从积极的角度理解现实生活。

4. 培养积极情绪。每天做一点自己喜欢的事情，让生活增添一些积极的情绪感受。

上述小李这个情绪管理计划运用了心理学的暗示原理，目的是发掘和培养这群青少年在生活中的积极情绪，减少消极情绪对他们

---

① B. S. Vourlekis (2008). "Cognitive Theory for Social Work Practice." In Roberta R. Greene (ed.). *Human Behavior Theory and Social Work Practice* (3rd ed., pp. 133-163). New Jersey: Transaction Publishers, p. 156.

② H. Goldstein (1984). "A Framework for Cognitive-Humanistic Practice." In H. Goldstein (ed.). *Creative Change: A Cognitive-Humanistic Approach to Social Work Practice* (pp. 33-66). New York: Tavistock Publications, p. 44.

的负面影响。显然,小李只是把这群青少年的情绪当作情绪而已,并没有把这群青少年的情绪变化与他们日常生活中可能遭遇的冲突联系起来,看不到情绪变化与日常生活中的小问题之间的联系,从而也就无法帮助这群青少年找到日常生活中的潜在问题以及问题解决的办法,让情绪管理能力的训练停留在个人心理层面,变成被动的适应,使得他们缺乏主动改变现实生活的能力。因此,如果小李希望帮助这群青少年培养对问题的预见力,就不能仅仅把认知当作认知、情绪当作情绪,采用这种割裂人与环境的看法,而是要进一步关注他们生活中的小问题及其中的细微信息,让这群青少年在生活情绪识别(积极和消极情绪的识别)中看到可能面临的现实冲突,塑造从情绪识别到小问题发现再到问题解决能力提升这种主动参与生活改变的心理机制。[①]

三、个人现实

当我们面临现实生活冲突且判断这是问题时,我们都有自己的分析标准。问题的出现不仅仅是因为我们的看法不正确或者不准确,它也与我们遭遇的道德和价值的冲突相关联,包括对生活意义和个人价值的怀疑,以及由此产生的无力感和羞耻感等。因此,对问题的判断同时涉及问题是什么的"认知"判断和问题有什么意义的"人本主义"的价值判断,它由"认知—人本主义"两个层面构成。[②] 这意味着,我们在日常生活中面对的现实与我们所站的位置相关,我们所站的位置不同,观察到的现实也就不同,它是一种个人经验中的现实,是我们依据个人的"认知—人本主义"两个层面的

[①] 思路参考 S. Berlin (1983). "Cognitive-Behavioral Approaches." In A. Rosenblatt and D. Waldfogel (eds.). *Handbook of Clinical Social Work* (pp. 1095-1119). San Francisco: Jossey-Bass, p. 1100。

[②] H. Goldstein (1984). "Preface." In H. Goldstein (ed.), *Creative Change: A Cognitive-Humanistic Approach to Social Work Practice* (pp. x-xiv). New York: Tavistock Publications, p. x.

观察并且通过日常的问题解决过程形成的，以个人的生活经验为基础。[1] 这样，日常生活中的问题解决过程也就与我们生活意义的建构过程紧密联系在了一起。在问题挑战面前，我们既需要做出问题是什么的事实层面的"认知"判断，找到问题解决的具体办法，也需要做出问题有什么意义的价值层面的"人本主义"判断，发掘问题解决中的伦理价值要求。

因此，社会工作的助人服务绝不是站在生活之外提供问题解决的专业技术指导那么简单，而需要走进受助者的生活，找到他们看待问题的现实依据和价值依据，拓展他们对个人现实的理解。这样，我们在帮助受助者尝试界定和解决问题的过程中，就需要同时关注影响受助者的周围他人，把周围他人的看法与受助者自己的经验进行对照，在比较中让受助者了解自己的要求，找到自己生活的意义所在。实际上，正是通过这种与周围他人的比较，我们才能帮助受助者在日常生活中找到个人现实，才能以此为基础不断拓展个人的成长改变空间。[2] 这里所说的个人现实不同于我们通常理解的客观现实，那种把过去作为理解的基础，从过去的原因中找到事情变化规律的现实，而具有向前看的特征。这种个人现实有两层含义：一是现实是一个过程，是一种可改变现实，需要我们在当下的对照比较中不断完善，并不是固定不变的，一旦被固定下来，现实也就不成为现实了，因为它已经无法改变；二是现实是个人知识的拓展，它既有我们用眼睛能够看到的部分，也有我们看不到的部分，需要我们通过对个人经验的反思去不断超越我们个人现有的理解，拓展我们个人的观察视角，看到之前看不到的。显然，认知视角所说的个人现实，并不是说现实是个人的现实，只有个人自己知

---

[1] H. Goldstein (1973). *Social Work Practice: A Unitary Approach*. Columbia: University of South Carolina Press, pp. 124–135.

[2] H. Goldstein (1984). "Preface." In H. Goldstein (ed.). *Creative Change: A Cognitive-Humanistic Approach to Social Work Practice* (pp. x–xiv). New York: Tavistock Publications, p. xi.

道，而是强调对现实的判断离不开个人的理解和体验，始终具有个人的特质。①

这样，个人的现实经验反思能力就显得尤为重要，它是我们探寻个人现实的关键，能够引导我们找到做出"客观判断"的个人经验基础，从个人经验的疏漏之处发现日常生活中隐藏的现实，让我们的生活安排得以建立在现实基础之上，真正帮助我们拓展个人成长的发展空间。② 相反，一旦我们放弃了对个人经验的反思，把目光直接投向外部环境，从外部环境中寻找现实，就只能找到我们生活中已经成为"客观"事实的现实，并不是我们通过自己的努力可以使它发生改变的现实，我们的自我也因此失去了成长改变的空间。很显然，个人现实是指特定环境中个人可以获得成长改变的现实空间。我们来看一看下面这个案例，比较一下个人现实与"客观"事实之间的差别。

王女士，32岁，四年前发现丈夫有了外遇，在不断的争吵中最终很无奈地与丈夫离了婚。为了换一个环境调整自己的心态，王女士离婚后来到东部的一个海滨城市打工。王女士居住在城乡结合部十几平方米的平房里，条件非常简陋，周围环境和卫生条件都不好，但她非常爱整洁，将家里整理得井井有条，书桌也擦得干干净净，桌布都是精心布置过的，墙上贴满了她以前的照片和明星画报。安顿好自己的生活后，由于担心父母年龄大了，照顾不好自己的孩子，于是半年前把8岁的女儿带到自己的身边，到自己打工的城市上学，希望能够为孩子提供一个良好的教育环境。没想到，女儿来了之后，行为习惯方面的差异常常

---

① H. Goldstein (1984). "A Cognitive-Humanistic Approach to Practice: Philosophical and Theoretical Foundations." In H. Goldstein (ed.). *Creative Change: A Cognitive-Humanistic Approach to Social Work Practice* (pp. 3–32). New York: Tavistock Publications, p. 8.

② Ibid., p. 14.

让她很生气，她看不惯女儿的一些行为表现，希望女儿能够改掉之前在外公外婆家里养成的坏习惯，但是女儿就是不听。对此，王女士感到又气愤又无奈。①

王女士与丈夫离了婚，这是王女士在婚姻生活中遭遇的困难，它是"客观"事实，但是王女士看到了困境中的其他可能，"为了换一个环境调整自己的心态，王女士离婚后来到东部的一个海滨城市打工"。显然，王女士找到了"客观"事实中个人可以成长改变的现实。尽管在外人看来，王女士打工的生活环境条件不好，面临艰苦生活的挑战，但是王女士并没有受此影响，反而"将家里整理得井井有条"，因为王女士在这样的生活环境中看到了改变的希望，心里有了个人成长的现实空间。当女儿来到自己身边，王女士就需要面对女儿有不同的生活习惯这个"客观"事实。不过，这一次，王女士直接把女儿的一些行为表现看作"坏习惯"，当成"客观"事实，没有去寻找这一"客观"事实中可以改变的个人现实。这样，王女士自然很难转换到女儿的位置上看到女儿行为习惯中可以改变的地方，也无法找到女儿和自己的个人成长改变的现实空间，当然，更不用说展现出个人生活经验中的积极内涵和意义。②

人心不是一面静止不动的镜子，不是单纯地映照环境的现实要求，而是允许我们将自己成长过程中的经验积累起来，形成个人独特的自我，让我们在现实要求面前具有主动施展影响的可能。③ 这也意味着，我们对问题解决的理解不能停留在当下的环境适应上，而需要深入个人的自我，在个人经验中考察个人主动参与和选择的能

---

① 案例资料引自童敏：《社会工作专业服务的规划与设计》，北京：社会科学文献出版社 2011 年版，第 59 页。

② 思路参考 H. Goldstein (1984). "A Cognitive-Humanistic Approach to Practice: Philosophical and Theoretical Foundations." In H. Goldstein (ed.). *Creative Change: A Cognitive-Humanistic Approach to Social Work Practice* (pp. 3-32). New York: Tavistock Publications, p. 14。

③ B. S. Vourlekis (2008). "Cognitive Theory for Social Work Practice." In Roberta R. Greene (ed.). *Human Behavior Theory and Social Work Practice* (3rd ed., pp. 133-163). New Jersey: Transaction Publishers, p. 141.

力。不同的参与和选择方式表明我们拥有不同的自我，它直接影响我们解决问题的过程。个人自我对问题解决的作用通常表现在两个方面。一是社会层面。通过个人的自我，个人的问题解决能力能够与周围他人和社会环境联系在一起，使个人的改变与周围他人和社会环境的改善相结合，形成合力。我们如果只强调自己的需要而忽视周围他人的要求，实际上就会削弱我们个人主动选择的能力，看不到问题解决的其他选择可能。① 二是时间层面。通过个人的自我，我们当下的问题解决能力能够与过去的成长经验和未来的准备安排联系在一起，使个人的生活参与和选择具有预见力。②

四、自我与非自我

尽管我们希望通过生活实践使个人自我得到成长，但是实际上自我能力的延伸同时也带来生活风险的增加，因为此时我们在生活中将面临更多、更大的意外，以及随之出现的生活动荡不安。也就是说，随着我们自我意识的增强和对生活掌控要求的提高，日常生活中不被我们直接察觉到的生活意外的非自我部分也在增加，它对我们日常生活的影响也会变得越来越突出。这样，我们自我的成熟不是首先表现在对自己日常生活的安排上，而是对日常生活中非自我的意外事件的态度上。这种态度不仅决定我们是否能够看见日常生活中存在的差异（看到差异意味着不过分强调一致性，让问题在萌芽阶段就显现出来），而且决定我们是否能够真诚地面对这种生活差异（真诚面对差异意味着不过分夸大彼此的不同，甚至把周围他人和社会环境的不同要求视为自己的对立面，看不到个人自我的成长改变空间）。因此，对生活中非自我的接纳和尊重，就成为我们个人自我成长的重中

---

① H. Goldstein (1981). *Social Learning and Change: A Cognitive Approach to Human Services*. Columbia: University of South Carolina Press, p. 212.

② H. Goldstein (1984). "Preface." In H. Goldstein (ed.). *Creative Change: A Cognitive-Humanistic Approach to Social Work Practice* (pp. x–xiv). New York: Tavistock Publications, p. xii.

之重。一旦离开这一点来讨论问题和问题解决，我们就很容易陷入自己预先设定好的逻辑，不时在原地打转，走不出生活的困境。[1] 如何打破这样的心理怪圈呢？我们来了解一下正念治疗，这是一种融合了东方智慧的关注自我成长的助人逻辑：

> 玛利亚·纳波利（Maria Napoli）是一位家庭治疗师，她十分喜欢东方这种"倒空自己，如实感知"的正念逻辑，把它融入传统的家庭治疗实践，总结出正念家庭干预的四个步骤：
>
> 第一步，同理式确认（empathic acknowledgment），帮助家庭成员直接体验自己当下遭遇的问题，做到直接面对，不解释；
>
> 第二步，有意识关注（intentional attention），协助家庭成员关注由问题而产生的各种感受、想法和情绪等方面的心理变化，做到直接体验，不掩饰；
>
> 第三步，不评判接纳（nonjudgmental acceptance），指导家庭成员学会在不评判这些心理变化的方式下开放地接纳当下的经验，做到不拒绝，不控制；
>
> 第四步，改变式行动（action toward change），协助家庭成员根据当下体验到的经验做出行动回应，改变当下的生活状况，做到有目标，有成效，不随意。[2]
>
> 通常，正念治疗涉及三个相互关联而又相互区别的核心元素：意图（intention）、注意（attention）和态度（attitude）。意图是指有目的、有意识地从事某项训练，它意味

---

[1] H. Goldstein (1984). "A Cognitive-Humanistic Approach to Practice: Philosophical and Theoretical Foundations." In H. Goldstein (ed.). *Creative Change: A Cognitive-Humanistic Approach to Social Work Practice* (pp. 3–32). New York: Tavistock Publications, p. 19.

[2] M. Napoli (2011). "React or Response: A Guide to Apply Mindfulness for Families and Therapists." *Family in Society*, 92(1): 28–32.

着正念治疗是一种有计划的安排,而不是随意或者无意识的行为。注意则是指把关注的焦点放在当下,同时体验内部和外部世界,不做内部与外部的区分。而态度是指对待当下的一种开放、接纳和不批判的方式。① 其中,不批判和不控制的接纳态度尤为重要,它能够促使人们坦然应对周围环境的变化,直接面对当下的处境。②

我们在寻求成长改变的过程中都需要借助一种重要的能力,就是自我反思的能力,它能让我们对自我之外的意外事件多一份了解,突破当下自我的局限。否则,即使我们的问题解决了,我们的自我也没有因此得到提升,下一次仍旧会面临同样的问题。③ 为此,我们在遭遇问题时,就不能首先想着该怎么做,而是需要放慢步伐,警觉自己对待问题的态度,学会以一种开放的心态直接面对问题处境的挑战,既不急于拒绝问题,也不急于控制问题,尝试从一种成长的角度看待自己面临的问题,发现其中存在的个人自我可能的成长改变空间。④ 也就是说,我们在问题面前需要学会两种自我反思:一种针对非自我的意外事件,保持开放的心态,关注日常生活中的例外事件;一种针对当下的自我,坚持一种成长改变的视角,并且以此为基础寻找日常生活中个人成长改变的空间,让我们在问题解决过程中实现个人生活意义的重建。⑤

---

① S. L. Shapiro, L. E. Carlson, J. A. Astin and B. Freedman (2006). "Mechanisms of Mindfulness." *Journal of Clinical Psychology*, 62(3): 373–386.

② K. Turner (2009). "Mindfulness: The Present Moment in Clinical Social Work." *Clinical Social Work Journal,* 37(1): 95–103.

③ H. Goldstein (1984). "A Cognitive-Humanistic Approach to Practice: Philosophical and Theoretical Foundations." In H. Goldstein (ed.). *Creative Change: A Cognitive-Humanistic Approach to Social Work Practice* (pp. 3–32). New York: Tavistock Publications, p. 20.

④ Ibid., p. 21.

⑤ H. Goldstein (1984). "Preface." In H. Goldstein (ed.). *Creative Change: A Cognitive-Humanistic Approach to Social Work Practice* (pp. x–xiv). New York: Tavistock Publications, p. xii.

五、问题处境分析

问题解决过程其实是个人现实的探寻过程，它包括了解个人的成长改变到底在什么地方受到了阻碍、改变到底在哪里可能发生以及怎么才能实现改变等。① 实际上，一旦我们从现实生活的角度看待自己，把问题界定以及问题解决作为个人寻求成长改变的过程，我们就会发现，现实才是我们成长改变的基础，因为只要是在现实中，我们就会遇到问题，就能够知道我们的个人成长到底在何处遇到了阻碍。② 我们同时也会发现，个人才是成长改变的核心，因为只有在个人的经验中，我们才能够体会到成长改变的动力所在，才能够找到成长改变的路径和方向。③ 因此，我们需要放弃"宏大""深邃"的探索，直接回到个人现实，在其中寻找成长改变的可能。如果我们认为外部环境制约了我们的发展，或者相信我们个人的性格决定了自己的命运，那么这些个人的经验和看法就会阻碍我们个人的成长改变，因为这些看法忽视了生活是个人现实这一事实，不是夸大外部环境的作用，就是突出个人心理的影响，最终使得我们无法看到现实生活中个人成长改变的意愿和能力以及可以发生改变的地方，成为放弃个人成长改变机会的借口。④

在实际生活中，我们常常喜欢采用循环论证的解释逻辑作为自己行动的依据。如果觉得自己没有问题，就会认为是别人误解了自己，进而寻找别人误解的地方，这样反过来验证自己是没有问题的；

---

① H. Goldstein (1984). "A Framework for Cognitive-Humanistic Practice." In H. Goldstein (ed.). *Creative Change: A Cognitive-Humanistic Approach to Social Work Practice* (pp. 33-66). New York: Tavistock Publications, p. 45.

② J. Lantz (1996). "Cognitive Theory and Social Work Treatment." In Francis J. Turner (ed.). *Social Work Treatment: Interlocking Theoretical Approaches* (4th ed., pp. 94-115). New York: Free Press, p. 101.

③ Ibid.

④ H. Goldstein (1984). "A Cognitive-Humanistic Approach to Practice: Philosophical and Theoretical Foundations." In H. Goldstein (ed.). *Creative Change: A Cognitive-Humanistic Approach to Social Work Practice* (pp. 3-32). New York: Tavistock Publications, p. 22.

如果发现自己没有问题，又会进一步寻找别人误解的地方。就这样，通过循环论证，我们最终让自己只看到想看到的方面，很容易找不到个人成长改变的空间在哪里。① 我们来看一看下面这段有关孩子家庭教育的对话。

  社会工作者：我教过两个孩子，都是小学生，成绩都有所进步。

  受助者的母亲：总算来对人了。唉，我真的不知道该怎么教她学习。现在小学生的书本都很深，我很多都看不懂，而且她又整天不懂就问我，我实在不知道要怎么办，我的学历又不高。唉，……（说话期间，受助者的母亲表露出很无奈的样子）

  社会工作者：不要紧，我们来了就是想看看我们能帮孩子什么。最重要的是要让孩子学会怎样自主学习，不然妈妈总不能从小学跟到高中一直陪读吧。这样对孩子将来的发展也不好。

  受助者的母亲：对呀，这样教她也不是办法。再说，我现在也没办法教她，她的书我都看不懂，内容很深。②

显然，案例中的母亲在辅导孩子学习的过程中不自觉地采用了循环论证的逻辑，书本内容难成了自己没有能力教孩子的证据，通过这种因果的循环论证，受助者的母亲相信自己真的没有能力辅导孩子的学习。如果此时社会工作者把问题和问题解决作为帮助的关注焦点，就会促使受助者的母亲进一步相信自己是没有能力的，放弃由问题带来的个人成长改变的机会。因此，帮助受助者寻找个人

---

① H. Goldstein (1984). "A Framework for Cognitive‐Humanistic Practice." In H. Goldstein (ed.). *Creative Change: A Cognitive-Humanistic Approach to Social Work Practice* (pp. 33-66). New York: Tavistock Publications, p. 37.
② 案例资料引自童敏：《社会工作实务基础：专业服务技巧的综合与运用（第 2 版）》，北京：社会科学文献出版社 2019 年版，第 213 页。

成长改变空间的第一步，不是确定问题，而是打破问题中的这种循环逻辑，让受助者从这种必然的因果联系的束缚中解放出来，采用现实的应对逻辑理解环境的要求，看到自己在现实生活中可以尝试的事情和改变的意愿，这是一种问题的处境分析。① 就像上述案例中的母亲，尽管辅导孩子的学习感到很吃力，但仍然在指导孩子学习方面做了一些事情，对孩子的学习是有帮助的。

一旦我们在问题中看到自己可以尝试的事情和改变意愿，就能够针对问题采取一些有效的应对措施，使自己的生活与环境的现实要求联系起来，由此，生活环境中的社会结构特征就会在我们面前逐渐呈现出来，使我们对社会环境的变化具有预见力。② 这样，处境中可尝试空间的识别、问题应对措施的实施以及个人预见力的提升就能够衔接起来，相互促进，使个人避免陷入因果循环论证的陷阱，看不到个人成长改变的希望。在这个过程中，我们的行动尝试就变得非常重要，它不仅是我们每个人成长改变的开端，而且意味着我们愿意针对问题探索不同的行动方式，开始对自己的行为有了担当，把自己当作生活的主人，有了内生的改变动力。③ 只有在这个时候，我们才是真正开始运用自己的创造潜力解决我们生活中面临的问题，愿意主动放弃自己习以为常的应对方式，能够面对他人的不同意见，承担起改变带来的风险。④

---

① H. Goldstein (1984). "A Framework for Cognitive–Humanistic Practice." In H. Goldstein (ed.). *Creative Change: A Cognitive–Humanistic Approach to Social Work Practice* (pp. 33–66). New York: Tavistock Publications, p. 38.

② H. Goldstein (1984). "Summing Up: The Integration of the Philosophy, Theory, and Practice of Cognitive–Humanism." In H. Goldstein (ed.). *Creative Change: A Cognitive–Humanistic Approach to Social Work Practice* (pp. 278–298). New York: Tavistock Publications, p. 283.

③ H. Goldstein (1984). "A Cognitive–Humanistic Approach to Practice: Philosophical and Theoretical Foundations." In H. Goldstein (ed.). *Creative Change: A Cognitive–Humanistic Approach to Social Work Practice* (pp. 3–32). New York: Tavistock Publications, p. 26.

④ H. Goldstein (1984). "A Framework for Cognitive–Humanistic Practice." In H. Goldstein (ed.). *Creative Change: A Cognitive–Humanistic Approach to Social Work Practice* (pp. 33–66). New York: Tavistock Publications, p. 47.

简单来说，对认知因素的强调，其实就是要求我们在遭遇问题时做到三个回归：一是回归问题，直接面对问题，把问题看作特定处境中的环境差异给我们提供的成长改变的机会；二是回归现实，放弃因果循环论证，关注现实生活中可以改变之处；三是回归个人，避免"坐而论道"，在行动尝试中拓展个人成长改变的空间。问题解决不是仅仅凭借技巧就能够做到的，它还需要我们发自内心的关怀，接受价值和信念的指引。[①] 显然，对认知因素的关注，说到底，是希望改变我们的行动逻辑，把单向的我们做（doing to）转变成人与环境双向交流的协同做（doing with）。[②]

第三节　经验自我：关怀与接纳

不管我们是愿意还是不愿意，也不管我们是成功还是失败，生活总是喜欢提醒我们到底我们需要什么、我们该往哪里走。即使我们在生命的旅程中收获了满满的赞誉和鲜花，内心的这一呼唤也会随时涌上我们的心头，叩问我们的心灵。只有当我们的内心有了真诚的期盼，我们的步伐才有了力量和自信，才会把黑暗当作黎明的前哨，不再畏惧前行中的风雨和脚下的碎石。

一、经验自我

人本主义心理治疗大师卡尔·罗杰斯（Carl Rogers）的职业成长几乎与社会工作助人服务的专业化发展同步，两者的"恩怨"恰好反映出社会工作助人服务与心理治疗助人服务之间的微妙关系。早

---

① H. Goldstein (1984). "Summing Up: The Integration of the Philosophy, Theory, and Practice of Cognitive-Humanism." In H. Goldstein (ed.). *Creative Change: A Cognitive-Humanistic Approach to Social Work Practice* (pp. 278-298). New York: Tavistock Publications, p. 293.

② Ibid., p. 294.

在社会工作专业化初期的 20 世纪 30 年代，罗杰斯就参加了由兰克主持的为期两天的功能理论的培训，他被兰克的一些独特观点所吸引，之后，开始主动向社会工作者学习兰克的功能理论。① 1939年，罗杰斯出版了他的第一本专著《问题儿童的临床治疗》(The Clinical Treatment of the Problem Child)，其中就吸收了像关注当下经验和环境要求、注重个人成长及推崇平等助人关系等社会工作功能理论的一些重要原则，把它们作为整个人本主义心理治疗的核心理念。② 就连罗杰斯自己也认为，他是在社会工作的机构中开始自己的临床实践的，与当时的心理治疗理论相比，他更认同社会工作的服务原则。③ 但是，罗杰斯的这些具有开创性的想法和探索并没有得到社会工作者的关注，当时社会工作助人服务中的心理社会理论学派与功能理论学派正在展开激烈的辩论，学者们把注意力投向了社会工作理论基础的讨论，这迫使罗杰斯把自己的关注焦点从社会工作领域的实践转到了心理治疗领域。④ 到了 20 世纪 50 年代，罗杰斯的人本治疗模式进一步与社会工作的助人服务分道扬镳，因为随着社会工作助人服务领域的扩展，对服务场景的考察成为不可或缺的部分，社会工作者越来越认识到环境对于个人成长改变发挥的重要作用，把人和环境作为开展社会工作专业助人服务不可缺少的两个基本元素，而此时罗杰斯越来越专注于个人的自我及个人自我的成长改变。⑤ 这样，强调个人心理成长的心理治疗与注重环境中的个人成长改变的社会工作进一步分化，导致几乎没有哪位社会工作者愿意

---

① W. Rowe (1996). "Client–Centered Theory: A Person–Centered Approach." In Francis J. Turner (ed.). *Social Work Treatment: Interlocking Theoretical Approaches* (4th ed., pp. 69–93). New York: Free Press, p. 70.

② Ibid., p. 71.

③ C. R. Rogers (1961). *On Becoming a Person*. Boston: Houghton Mifflin, p. xxi.

④ W. Rowe (1996). "Client–Centered Theory: A Person–Centered Approach." In Francis J. Turner (ed.). *Social Work Treatment: Interlocking Theoretical Approaches* (4th ed., pp. 69–93). New York: Free Press, p. 74.

⑤ H. M. Bartlett (1958). "Working Definition of Practice." *Social Work*, 3(2): 5–8.

主动去了解罗杰斯的人本治疗模式了。① 不过，到了 20 世纪六七十年代，情况有了明显的变化，在人本主义思潮的推动下，罗杰斯的人本治疗模式逐渐得到社会工作者的关注，特别是其中对人的尊严和价值的肯定，与社会工作的专业伦理价值相一致，受到社会工作者的普遍欢迎，成为建立信任合作专业关系的样板。②

有意思的是，到了 20 世纪 70 年代，罗杰斯的兴趣有了明显变化，他开始将自己的人本主义治疗实践搬到社区，希望把个人的成长改变放在他们的日常生活场景中，与个人的实际生活要求结合起来，弥补之前自己在辅导室中只关注个人心理的不足。③ 不过，在有着丰富社区实践经验的社会工作者看来，罗杰斯的这种只希望环境给个人的成长改变提供支持的观点不现实，他的这些尝试未免过于理想化。不管怎样，罗杰斯的这些尝试是有价值的，他相信，个人的成长改变始终离不开对生长环境的考察，是特定生活环境中的成长改变。④ 从这一点来看，社会工作助人服务与人本主义治疗模式走到了一起，两者都强调人和环境是我们每个人成长改变的基本元素，只是两者的观察角度和侧重点有所不同而已。

不过，人本主义治疗模式也给了社会工作助人服务很重要的启发，尤其是它有关自我的看法，直接挑战社会工作助人服务把人视为"实实在在"的存在的传统观点。我们来看一看下面这张图，猜一猜哪个杯子里装的水多一些。

---

① W. Rowe (1996). "Client–Centered Theory: A Person–Centered Approach." In Francis J. Turner (ed.). *Social Work Treatment: Interlocking Theoretical Approaches* (4th ed., pp. 69-93). New York: Free Press, p. 74.

② W. Rowe (1981). "Laboratory Training in the Baccalaureate Curriculum." *Canadian Journal of Social Work Education*, 7(3): 93-104.

③ W. Rowe (1996). "Client–Centered Theory: A Person–Centered Approach." In Francis J. Turner (ed.). *Social Work Treatment: Interlocking Theoretical Approaches* (4th ed., pp. 69-93). New York: Free Press, p. 78.

④ Ibid., p. 82.

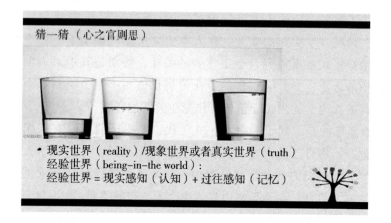

在上图中,一眼看过去就能发现,三个杯子中水的存量是不同的,很明显,从左到右逐渐增多,左边最少,右边最多。但是,这样的结论只是就事论事,如果从我们的经验感受来说,正好相反,杯子中装的水越多,留给我们想象的空间就越少,生活也就越缺乏希望。一种缺少生活希望的环境,是很难让人待得住、待得久的,即使这样的环境条件很好,也很容易让人生厌。因此,人的生活是一种经验生活(being-in-the world),离不开希望,人的自我是一种经验自我,总是关注现实生活中自己的走向,此时此刻的经验和个人的独特性就成为我们生活最根本的特征。①

二、自我关怀

在人本主义看来,我们的生活经验来自平时生活中的观察和积累,由此我们逐渐养成一种生活方式,形成个人独特的经验自我。这样,当我们在日常生活中遇到问题时,此时的问题就不仅仅是对我们个人的问题解决能力提出挑战,同时也是对我们个人的生活原则提出疑问,因为我们在问题中会发现,生活中出现了超出我们预

---

① M. Payne (2005). *Modern Social Work Theory* (3rd ed.). New York: Palgrave Macmillan, p. 186.

期的意外事件，对于这些意外事件我们很难依靠以往的经验给出合理的解释。为此，我们需要相信人是独特的，只有依赖理性和伦理这两种手段才能处理日常生活中的困扰，两者缺一不可；否则，如果我们仅仅运用理性的问题解决能力处理问题，就会忽视每个人的不同社会位置和生活经验的独特性，导致人情冷漠和人际关系紧张，最后这些又会反过来影响我们问题解决能力的发挥，甚至这种人情冷漠本身也会成为我们个人成长改变中的重要阻碍。因此，我们对自己生活的理性掌控是有限度的，一旦超过了这个限度而过分强调对生活的理性掌控，就会适得其反，使我们失去自己应有的掌控能力。这就是人们常说的"手握得越紧，抓到的越少"的道理。[1]

在日常生活中，我们随时随地都要面对他人和环境的不同，只有首先学会对生活持关怀态度，才能够与他人和环境建立起一种积极的关联，包容他人和环境的独特性。特别是在复杂的社会生活面前，环境条件的限制更为突出，也更需要我们了解日常生活的现实基础。这样，关怀就成为我们成长改变不可缺少的条件，它不仅仅是一种伦理价值的要求，同时也是促使我们接纳生活的现实条件，发挥自己潜能的前提。[2] 显然，人本主义拓宽了传统的问题解决的视角，它并没有把问题解决看作运用个人理性处理生活中遇到的问题那么简单，而是认为问题解决是一个过程，在这个过程中我们会体验到他人和环境的不同。因此，如何面对他人和环境的不同才是问题解决的关键。

一旦我们把问题解决看作现实生活的遭遇过程，就会把自己的关注焦点从已成事实的现状分析转向当下生活经验的联结，这样，观察和体验就成为我们联结现实生活、展现自己生活经验的重要途径，而对话则是这一展现过程中最为核心的交流部分。在平时，我们的行动目标与行动方式通过对话能够基本保持一致，两者

---

[1] M. Payne (2011). *Humanistic Social Work: Core Principles in Practice*. London: Lyceum Books, p. 7.
[2] Ibid., p. 16.

之间不会出现严重的冲突,但是当我们对自己的要求与周围环境给我们带来的经验不一致的时候,两者之间就会产生明显的冲突,导致个人自我出现困扰。因此,我们只有对自己的生活经验保持开放的态度,接纳现实生活中的遭遇,才能放弃内心的自我防卫,与周围环境的要求取得一致,逐渐学会消除自我的困扰。① 显然,问题是一种自我的困扰,它是我们缺乏自我关怀的表现,表明我们无法接纳他人和环境的不同,因此,我们只有接纳令自我困扰的那一面的生活,才能真正了解自己的要求,找到自己的价值,使自己的潜能发挥出来。②

很明显,人本主义看待事情的方式与问题解决模式不同。如果说问题解决模式是一种自上而下的理性思维逻辑,是为了达成自己预定的目标,那么人本主义则是一种自下而上的经验对话逻辑,它的目的是呈现那些超出个人预料的当下生活经验。这种关注当下生活经验的对话逻辑之所以强调接纳和对话,是因为它相信在个人与环境相互影响的过程中,既需要关注个人的主观性,也需要关注环境的客观性,从而让我们的自我关怀融入个人的成长改变,不再只是对自己的安慰。③ 这样,人本主义所注重的个人潜能的发挥就能与问题解决模式所强调的问题解决能力的提升衔接起来,相互促进,增强我们掌控自己命运的能力。④ 因此,接纳和对话就不仅仅是促进我们自我关怀的主观体验,同时具有增强我们个人理性的客观作用。

这样,对于我们在日常生活中遭遇的问题,也就有了一种完全

---

① W. Rowe (1996). "Client-Centered Theory: A Person-Centered Approach." In Francis J. Turner (ed.). *Social Work Treatment: Interlocking Theoretical Approaches* (4th ed., pp. 69–93). New York: Free Press, p. 76.

② R. R. Greene (2008). "Carl Rogers and the Person-Centered Approach." In Roberta R. Greene (ed.). *Human Behavior Theory and Social Work Practice* (3rd ed., pp. 113–131). New Jersey: Transaction Publishers, p. 114.

③ M. Payne (2011). *Humanistic Social Work: Core Principles in Practice*. London: Lyceum Books, p. 11.

④ Ibid., p. 12.

不同的解释，它不是我们自身或者环境存在什么不足，也不是我们在成长改变过程中遇到了阻碍，而是我们的成长改变必然面对的挑战，它是我们每个人的成长潜能得以发挥的不可缺少的条件，是我们成就自己（becoming a person）的过程。① 实际上，即使我们在日常生活中遇到了困扰，也像平时一样，是按照自己观察到的"事实"行动的，只是因为此时我们过分强调自己看到的"事实"，一味地按照自己的意愿行动，忽视了"事实"中的其他可能，不愿意通过行动的结果来查看"事实"中不现实的部分，因而也就无法找到更为现实的方法和途径。而这些被当作"事实"的理由，如果进一步探究下去，都是以一定的伦理价值为基础的，也就是我们常说的"应该"。② 显然，无论何时，我们只有通过增强自我关怀，超越当下的"事实"和"应该"，才能看到日常生活中的其他可能，从而找到更有效的问题解决方法；更有效的问题解决方法会呈现出新的"事实"和"应该"，又需要我们学会运用更多的自我关怀去发现新的其他可能。因此，自我关怀和问题解决两者是相互影响的，它们一起推动我们不断跨越问题的限制，带动我们个人的成长改变。从这个角度来说，我们每个人都是自己生活的专家，我们所需要做的是审视自己生活经验中的"事实"和"应该"，找到藏在"事实"和"应该"之下的潜能，解开束缚潜能的绳索，让自己成为生命成长的见证人。③ 我们来看一看《庄子·齐物论》中的一段话。

> 与物相刃相靡，其行尽如驰而莫之能止，不亦悲乎！终身役役而不见其成功，苶然疲役而不知其所归，可不哀邪！

---

① K. A. Moon (2007). "A Client-Centered Review of Rogers with Gloria." *Journal of Counseling & Development*, 85(3): 277–285.

② W. Rowe (1996). "Client-Centered Theory: A Person-Centered Approach." In Francis J. Turner (ed.). *Social Work Treatment: Interlocking Theoretical Approaches* (4th ed., pp. 69–93). New York: Free Press, pp. 75–76.

③ K. A. Moon (2007). "A Client-Centered Review of Rogers with Gloria." *Journal of Counseling & Development*, 85(3): 277–285.

如果我们只知道解决问题，把时间和精力投放到外部世界，不通过内部审视考察为什么需要解决这个问题，我们的生活就会被解决问题所"终身役役"，最终"疲役而不知其所归"。因此，当我们遇到问题时，首先需要学会的不是解决问题，而是接纳日常生活中的遭遇，暂时放下手中的工作，停下前行的脚步，把目光投向自身，在"事实"和"应该"中给自己一个拥抱，增强自我的关怀能力，让自己有勇气面对日常生活中不一样的"事实"和"应该"，多了解一点自己到底需要什么，提高对生活的自觉意识（self-awareness）。① 这样，周围他人就成为我们成长改变的协助者，不再是指导我们的成长改变，而是协助我们找到我们自身拥有的宝藏，把我们具有的潜能发挥出来。② 下面这个案例就是很好的例子，我们在问题面前并不总是愿意主动寻求成长改变的。

小王是一名从事助人服务的社会工作者，最近接手了一名小学四年级的男生。这个男生很好动，坐不住，即使是在做作业，手上也要拿一个玩具，不时地玩一下。孩子的母亲向小王抱怨，觉得别人家的孩子到了小学四年级都懂事很多，知道要学习了，这孩子之前整天就是玩，现在还是玩，不知道学习的重要性，做作业不上心，考试经常不及格。为此，父母想尽了办法，包括找社会工作者帮助指导自己的孩子，就是希望孩子能够了解学习的重要性，考试成绩能够提上去，不要像他们这样因为没有文化而只能辛苦打工。小王开始辅导孩子学习时发现，尽管你教

---

① R. R. Greene (2008). "Carl Rogers and the Person-Centered Approach." In Roberta R. Greene (ed.). *Human Behavior Theory and Social Work Practice* (3rd ed., pp. 113-131). New Jersey: Transaction Publishers, pp. 114-116.

② K. A. Moon (2007). "A Client-Centered Review of Rogers with Gloria." *Journal of Counseling & Development*, 85(3): 277-285.

他做什么,他会去做,但是这孩子确实对学习没有兴趣,刚学会的下一秒就忘了。面对这样的受助者,小王也觉得很无奈,不知道该怎么办。

面对这种令人苦恼的小学生,周围他人该怎么办?是继续指导孩子的学习,提高他的学习成绩?还是放慢脚步,先让他自己的兴趣喜好呈现出来,给他的自我更大的成长空间?显然,答案是后者,孩子这些被动的学习表现已经告诉我们,他对自己是没有信心的,需要别人给他更多的关怀。实际上,我们在日常生活中遇到困难,不仅是因为问题解决能力的不足,而且常常表现为自我关怀能力的欠缺。这是因为:一旦问题解决能力不足,就会使我们怀疑自己;同样,如果我们欠缺自我关怀能力,又会促使我们放弃问题解决的尝试,表现为问题解决能力的不足。问题解决能力常常与自我关怀能力联系在一起,两者相互影响、相互转换。说到底,自我关怀能力是问题解决能力的基础。[1] 我们只有拥有了自我关怀的能力,才能承担起自己的责任,愿意主动尝试解决生活中遭遇的问题,真正实现能力的提升。

显然,人本主义所说的关怀不同于我们平时所说的关心,它把我们的注意焦点转向了个人内心,是一种自我关怀,关注我们在日常生活中形成的经验,让问题解决有了自我经验的现实基础。这样,接纳日常生活中的不同经验就成为我们成长改变的关键,使我们成长改变真正发自内心,拥有了内在变化的自我维度。[2]

第四节 过程自我:无我与超越

在现实生活中,我们才能切身体会遭遇问题时常常出现的两难。

---

[1] M. Payne (2011). *Humanistic Social Work: Core Principles in Practice.* London: Lyceum Books, pp. 136–137.

[2] Ibid., p. 139.

它让我们进不知道出路在哪里，退又没有后路。于是，失望、怨恨、无奈，甚至绝望，就会在我们内心涌动，逐渐占据我们的整个心灵，似乎给我们留下的唯一可以选择的方式就是麻木自己。然而，现实生活中的问题还在那里，并不会因为我们的逃避而消失。只有当我们在问题的两难中看到自己成长改变的机会时，我们才能让自己的生活真正拥有改变的希望。

一、问题遭遇

第二次世界大战期间兴起的存在主义思想，给生活动荡的人们带来了一种新的理解生活的视角。唐纳德·克里尔（Donald Krill）就是受此影响的一位国际知名的社会工作学者，他亲身经历了第二次世界大战给人们造成的灾难和困扰，希望能够找到摆脱这种困境的方法。[①] 在20世纪六七十年代兴起的人权运动和反物质主义思潮的影响下，克里尔逐渐认同这样的观点，即人类之所以遭受第二次世界大战这样的巨大困扰，与我们追求物质繁荣的工业化和现代化有着必然的联系，而这一现象的根源是其背后的"科学"掌控的逻辑。[②] 为此，克里尔认为，我们需要找到不同于传统的"科学"掌控的逻辑，但绝不是通过社会行动反对"科学"掌控的逻辑，这种看似能够增加社会公平的方法实际上是加强了新的掌控。克里尔强调，只要我们继续采用"科学"掌控的逻辑，就会在生活疏离（alienation）的价值困扰中不停地原地打转，不知道生活的意义在哪里，也不知道怎么参与到现实生活中。[③]

显然，传统问题解决模式采用的是"科学"掌控的逻辑，它要求我们直接关注日常生活中遭遇的问题，分析问题产生的原因，从

[①] D. F. Krill (1978). *Existential Social Work*. New York: Free Press, p. 174.

[②] D. F. Krill (1996). "Existential Social Work." In Francis J. Turner (ed.). *Social Work Treatment: Interlocking Theoretical Approaches* (4th ed., pp. 251–281). New York: Free Press, p. 251.

[③] D. F. Krill (1978). *Existential Social Work*. New York: Free Press, p. viii.

而找到解决问题的方法。这种针对问题进行因果分析的"科学"掌控方式必然导致生活中只出现两类人：操纵者和操纵对象。生活也就转变成操纵的权力游戏，不是我掌控你，就是你掌控我。① 更可怕的是，我们一旦陷入这种操纵的权力游戏中，就会不自觉地把掌控环境作为自己的生活目标，对顺从自己意愿的感到欣慰，对不顺从自己意愿的感到害怕，将个人的价值和尊严等同于掌控环境的能力，这样的感受反过来又会刺激我们对环境掌控的要求，形成恶性循环，最终使我们自己与周围环境形成永无止境的对抗。②

实际上，问题本身就与我们采用因果分析的掌控逻辑有着必然的联系，是掌控失败导致的结果。如果我们不思考问题产生的根源，仍旧采用这种因果分析的掌控逻辑去解决问题，只会增强我们对环境掌控的要求。这样，问题解决得越快，我们对环境掌控的要求就越高。从表面上看，问题似乎得到了解决，但是实际上却埋下了更大、更多问题的根源。③ 正是因为如此，我们需要放弃传统的问题解决策略，采用遭遇选择的问题应对策略，不是直接针对问题进行因果分析，从中找到解决问题的方法，而是注重问题这样的遭遇，把问题当作我们成长探索过程中不可缺少的一部分，把精力投入当下的问题处境，学会运用特定处境中我们自身拥有的选择和行动的能力，寻找新的生活方向和意义。④ 显然，这样的问题应对策略不是为了解决问题，而是为了超越问题，让问题遭遇中的各方意愿显现出来，从而找到更好的应对办法。在寻找应对方法的过程中，问

---

① D. F. Krill (2011). "Existential Social Work." In Francis J. Turner (ed.). *Social Work Treatment: Interlocking Theoretical Approaches* (5th ed., pp. 179–204). New York: Oxford University Press, p. 197.

② D. F. Krill (1978). *Existential Social Work*. New York: Free Press, p. 41.

③ Ibid., p. 27.

④ D. F. Krill (1996). "Existential Social Work." In Francis J. Turner (ed.). *Social Work Treatment: Interlocking Theoretical Approaches* (4th ed., pp. 251–281). New York: Free Press, p. 251.

题的遭遇就显得尤为重要，它为我们提供了这样一种机会，能够为我们自己的生活做出选择和努力，使我们在日常生活中有了个人的尊严和独特性，不再是环境的被动适应者或者性格上的宿命论者。①

依据这样的理解，对问题也就有了另一种完全不同的解释，它不再是我们生活中的不足，需要"专家"来修补，而是我们日常生活中再普通不过的遭遇，使我们在过程中有了与周围他人生命交汇和联结的可能，从中我们才能找到新的生命联结的方向和意义。因此，我们每一个人的成长改变就不只是个人的事情，它是我们与周围他人相互影响、相互促进的生命联结过程。② 我们来看一看下面这个案例。

> 受助者休学回家后，生活环境出现了明显变化，学习压力突然消失了。起初受助者觉得生活轻松了许多，但是没过几天就感到心里空落落的，白天爸爸妈妈上班，家里只剩下他一个人，他整天无事可做，只能上网消磨时间。受助者在家里感到越来越没有安全感，情绪变得起伏不定，经常与爸爸妈妈吵架，抱怨爸爸妈妈对他关心不够。受助者对自己目前的生活状态很不满意，不仅希望每天能够安心读点书，以便一年之后顺利复学，恢复到以前的精神状态，而且希望爸爸妈妈，尤其爸爸能有时间和他聊聊天，不要整天忙于工作，给他多一点关心。受助者还希望自己能够有一些好朋友，平时有时间可以一起打球，一起外出。受助者的不稳定情绪和抱怨给父亲的生活增添了新的压力，父亲第一次发现孩子这么不讲道理，好像与以前那

---

① D. F. Krill (2011). "Existential Social Work." In Francis J. Turner (ed.). *Social Work Treatment: Interlocking Theoretical Approaches* (5th ed., pp. 179–204). New York: Oxford University Press, p. 180.

② D. F. Krill (1978). *Existential Social Work*. New York: Free Press, p. 39.

个听话懂事、勤奋好学的孩子完全不一样了,开始责备孩子不听话、不懂事。父亲希望受助者能够懂点事,体谅爸爸妈妈的辛苦,不要时不时找茬;希望受助者每天能够读一点书,安排好学习,毕竟休学只是暂时的;父亲还希望受助者有时间可以出去打打球,锻炼锻炼身体,交一些朋友,这样心情会好一些。①

受助者的生活遭遇了问题,而问题又给受助者带来了新的生活遭遇,在新的遭遇中受助者有了新的改变机会。这样,在问题的遭遇中,受助者首先需要转变自己的思维方式,学会接纳日常生活中的遭遇,找到在特定场景中自己可以努力的方向;否则,如果依旧抱着掌控环境的问题解决思路,希望"恢复到以前的精神状态",就既无法把握当下新的生活遭遇提供的机会,也看不到自己在其中可以做出的努力,最终在抱怨和责备中失去了改变的机会。显然,我们只有把问题看作生活中的一种遭遇,一种"缘",才能将精力投入问题的当下遭遇,找到打开"心"锁的钥匙。② 可以说,问题是"缘",助人是开"心"。

二、过程自我

一旦把问题的当下遭遇当作生活中的一种"缘",我们也就不能把问题从日常生活中抽离出来,单独考察它的变化,而是需要放弃掌控环境的逻辑,学会随着环境的改变做出自己的行动安排。这样,如何直接面对问题遭遇中的挑战,并且从中找到我们可以发展的空间,就成为我们自我成长改变的关键。③ 这样的自我显然是一种

---

① 案例资料引自童敏:《社会工作专业服务的规划与设计》,北京:社会科学文献出版社 2011 年版,第 85—86 页。
② D. F. Krill (1978). *Existential Social Work*. New York: Free Press, pp. xv-xvi.
③ Ibid., p. 38.

过程自我（process identity），它既需要接纳环境的变化，让自己融入环境，又需要在环境中找到自己能够做的事情，推动环境的改变。这种自我的能力不是来自我们个人的本能或者某种性格，也不是来自外部的环境或者社会的制度，而是我们在特定处境下与周围环境交流的过程中激发出来的一种创造力。这种创造力总是指向未来，表现为我们希望实现的目标，能够给我们的未来生活提供指引，不完全局限于我们当前的生活安排。因此，可以说，这种过程自我是我们在问题遭遇中向前看的能力。

这样，我们每个人的自我就有了自主选择和推动环境改变的能力，它包括主动接纳当前生活中的局限以及超越这种局限的功能，可以说是一种参与生活和选择生活的能力，需要我们随时审视自己的生活处境，从中找到自己成长改变的方向。因此，参与中的过程意识培养就成为我们提升自己这种过程自我的核心。这种参与中的过程意识（process-awareness）不同于我们常说的是否投入的参与意识，它需要我们把自己当作实验尝试的对象，对自己参与的过程进行审视，不是向外看，而是向内看，查看自己当前生活安排中的困扰和局限，寻找其中可以改变的空间和方向。显然，这是一种扎根于现实生活过程（process-rooted）的意识，完全不同于传统问题解决模式所强调的可以脱离日常生活的自我意识。①

正因为如此，这种扎根于现实生活过程的自觉意识的培养，就不能像问题解决模式那样只是针对问题寻找解决的答案，而是需要我们将注意力放在人与环境的联结上，放弃先入为主的判断，学会接纳和承担。这样，接纳当下环境的局限也就自然成为我们成长改变的第一步，只有迈出了这一步，我们才能将原本对抗、疏离的生活转变成自己做出选择的机会，开启我们成长改变的过程。这样的接纳不是我们通常所说的对别人价值的接纳，即相信每个人都是有能力的，也不是人本主义所强调的对个人无条件的关怀，让他人在

---

① D. F. Krill (1978). *Existential Social Work*. New York: Free Press, p. 22.

我们面前能够得到尊重,而是促使我们直接面对日常生活中的局限,学会融入现实的生活处境,承担起推动环境改变的个人责任。① 我们来读一读大儒曾国藩撰写的《挺经》中的一个小故事。

> 有个老汉因为有朋友要来,就让自己的儿子到集市买只鸡以宴请朋友,没想到等到中午还是不见儿子的影子,于是老汉就出门找儿子去了。在路上,老汉见到了自己的儿子,看到儿子正在一条狭窄的田埂路上与挑货郎斗嘴,想让挑货郎让路,可挑货郎怎么说也不肯。老汉心里着急,对挑货郎说,你先让一下,我们赶着回家宴请朋友。挑货郎反驳道,我也有急事,一家老小都等着我回家。老汉见两边相持不下,就挽起裤腿站到水沟里,让挑货郎把担子给他,方便挑货郎先过田埂。挑货郎看到老汉下到水沟里,就主动提出自己退到田头,让老汉的儿子先过田埂。

我们每个人在生活中时常会遇到与别人利益相冲突的场面,如果一味地强调自己的理由,要求别人给自己让路,就会出现各说各的道理、互不相让的情况。这个时候,尽管我们每个人都有自己的难处,但是只有自己咬咬牙承担起自己的责任,做好自己能做好的事情,而不是去要求别人,指责别人,才能感动别人,最终找到问题解决的办法。因此,接纳现实生活中的冲突,承担起自己的责任,咬咬牙自己挺着,也就成为我们找到生活转机的重要途径。这就是被老子称作"无我"(ego lessness)的过程。它并不是要求我们不思不想,而是要求我们放弃以往问题解决模式那种掌控环境的思维方式,减少先入为主的个人看法,让自己扎根于现实的生活处境。② 相反,如果这个时候我们只强调自己的理由,就会引起对抗,结果是带来更多的困难和阻力。这种做事的方式自然无法跨越

---

① D. F. Krill (1978). *Existential Social Work*. New York: Free Press, p. 46.
② Ibid., pp. 28-29.

困境，帮助我们实现自我超越（ego transcendence）。

三、无我

这种"无我"不是要我们大公无私放弃自我的意思，而是一种生活的智慧，是通过"舍"来"得"的智慧，一种不同于"科学"掌控而能够促使我们成长改变的智慧。这样，现实生活中的冲突也就可以理解成暂时无法接受的事实。如果我们希望接纳现实生活中的冲突，也就需要对自己的生活经验有警觉能力，学会接受现实生活的条件和限制，在事情顺利的时候看到危险的因素，在不顺利的时候察觉到发展的契机，避免过分相信自己所看到的"事实"，拒绝生活中的其他可能，最终陷入"自以为是"的困境。① 由此，我们才能真正扎根于现实生活，看到现实生活中个人的成长改变空间，把未来的改变希望融入当下的行动，承担起自己选择和行动的责任。② 这种从自己入手，领会在"舍"的过程中发掘"得"的成长智慧的方式，在老子的《道德经》中比比皆是。我们来看一看其中的一段话，用心体会它的道理。

> 企者不立，跨者不行，自见者不明，自是者不彰，自伐者无功，自矜者不长。(《道德经》第二十四章)

《道德经》所强调的由"舍"而"得"的逻辑，让我们看到人的成长改变不是解决问题那么简单，而是自我经验方式的转变。这就需要我们对自己的生活经验有一种"舍"的警觉能力，在踮着脚时（企者）知道不能长久站立（不立），在大步前进时（跨者）明白这种方式走不远（不行）……从而能够"后其身而身先，外其身而身存"(《道德经》第七章)，为个人自我的成长改变提供更大的空间。从这个意义上说，"舍"就不是放弃东西，"得"也不是获得东西，它们是我们经验学习的两种常见方式，是反观和审视生活经

---

① D. F. Krill (1978). *Existential Social Work*. New York: Free Press, p. 47.
② Ibid., p. 28.

验，让我们能够超越当下的自己，洞察未来发展的空间，是一种经验层面上的自我学习和自我成长。① 这样，"舍"和"得"这两种经验学习方式就紧密相连，构成经验自我的两面，一起促成我们自我的成长改变，让我们在深深扎根于现实生活的过程中不断体验到更深层次的生命内涵。

正是因为如此，我们在现实生活中所扮演的角色更像是协同者（follower），随着生活的改变而改变，不是做"我想做的"，也不是做"要我做的"，而是做"我能做的"。做"我能做的"这种意识让我们既能够与身边周围他人联系起来，又积累了个人通过选择和行动主动影响生活的体验，即拥有一种在当下场景中进行选择和行动的能力。② 也正是在这样的选择和行动中，我们才有了为自己生活负责的意识和应对挑战的能力，逐渐培养起主动参与生活、影响生活的积极的自我身份。③ 显然，一旦我们想要获得对生活的这种主体意识（subjectivity），我们就不能从外部有利的环境条件中去寻找，也不能通过加强个人内心的某种道德原则和心理品格来实现，而需要直接抓住当下问题遭遇提供的机会以及其中自己能做的方面，推动自我的成长；否则，我们就会陷入操纵和被操纵的权力游戏，不是过度自信，就是自信心不足，找不到我们个人成长改变的空间。④

与传统的问题解决模式对比，我们就会发现，这种从能做的入手的个人主体意识的培养，从遇到问题的那一刻起就与问题解决模式不同了。它不再把问题当作我们目标实现过程中的阻碍，而是作为生活常态中的遭遇，是生活给我们提供的成长改变的机会，它促

---

① D. F. Krill (1978). *Existential Social Work*. New York: Free Press, p. 34.

② D. F. Krill (1996). "Existential Social Work." In Francis J. Turner (ed.). *Social Work Treatment: Interlocking Theoretical Approaches* (4th ed., pp. 251–281). New York: Free Press, p. 270.

③ Ibid., p. 271.

④ D. F. Krill (2011). "Existential Social Work." In Francis J. Turner (ed.). *Social Work Treatment: Interlocking Theoretical Approaches* (5th ed., pp. 179–204). New York: Oxford University Press, p. 196.

使我们做出调整，转变之前习以为常的生活方式。这样，问题意识的改变也就成为我们成长改变的前提，它让我们看到自己原有生活经验中被忽视的内容，为我们个人自我的成长提供了新的改变空间，也为我们新的行动尝试提供了经验基础，推动我们把注意的焦点放在哪里可以改变以及怎样改变上。一旦我们开始新的行动尝试，这样的尝试又会给我们带来新的沟通交流的要求，让我们面临新的问题遭遇，促使我们在不断的问题遭遇中逐步拓宽自己的视野，增强个人在实际生活中的主体意识。① 不过，有时候我们的行动尝试不一定会带来预期的积极结果，甚至可能给自己或者周围他人造成伤害，这也是我们通常不愿意做出新的行动尝试的一个重要原因，因为害怕失去已经拥有的。② 为此，我们可以从"不选择"入手，仔细考察"不选择"带来的危害，通过思考如何减少这些危害发现新的选择和行动的空间，以降低新的行动选择带来的风险。

尽管存在主义也认同人本主义对经验自我的看法，强调社会工作助人服务应该从经验的自我维度出发进行考察，但是它把这种经验自我放在了问题处境的当下遭遇中，引导我们注重对经验自我的审视，借助无我的"舍"的过程发现经验自我的其他可能，以达成超越自我的"得"的目标，培养一种从能做的入手的主体意识，一种过程自我，即在扎根于现实生活的过程中体验到更深层次的生活真实，提高我们自我把控生活的能力，放弃掌控的权力游戏。③

---

① D. F. Krill (1978). *Existential Social Work*. New York: Free Press, p. 102.
② D. F. Krill (2011). "Existential Social Work." In Francis J. Turner (ed.). *Social Work Treatment: Interlocking Theoretical Approaches* (5th ed., pp. 179–204). New York: Oxford University Press, p. 182.
③ D. F. Krill (1996). "Existential Social Work." In Francis J. Turner (ed.). *Social Work Treatment: Interlocking Theoretical Approaches* (4th ed., pp. 251–281). New York: Free Press, p. 253.

第五节 灵性：小我与大我

在生命的历程中，我们总会遭遇这样那样的苦恼和失望，经历难以释怀的彷徨和困惑，但是生命就像一坛醇厚香甜的酒，经过困难的历练我们才能知晓其中的滋味，察觉其中的道理，也更珍惜当下的遭遇，品到生命的甘甜，有一份生活的从容。

一、生命洞察力

一直专注于人本主义心理学探索的美国著名心理学家亚伯拉罕·马斯洛（Abraham Maslow），在1969年发现了一个有趣的心理现象，即那些事业成功人士往往不是比别人更聪明、有更高的智商，而是有一种常人所没有的高峰体验（peak experiences）。在这种体验中，他们不再局限于"按部就班"的个人理性分析，反而拥有一种比理性更高且更敏锐的生命洞察力。[①] 马斯洛称这种超越个人理性分析的生命洞察力是一种超个人的（transpersonal）心理现象，认为它既与个人有关，又超越个人，并且预言一个崭新的超个人心理学时代将要来临。[②]

马斯洛的追随者、美国犹他大学的社会工作学者奥-迪恩·考利（Au-Deane S. Cowley）在多年的家庭服务实践中发现，与当时西方工业化和现代化高度发展形成鲜明对比的是，人类在物质享受和科技掌控面前变得日渐依赖外部条件以求得心安，内心不是变得更强大，而是变得更脆弱了，人类内心的无助和担心随着物质文明的进

[①] Au-Deane S. Cowley (1993). "Transpersonal Social Work: A Theory for the 1990s." *Social Work*, 38(5): 527–534.

[②] D. Judy (1994). "Transpersonal Psychology: Coming of Age." *ReVision*, 16(3): 99–101.

步而日益凸显，成为 20 世纪八九十年代一种普遍的社会现象。① 考利敏锐地察觉到，在这种伦理和价值困惑面前，我们需要一种能够安抚心灵的社会服务。于是，考利在 1993 年发表了一篇影响社会工作发展方向的重要论文《超个人社会工作：一种 20 世纪 90 年代的理论》("Transpersonal Social Work: A Theory for the 1990s")，呼吁社会工作者在助人服务中关注超个人的灵性维度。② 考利认为，这种超个人的灵性维度注重对个人经验的自我超越（self-transcendence），它既具有自我实现的"小我"要求，又拥有超越个人自我，与周围环境一起变化的"大我"的生命体验，让个人的成长改变能够深深扎根于他的日常生活的变化。③

另一位对灵性社会工作有着重要影响的学者是美国堪萨斯大学社会福利学院的国际知名教授爱德华·坎达（Edward R. Canda）。坎达也看到了助人服务中的灵性要求。不过，他不是从超个人心理学角度思考这个问题的，而是从宗教和东方哲学的角度出发开始自己的探索。④ 坎达发现，灵性要求就是我们日常生活要求的一部分，在工业化和现代化之前就一直存在，只是社会工作助人服务在追求"科学"的专业化过程中逐渐忽视了我们日常生活中的这一部分要求，把它等同于非理性，视之为我们日常生活的理性安排的"敌人"。即使在这种"科学"盛行的现实条件下，灵性维度的生活要求仍旧受到一些有识之士的关注，特别是在人本主义和存在主义的推动下，从日常生活经验中生长出来的自我被当作我们观察和理

---

① V. Joseph (1987). "Religious and Spiritual Aspects of Clinical Practice: A Neglected Dimension of Social Work." *Social Thought*, 13(1): 12–23.

② Au-Deane S. Cowley (1993). "Transpersonal Social Work: A Theory for the 1990s." *Social Work*, 38(5): 527–534.

③ R. Walsh and F. Vaughn (eds.) (1980). *Beyond Ego: Transpersonal Dimensions in Psychology*. Los Angeles: J. P. Tarcher, p. 165.

④ E. R. Canda and L. D. Furman (2010). *Spiritual Diversity in Social Work Practice: The Heart of Helping* (2nd ed.). New York: Oxford University of Press, p. 65.

解生活的一个基点，一种面向现实生活的生存方式。① 这种方式既可以与宗教有关，也可以与宗教无关，它是我们放弃对独立自我（separate self）的追求而学会共存共生的生存方式。② 我们来看一看孔子在《论语·为政》中是怎样对自己的一生进行概括的。

> 吾十有五而志于学，三十而立，四十而不惑，五十而知天命，六十而耳顺，七十而从心所欲，不逾矩。

孔子从"十有五"开始"志于学"，到"四十"就做到"不惑"了，为什么"五十"还要努力达到"知天命"的目标呢？显然，知道了日常生活的道理并不等于能够了解生活的局限，实现自我超越；了解了生活的局限也不意味着能够"心平气和"地接纳生活的局限，做到"六十而耳顺"；要真正放弃独立自我，学会共存共生的生存方式，则需要"从心所欲，不逾矩"。实际上，无论东方的禅宗还是中国的道家思想，都把我们个人的成长改变视为寻求心灵自由的灵性之旅，是为了找到心灵安顿之处，摆脱精神的羁绊。③ 它既涉及如何表达对其他生命的关怀，又涉及如何保持自己生活的和谐。④ 这样，生活的起伏、命运的困顿，就成为我们成长改变过程中必然体验的生活滋味，从中我们才能跳出小我，成就大我，找到一种共存共生的生命和谐发展之路。⑤

随着20世纪绿色环保运动的发展，我们对环境的看法也在悄悄

---

① E. R. Canda (2005). "The Future of Spirituality in Social Work: The Farther Reaches of Human Nature." *Advance in Social Work*, 6(1): 97–108.

② A. Bein (2008). *The Zen of Helping: Spiritual Principles for Mindful and Open-Hearted Practice*. Hoboken: Wiley & Sons, p. 1.

③ D. Brandon (2000). *Tao of Survival: Spirituality in Social Care and Counseling*. Birmingham: Ventrue, p. 12.

④ J. T. Pedrotti (2007). "Eastern Perspectives for Positive Psychology." In C. R. Snyder and S. J. Lopez (eds.). *Positive Psychology: The Scientific and Practical Explorations of Human Strengths* (pp. 37–50). Thousand Oaks: Sage, p. 37.

⑤ E. R. Canda and L. D. Furman (2010). *Spiritual Diversity in Social Work Practice: The Heart of Helping* (2nd eds.). New York: Oxford University of Press, p. 171.

发生改变，不再把环境简单当作为了达到自己的目标而可以随意获取的资源，将人与环境的关系视为一种单向索取的权力关系，而是推崇一种与环境共存共生（being with environment）的感受和意识，甚至提出了生态"野趣实践"（wilderness practice）的服务方式，让我们每个参与者在野外活动中观察和体验自然界的生命更替，以及与人类共存共生的关联，看到人类的生命只是自然界多种生命中的一种，逐渐放弃那种"唯我独尊"的观点以及掌控环境的要求，学会采用与其他生命共存共生的灵性视角。[1] 显然，这种生态的灵性视角，说到底，是要改变我们对待自我的态度，让我们拥有一种能够跳出小我审视自己的自我反思能力。[2] 从这个意义上说，灵性视角只是人本主义和存在主义视角的延伸，它能够帮助我们在生活困境中找到真正成长改变的现实之路，避免陷入无休止的权力对抗的掌控游戏。[3]

二、共存共生

实际上，无论是超个人的灵性视角，还是生存方式的灵性视角，抑或生态的灵性视角，它们的要求是一致的，就是不再把人与他的生活环境分割开来，去分析两者之间如何相互影响，而是直接把人看作环境中的人，他的任何改变都是随着环境的改变而发生的，而他的改变本身又会成为环境改变的一部分，他与环境之间是

---

[1] F. H. Besthorn (2001). "Transpersonal Psychology and Deep Ecological Philosophy: Exploring Linkages and Applications for Social Work." In E. R. Canda and E. D. Smith (eds.). *Transpersonal Perspectives on Spirituality in Social Work* (pp. 23–44). Binghamton: Naworth Press, p. 38.

[2] J. Coates (2003). *Ecology and Social Work: Toward a New Paradigm*. Halifax: Fernwood Publishing, p. 131.

[3] E. Bell and S. Taylor (2004). "From Outward Bound to Inward Bound: The Prophetic Voices and Discursive Practices of Spiritual Management Development." *Human Relations*, 57(4): 439–466.

一种共存共生的关系。① 这样，灵性视角的服务就有了自己特别的要求，它首先考察的是人的处境和环境的要求，不是个人的需求。我们来看一看下面这个案例，体会一下社会工作者小吴的担心和困扰。

小吴是一位有着八年助人服务经验的"老"社工，她在自己的助人服务实践中发现，社工提供服务时一直强调"需求导向"，无论开展什么服务，都需要真正了解受助者的需求是什么，并且相信通过与受助者进行面对面的沟通，直接询问他们有什么需要，就能准确了解受助者的真实需求。然后，在实际的服务过程中，小吴看到，受助者之所以遭遇困扰，不是不了解自己有什么需求，说不出自己的真实要求是什么，就是夸大自己的某种要求，喜欢钻牛角尖，出现想要的与能做的之间的矛盾。显然，社工的助人服务如果以需求为导向，不仅与受助者的实际生活状况有出入，而且受助者似乎很难按照社工的助人自助的逻辑发生积极改变，他们通常只是关注自己的要求是否得到满足。为此，小吴向机构的督导提出了自己的疑问：以需求为导向的助人服务真的能够给人带来积极的改变吗？

显然，答案是否定的，特别是对于那些深陷困扰的受助者来说，他们的需求往往就是困扰产生的原因，想做又做不到，想放弃却又放弃不了，陷入进退两难的境地。生活的困扰恰恰反映出他们内心需求的矛盾，左右为难。即使是平时的生活，我们要想了解自己的真实需求也并不是一件容易做到的事情。仔细观察就会发现，一旦我们从需要入手去了解自己的真实需求，就会不自觉地陷入自以为是的困境，这就好比剥洋葱，剥了一层找到我们人际交往的需求之后，又会发现我们新一层的需求是安全感，而安全感的需

---

① E. R. Canda and L. D. Furman (2010). *Spiritual Siversity in Social Work Practice: The Heart of Helping* (2nd eds.). New York: Oxford University of Press, p. 223.

求剥去之后，我们会看到其实是对自己信心不足。因此，一旦脱离具体的处境来看我们的需求，它的真实性是无从谈起的，我们不能依据自己的标准给自己打分。这也是灵性视角提出从环境入手考察我们需求的原因所在，了解特定处境下我们内心感受到的需求，由此拓展我们观察和感受现实生活的视野，把我们个人的心理改变与外部环境的改变结合起来，找到共存共生的灵性成长改变的路径。①

尽管灵性视角是从环境入手考察我们的成长改变的，但是真正推动成长改变却需要从我们内心的感受着手，促使我们培养起对自身经验的反思能力，能够看到其他成长改变的可能，超越当下自我的限制。② 就这一点而言，灵性视角的服务延续了人本主义和存在主义的基本服务策略，是一种朝向个人内部的服务，让我们关注自己的内心感受，从中找到这种感受的局限，以便推动我们去接纳内心存在的不同感受，使我们的自我拥有更大的包容和整合的能力。这就是灵性视角所说的能够超越个人理性的超个人意识（transpersonal consciousness）。③ 显然，我们每个人的能力成长都离不开这种超个人意识的培养。正是有了这种超个人意识，我们在面临困扰时，才不至于局限在自己的想法中不停打转转，才能拥有联结和整合周围环境资源的共存共生的能力。④ 否则，通过问题解决过程，从表面上看我们的能力得到了提升，但实际上只是带来了单方面掌控要求的增加，这样的增加只会进一步催生更大、更多的困扰。⑤

---

① J. L. Griffith and M. E. Griffith (2002). *Encountering the Sacred in Psychotherapy*. New York: Guilford Press, p. 100.

② E. R. Canda and L. D. Furman (2010). *Spiritual Diversity in Social Work Practice: The Heart of Helping* (2nd eds.). New York: Oxford University of Press, p. 194.

③ Ibid., p. 193.

④ J. Consedine (2002). "Spirituality and Social Justice." In M. Nash and B. Stewart (eds.). *Spirituality and Social Care: Contributing to Personal and Community Well-Being* (pp. 31-48). London: Jessica Kingsley, p. 46.

⑤ D. L. Carmody (1991). "Spirituality as Empowerment." *Studies in Formative Spirituality*, 12(1): 23-33.

三、合作责任

有了这种超越个人理性的超个人意识之后，我们看待周围他人和环境的方式也会发生改变，不再仅仅把他人或者环境当作自己成长改变的外部资源，只要自己需要，随时可以利用，而是视为有着与自己不同的成长改变要求和规则的生命。这样，随时了解周围他人和环境的要求，就成为我们获得一种真正的社会支持的必要条件，从中我们才能找到不同生命相互发挥积极影响的合作方式。这种新的社会支持方式需要我们放弃"非黑即白""非敌即友"的二元对立思维逻辑，学会共存共生的考察方式。值得注意的是，从形式上看，这种共存共生的方式类似于"双赢"，双方都能得到各自的益处，但是实际上，两者还是存在很大的不同，这种共存共生的方式包含了对其他生命的关怀，有伦理责任的要求，是一种伦理责任层面的"双赢"。[①] 我们来看一看一位精神疾病患者的母亲赵女士的苦恼。

这一次赵女士真是着急了，她几次找到负责帮扶项目的社工，要求中止这个项目的心理咨询师对自己患病孩子的心理干预，原因是她发现，最近孩子总是喜欢拿心理咨询师鼓励他的话作为理由，要求自己少管他，让他做自己喜欢做的事情，甚至直接指责她，就是她管得严、没有让孩子做他自己喜欢的事，才导致他患上这种疾病。赵女士听了这些话之后很伤心，从孩子五年前患上精神疾病以来，她从来就没有睡过一个安稳觉，不仅要带着孩子看病，而且要处处护着孩子，怕他受了刺激又发病了；自己身体不好，都不舍得花钱看病，把钱省下来给孩子治病；

[①] F. H. Besthorn and E. R. Canda (2002). "Revisioning Environment: Deep Ecology for Education and Teaching in Social Work." *Journal of Teaching in Social Work*, 22(1/2): 79-101.

为了照顾这个家，她每天要打两份工，回到家还要装得很轻松的样子，怕影响孩子的情绪。赵女士一边说，一边哭了出来，一直不停地问社工，也问自己："这公平吗？"

一旦我们把周围他人和环境作为可利用的资源，就会不自觉地突出自己想法和感受的重要性，要求别人为自己做出牺牲，帮助自己实现目标。实际上，当我们这样想的时候，也就不可能学着倾听周围他人和环境的要求，更不用说看到自己应该承担的责任了。因此，我们要想学会承担起自己的责任，就需要从倾听别人的要求开始，就像案例中患病的孩子，他虽然有自己的想法，但并没有学会倾听身边重要他人的要求，这就导致他与母亲之间发生了直接的冲突。同样，当赵女士了解了孩子的要求后，也需要在孩子的要求中找到他可以做而且容易做到的事情，从而改变这种"非敌即友"的二元对立，培养起相互支持的"双赢"的伦理责任。灵性视角称这种"双赢"的伦理责任为"合作责任"（co-responsibility），这是一种不把个人的健康成长与他人的健康成长分割开来的伦理责任。[①] 有了这种共存共生的"合作责任"，我们才可能学会平衡个人与环境的不同发展要求，在现实生活的交往中真正扎下根，将自己融入环境的发展，成为环境中的一员，也让自我不再是无根的浮萍。

有了各种各样的经历之后，我们就会发现生活随时随地都存在着局限，敬畏之心随之出现。正是在这种超个人意识以及"合作责任"的生命双向影响下，我们不仅有了共存共生的内在感受，也有了共存共生的外在形式。这个时候，我们向内就可以超越当下的自我，这是反思和觉察的过程；向外又可以找到成长改变的合作空间，这是自决和行动的过程。而在这种内外循环转变的过程中，我们就能让自己从小我的问题解决中跳出来，探寻与环境一起变化的

[①] E. R. Canda and L. D. Furman (2010). *Spiritual Diversity in Social Work Practice: The Heart of Helping* (2nd eds.). New York: Oxford University of Press, p. 362.

"大道的改变"（Taoism change）。①

显然，我们的生活不仅仅是问题的解决，它同时也是我们寻求成长改变的经历，而成长就需要我们关心内心的体验。这样，自我而不是他人就成为带动我们走出生活困境的关键，因为只有当我们在生活困境面前学会接纳感受中令自己苦恼的那些方面，反思生活中的其他可能，才能放下掌控环境的幻觉，超越当下的自我，找到与环境一起改变的心灵成长之路。②

---

① E. R. Canda and L. D. Furman (2010). *Spiritual Diversity in Social Work Practice: The Heart of Helping* (2nd eds.). New York: Oxford University of Press, p. 228.
② Ibid., p. 3.

第三章

成长需要关怀

人的成长离不开周围他人的关怀。在关怀的氛围中，我们既需要学会不以掌控为目标的人际沟通策略，也需要掌握能够唤醒内在生命力的故事命名与讲述的方式，增强与环境的联结，在植入希望的优势视角的运用中实现人与环境的双向增能。

当我们拾起自己的成长记忆时就会发现，小时候有爸爸妈妈保护我们，再大的事也不算事；到了学校有老师指导我们，教我们生活的道理；长大后我们有了自己的家，生儿育女，孩子和爸爸妈妈等着我们回家陪伴。生活中的悲伤扎疼了我们的心，也深深刺伤了身边爱我们的人；生活中的快乐让我们的内心充满了阳光，也让身边爱我们的人满心欢喜。生活正是有了关怀，才有了温暖。

第一节 人际策略：沟通与掌控

生活就是这样矛盾。我们越是希望自己决定自己的生活，不受他人的干扰，生活就越难以如我们的愿。只有当我们放弃一些，学会主动与他人沟通，才会发现生活原来有自己的道理。对自己生活的掌控是在沟通中实现的，少了他人，也就没有了现实生活的"舞台"，我们丢失的就不仅是他人，而是整个生活。

一、人际沟通

说起沟通，我们往往会觉得这是生活中再平常不过的事。不过，文化人类学家格里高利·贝特森（Gregory Bateson）却从观察美国一家退伍军人医院中的精神分裂症患者发现了一种有趣的沟通现象，这些患者与家人的沟通常常处于两难的境地：患者想获得家人的认可却得不到，想远离家人的责备又逃脱不掉。贝特森称这种沟通现象为"双重束缚"(double-bind),并于1956年发表了一篇名为《有关精神分裂症的理论》("Toward a Theory of Schizophrenia")的论文,介绍精神分裂症患者在沟通过程中表现出来的这一独特现象。① 贝特森的发现可以说是革命性的,他让从事助人服务的社会工作者及心理治疗师看到了另一条完全不同于从个人出发的助人之路,不再关注个人的人格,而是强调人与人之间的沟通。社会工作也由此走上了一条从人际角度探索助人服务的发展道路。

这样,聚焦助人服务的社会工作在理解我们为什么需要改变以及怎样改变上,就会与之前的问题解决模式不同,需要做出两个转变:(1)不再假设我们的改变来自个人的需要。因为我们任何内心感受和想法都源于人与人之间的交流,不是纯粹的个人心理。只关注个人的需要,而不去关注产生这种需要的人与人之间的沟通状况,显然是不合适的。这样做不仅会误解个人的需要,看不到这种个人需要的现实基础,而且更为重要的是,会误导个人的成长改变要求,让我们误以为只要个人的需要不至于明显伤害别人或者自己,就应该得到尊重。这样的想法会忽视问题刚出现时的萌芽状态,无法保障我们的成长改变要求得到及时有效的调整。(2)不再假设我们的改变来自个人想法的变化。因为这种改变只关乎我们个人,如果我们个人改变了,而人与人之间的沟通方式没有改变,这只会加剧我们的困扰。显然,要了解我们是否真正发生改变,就需要将我们的感受和想法联系到沟通方式,从人际沟通出发查找我们不良沟通中的不适感受和想法,并通过这些方面的改变找到有效的人际沟通方式。② 我们来看一看下面这个案例。

小丽喜欢偷拿别人的东西,从上幼儿园开始就是这样,到现在小学五年级了还是这样。有时情况好一些,有

---

① G. J. Greene (2011). "Strategic Therapy and Social Work Intervention." In Francis J. Turner (ed.). *Social Work Treatment: Interlocking Theoretical Approaches* (5th ed., pp. 486-512). New York: Oxford University Press, p. 487.

② Ibid., pp. 486-506.

时情况坏一些，但一直没有间断过，这件事让小丽父母很头疼。小丽母亲开始以为是小丽没有零花钱，就在平时多给她一些，但是没过多久，小丽这种偷拿别人东西的情况又出现了，小丽母亲感到很失望，也很无奈。在平时，最让小丽母亲苦恼的是，小丽学习特别被动，你教一点，她学一点，就像算盘珠子，你拨一拨，她才会动一动。为此，小丽母亲带着小丽来到一家心理咨询机构，向心理咨询师求助。小丽告诉心理咨询师，她不喜欢读书，也不喜欢爸爸妈妈吵架，爸爸妈妈吵起架来很厉害，她很害怕，怕他们不要她了；她偷拿东西后，妈妈就会给她买好吃的，陪她一起做作业，也不会和爸爸吵架了。

面对小丽"喜欢偷拿别人的东西"这一问题，如果从个人需求的角度来理解，这个问题就是小丽个人的，小丽的母亲也这样认为，她猜测小丽是因为缺少零花钱才这么做的。然而，现实就是现实，小丽偷拿别人东西的"坏"习惯并没有因此消失，只是让母亲"感到很失望，也很无奈"。如果我们转换观察方式，从人际沟通的角度来理解，对同样的问题就会得到不同的结论。这样，我们需要把小丽"喜欢偷拿别人的东西"视为一种行为方式，而不是个人的某种想法和感受，将这种行为方式放到她与身边重要他人（父母）的沟通中，让个人的行为方式与周围他人的要求结合起来转变成相互之间的对话交流。这个时候，我们就会发现，小丽偷拿别人东西的"坏"习惯有了积极正向的功能，能够减少父母的争吵，减轻自己内心的害怕。显然，建立在沟通视角之上的助人服务不同于传统的问题解决模式，它不是要从个人的心理结构或者个人过往不愉快的经历入手将问题个人化，而是要直接关注我们当下的沟通，把我们个人的问题应对行为转化为人际沟通方式，发掘其中仍旧有效的部分，就像小丽偷拿别人东西能够减少父母争吵这种积极正向的功能，由此我们才能找到有利于问题解决的沟通方式。①

如果与问题解决模式做对比我们就会发现，这种沟通视角下的助人服务的关键是转换我们的观察角度，找到我们问题应对行为的积极沟通意义，因为只有这样做，我们才能把注意的焦点从自己引向与周围他人的交流，打开与周围他人的沟通渠道，避免使自己陷入"自说自话"的怪圈，加剧问题的困境。②因此，说到底，这种沟通视角的助人服务是要我们转变思维方式，放弃之前那种越思考越窄的"有因必有果"的线性思维，不依据这种线性思维方式探究我们的过往经验和儿童时期的不幸经历，而是学会直接关注问题困境中我们的行为应对方式，从中找到可以扩展的空间。可以说，这是一种注重人际的思维方式，它相信人与人之间是循环影响的，只有找到一种积极的沟通方式，我们的成长改变空间才能在人与人之间的积极循环影响中不断扩大。③

二、差异

沟通视角下的助人服务有一个重要特征，就是要求我们学会放弃，放弃那种看起来"必要"但实际上没有任何成效的行为应对方式。④那种行为应对方式只注意到了我们自己的要求，没有留出空间让我们听听别人的想法、看看别人的要求，导致别人既没有机会也不愿意说出自己的看法，这样，久而久之，双方的沟通就会流于形式，变得越来越封闭。尽管那种行为应对方式看起来主动有为，但

---

① 思路参考 G. J. Greene (2011). "Strategic Therapy and Social Work Intervention." In Francis J. Turner (ed.). *Social Work Treatment: Interlocking Theoretical Approaches* (5th ed., pp. 486–512). New York: Oxford University Press, p. 506。

② Ibid.

③ L. Segal (1991). "Brief Family Therapy." In A. M. Home and L. Passmore (eds.). *Family Counseling and Therapy* (2nd ed., pp. 179–206). Itasca: F. E. Peacock Publishers, p. 181.

④ G. J. Greene (1996). "Communication Theory and Social Work Intervention." In Francis J. Turner (ed.). *Social Work Treatment: Interlocking Theoretical Approaches* (4th ed., pp. 116–145). New York: Free Press, p. 116.

是实际上因为双方缺乏交流的机会，对于沟通双方来说都没有什么成长改变的成效。因此，一旦遭遇问题，也就意味着我们需要转换观察视角，从行为应对的成效入手，学会放弃那种看似主动但没有任何成效的行为应对方式，留出时间仔细观察对方的反应，再根据对方的反应调整自己的沟通策略。① 通过这样的不断放弃和调整，我们就能够把自己和环境两个方面的要求融入自己的应对行为，提升自己的应对能力。我们来读一读下面这个案例，看怎样才能做到转换观察视角和学会放弃。

几年前，受助者驾车外出，出了车祸，孩子意外身亡。此后，受助者无法开车、坐车，甚至看到车就紧张。自孩子不在后，受助者把孩子的照片放在自己的床边，每天都要仔细看几遍。

受助者：那件事之后，我看到车就很紧张，头疼，也不敢上街。

社会工作者：现在还这样吗？

受助者：还是这样，我每天要是不看孩子的照片都无法入睡。

社会工作者：这对您现在的生活有什么影响吗？

受助者：现在生活没了乐趣，只要闲下来就会想孩子。我总觉得对不起孩子，要是那天我不开车就好了。哎……

社会工作者：您要是事先知道，一定不会去开车。这是意外，谁又能掌控意外？责备自己对生活无补，让自己过得快乐一些才是对孩子最好的礼物。②

显然，要转换观察视角，就不能揪着"生活不足"这种因果直

---

① J. Haley (1973). *Uncommon Therapy: The Psychiatric Techniques of Milton H. Erickson, M.D.* New York: W. W. Norton & Company, p. 14.

② 案例资料引自童敏：《社会工作实务基础：专业服务技巧的综合与运用（第2版）》，北京：社会科学文献出版社2019年版，第65页。

线思维方式不放，而需要关注现在，考察这种"生活不足"到底给我们造成了什么影响，以及我们可以做些什么。这样才能从追问是什么的因果线性思维转为关注生活处境中的沟通，后者是一种空间的思维，具有场景、人际和应对行为的特征。① 在此基础上，我们还需要学会放弃那种不仅没有实际成效而且会给自己造成困扰的行为应对方式，就像案例中服务对象的自责。只有放弃那种无效的行为应对方式，我们才能变得更加包容，才能拓展自己的成长改变空间。

沟通视角下的助人服务强调，我们之所以会出现改变，不是因为我们有了想法就能付诸行动，而是因为我们能够面对不同的要求，并且根据不同要求调整我们现有的行为应对方式，使我们的应对更为精准；否则，我们即使采取了应对行为，也只是加剧原有的对抗和冲突，要么忽视现实生活中出现的不同要求，要么夸大现实生活中的不同诉求，根本无法解决面临的问题。这种助人服务的要求就是沟通视角的核心原则，被称为差异原则（a difference that makes a difference）。② 我们怎样才能找到不同的要求呢？沟通视角下的助人服务认为，这种要求只能在我们现有的行为应对方式之外找到，因为我们只有对自己现有的行为应对方式进行审视，找到其中无效的部分，转换既有的观察视角，才能发现问题困境中的不同要求。③ 因此，沟通视角下的助人服务是从找出我们现有无效的行为应对方式以及转换观察视角开始具体工作的。

沟通视角下的助人服务发现，人们面临困扰的沟通方式常常具有这样一些特征：一方强势，另一方弱势，而弱势一方又没有机会

---

① L. Segal (1991). "Brief Family Therapy." In A. M. Home and L. Passmore (eds.). *Family Counseling and Therapy* (2nd ed., pp. 179–206). Itasca: F. E. Peacock Publishers, p. 181.

② G. Bateson (1979). *Mind and Nature: A Necessary Unity.* New York: E. P. Dutton, p. 99.

③ G. J. Greene (2011). "Strategic Therapy and Social Work Intervention." In Francis J. Turner (ed.). *Social Work Treatment: Interlocking Theoretical Approaches* (5th ed., pp. 486–512). New York: Oxford University Press, p. 488.

摆脱这种沟通方式,特别是在沟通信息含混不清的情况下,这种沟通方式很容易导致弱势一方不知道如何应对,使弱势一方逐渐失去对生活的掌控能力,转而出现一些"异常"的表现,如无缘由的担心、反复出现的强迫行为,甚至产生幻听、幻视等,弱势一方以此来填充失去掌控感所带来的生活空白。① 实际上,在这种沟通中,强势一方同样感受到生活掌控感的丧失,也会出现想控制又控制不了、想放弃又放弃不了的两难处境。② 只是强势一方更多地表现为想控制又控制不了,而弱势一方更多地表现为想放弃又放弃不了。因此,无论对于强势一方还是弱势一方来说,都需要从转换现有的观察视角着手,寻找问题应对行为隐含的积极沟通意义,发现其中对生活掌控的合理部分。③ 不过,对于强势一方,是让他们更多地发现这种看似合理的行为应对方式中的不合理(无效)之处,培养他们的自觉意识;对于弱势一方,则需要让他们发现看似不合理的行为应对方式中的合理(有效)之处,增强他们的生活掌控能力,从而迈出打破强弱双方对抗游戏的第一步。④

在沟通视角下的助人服务看来,即使我们有积极沟通的改变意愿,也并不意味着就能够真正做到积极沟通,因为积极的沟通有一个特点:它不是一个人说了算的,而需要双方相互协商,是一个相互影响、动态调整的对话过程。⑤ 这样,我们一旦有了积极沟通的改变意愿,就需要学会用合理的沟通方式与人交流,从问题处境中微

---

① J. Haley (1963). *Strategies of Psychotherapy.* New York: Grune & Stration, p. 5.

② G. J. Greene (2011). "Strategic Therapy and Social Work Intervention." In Francis J. Turner (ed.). *Social Work Treatment: Interlocking Theoretical Approaches* (5th ed., pp. 486-512). New York: Oxford University Press, p. 491.

③ G. Nardone and P. Watzlawick (1993). *The Art of Change: Strategic Therapy and Hypnotherapy Without Trance.* San Francisco: Jossey-Bass, pp. 49-50.

④ G. J. Greene (2011). "Strategic Therapy and Social Work Intervention." In Francis J. Turner (ed.). *Social Work Treatment: Interlocking Theoretical Approaches* (5th ed., pp. 486-512). New York: Oxford University Press, p. 491.

⑤ L. Segal (1991). "Brief Family Therapy." In A. M. Home and L. Passmore (eds.). *Family Counseling and Therapy* (2nd ed., pp. 179-206). Itasca: F. E. Peacock Publishers, p. 183.

小的生活改变开始，放弃我们习以为常的快速改变的想法。沟通视角下的助人服务发现，我们在困境中总是希望有什么"灵丹妙药"，能够一下子改变自己目前的生活状况，摆脱问题的困扰。实际上，这样的想法不仅不现实，而且它本身就是导致问题反复出现的原因。因为问题就是在我们与周围他人相互影响的过程中形成的，而这种快速改变的想法只会促使我们仅仅关注自己的需要，无视周围他人和环境的要求，致使我们与周围他人和环境之间的冲突加剧。因此，从生活中的微小改变开始，留出空间让周围他人参与，逐渐积累自身的改变力量，这就是沟通视角下的助人服务找到的我们在生活中的成长改变之路。①

三、中立

在为他人留出对话空间的过程中，我们需要学会一种方法，即重命名（reframing），将应对行为的积极沟通意义呈现出来，改变之前相互责备、相互对抗的沟通方式，让双方采用相互支持的方式进行沟通交流，避免双方的改变行为重新落入对抗游戏。重命名的具体方式有多种，我们既可以采取转换位置的方式看到自己的应对行为与周围他人的关联，也可以通过放慢改变的步伐查看周围他人的反应，或者运用假设的方式让自己想象应对行为强化后带来的后果等，让自己不再局限于个人的想法。② 这样，我们就能够更客观地了解自己的处境，也能够更理性地做出行动的决定，在与周围他人的沟通中尽可能保持"中立"（neutrality），让每一相关的沟通方都能够得到尊重，都有机会表达自己的想法和意见。

不过，一旦我们掌控他人的愿望过于强烈，内心的担心和害怕会随之增加，自己也就逐渐失去了掌控的能力，反而成为担心和害

---

① G. J. Greene (2011). "Strategic Therapy and Social Work Intervention." In Francis J. Turner (ed.). *Social Work Treatment: Interlocking Theoretical Approaches* (5th ed., pp. 486–512). New York: Oxford University Press, p. 495.

② Ibid.

怕的掌控对象。这个时候，我们即使有了积极沟通的改变愿望，也常常无济于事。为此，沟通视角下的助人服务发现，在平时的生活中犯"小错误"是一种很有效的改变策略，这样我们就能直接面对生活事实，放下等待和猜测中的担心和害怕。① 尽管犯"小错误"对于一般人来说做起来并不困难，我们在平时也不会纠缠在这样的"小错误"上，但是对于害怕失去掌控的人来说，要做到这一点并不是那么容易的，他们会把自己的"小错误"等同于失败，总能找出一百个理由来拒绝生活中的"小错误"，只想看到生活中完美的自己。

拒绝"小错误"的理由：
1. 细节决定事情的成败；
2. 成功往往取决于最后的坚持和努力；
3. 做事贵有恒心；
4. 人要对自己的事情负责；
5. 人要有责任心；
6. 不能让身边的人丢脸；
7. 努力才不会留下遗憾；
8. 尽力了才能心安。

上面这些只是我们拒绝犯"小错误"的一部分理由，看起来似乎有些道理，但是这些应对理由只是让我们看到了自己的要求，却没有留出任何空间给周围他人，忽视了这样一个现实：人与人是不同的，人根本无法掌控他人。正是因为如此，我们只能做好自己的事，把剩下的交出来，让别人自己做决定，给自己也给别人留出协商、调整和成长改变的空间。当然，犯"小错误"的方式有很多种，除了在平时关注自己犯的"小错误"，学会给未来留出成长空间

---

① G. J. Greene (2011). "Strategic Therapy and Social Work Intervention." In Francis J. Turner (ed.). *Social Work Treatment: Interlocking Theoretical Approaches* (5th ed., pp. 486–512). New York: Oxford University Press, pp. 499–500.

之外[①]，还包括：继续那些令自己苦恼的"问题"行为，让自己能够直接面对"问题"行为造成的尴尬处境，减轻对"问题"行为的恐惧[②]；或者调整"问题"行为的形式（如时间、次数、频率等）和环境，让我们在相对安全的处境中继续保持"问题"行为[③]。

沟通视角下的助人服务给我们提供了一种完全不同于问题解决模式这种单向因果思维的助人服务逻辑，它强调，我们之所以在日常生活中遭遇困难，并不是我们自己或者环境真的出了什么问题，而恰恰是我们运用这种单向因果思维的问题掌控视角与他人沟通，导致陷入毫无成效的权力对抗游戏。[④] 为此，我们就需要放弃这种单向因果思维的问题掌控方式，找到问题中的积极沟通意义，从微小改变开始，给自己和周围他人留出协商的空间，逐渐积累自己的成长改变力量。

第二节 生命故事：命名与讲述

尽管我们在生活中会有这样那样的烦恼，但生活总是随着时间的推移和四季的更替而不断变化，每天呈现给我们的都是全新的一天，我们能够做的不是让它停下来等着我们，或者加快自己的步伐跨越它，而是学会了解它、欣赏它，跟随它的步伐而变化。因此，改变成了我们生活中唯一不变的主题，而学会改变也成为我们一生探寻的故事。

[①] G. J. Greene (2011). "Strategic Therapy and Social Work Intervention." In Francis J. Turner (ed.). *Social Work Treatment: Interlocking Theoretical Approaches* (5th ed., pp. 486–512). New York: Oxford University Press, p. 498.

[②] L. Boscolo, G. Cecchin, L. Hoffman and P. Penn (1987). *Milan Systemic Family Therapy: Conversations in Theory and Practice*. New York: Basic Books, pp. 2–4.

[③] G. Nardone and P. Watzlawick (1993). *The Art of Change: Strategic Therapy and Hypnotherapy Without Trance*. San Francisco: Jossey-Bass, p. 54.

[④] R. Fisch, J. H. Weaklan and L. Segal (1982). *The Tactics of Change: Doing Therapy Briefly*. San Francisco: Jossey-Bass, p. 31.

一、改变的故事

迈克尔·怀特（Michael White）原本是澳大利亚的一名普通机修工人，在日复一日、年复一年的机器修理过程中，他觉得这样的生活没有新意，有些枯燥乏味，于是报名参加了当地的社会工作暑期培训班。没想到，暑期培训班的经历改变了他的整个生活，让他找到了与人打交道和帮助他人的乐趣。暑期培训班结束之后，怀特来到了一家儿童医院，开始尝试运用在暑期培训班上学到的家庭治疗的技术。他发现，这些受到问题"恶魔"困扰的孩子，在把问题当作生活中的"恶魔"时，能激发出内心的抗争力量，而一旁的父母也会因此转变态度站到孩子这一边，与孩子一起寻找对抗问题"恶魔"的办法。怀特把自己在实际工作中的这些发现与自己的好友即新西兰文化人类学家戴维·埃普斯顿（David Epston）做了交流，他们一起撰写了《叙事治疗的力量》（Narrative Means to Therapeutic Ends）一书，倡导一种新方法，完全不同于以修补治疗为核心的传统的问题解决模式，他们称这种新方法为叙事治疗（narrative therapy）。[1] 其中最重要的是，怀特和埃普斯顿借用了人类学家常用的故事这一概念。通过故事这个概念，我们才能够根据时间线索将日常生活经历的琐碎、散乱的事情串联起来，形成有意义的生活经验。[2] 在怀特和埃普斯顿看来，我们在日常生活中遭遇的问题其实是一种故事，只是这种类型的故事让我们看不到改变的希望，使我们内心充满担忧、困扰、痛苦、沮丧甚至绝望等不愉快的感受。[3] 因此，所谓的心理治疗，不是帮助受助者解决"问题"，而是协助受助者找到一种能将他们生活中的愉快经验联系起来以对抗"问题"的

---

[1] M. White and D. Epston (1990). *Narrative Means to Therapeutic Ends*. New York: W. W. Norton & Company, p. v.

[2] E. Bruner (1986). "Ethnography as Narrative." In V. Turner and E. Bruner (eds.). *The Anthropology of Experience* (pp. 142-157). Chicago: University of Illinois Press, p. 153.

[3] M. White and D. Epston (1990). *Narrative Means to Therapeutic Ends*. New York: W. W. Norton & Company, pp. 3-4.

新故事，这种故事能够让人感受到生活的希望。①

与叙事治疗差不多同一时期兴起的还有寻解导向治疗（solution-focused therapy），这种治疗模式也受到了人们的普遍关注，它是由美国心理治疗师史蒂夫·德·沙泽（Steve de Shazer）和他的妻子仁秀·金·伯格（Insoo Kim Berg）共同创建的。他们两人都是社会工作者，接受过系统的社会工作训练，因而在服务中特别强调要把人放到具体的环境中，考察人是如何与环境互动的，以及这样的互动到底给人的生活带来什么样的结果。② 为了实现自己的梦想，德·沙泽和仁秀·金·伯格一起来到了美国威斯康星州的密尔沃基，在那里他们创建了简要家庭治疗中心，开始寻找一种帮助人们将成长改变能力直接发挥出来的简洁明了的服务模式，改造那种以"专家"评价为标准、主次位置颠倒的绕圈子的问题解决方式。③ 德·沙泽和仁秀·金·伯格发现，我们在与环境互动的过程中常常采用两种对话交流的方式。一种是"问题的对话"（problem talk），针对我们在日常生活中遭遇的问题进行讨论，然后寻找解决问题的办法；另一种是"问题解决的对话"（solution talk），直接针对问题的解决办法展开讨论，选择其中最为合适的办法进行尝试。显然，这两种对话方式中后一种更为直截了当，成效也更为明显，尤其在我们遭遇多个生活困扰时，"问题解决的对话"能够给我们直接带来改变的希望，帮助我们重新树立改变的信心。④ 德·沙泽还以开锁来比喻助人服务，介绍助人服务应该选择"问题解决的对话"这种直截了当的助人方式的理由，认为我们不需要纠结于问题是什么。他称自己的

---

① M. White and D. Epston (1990). *Narrative Means to Therapeutic Ends.* New York: W. W. Norton & Company, p. 10.

② M. Y. Lee (2011). "Solution-Focused Theory." In Francis J. Turner (ed.). *Social Work Treatment: Interlocking Theoretical Approaches* (5th ed., pp. 460-476). New York: Oxford University Press, p. 472.

③ Ibid., pp. 460-461.

④ S. de Shazer (1994). *Words Were Originally Magic.* New York: W. W. Norton & Company, pp. 66-67.

这种服务模式为以寻求问题解决为导向的治疗模式,即寻解导向治疗。① 我们来想象一下开锁与助人服务这两者到底哪里相似。

开锁与助人服务:助人者就像开锁的人

请列出两者相似的地方(至少3项):

1. 助人服务是要打开人们的"心锁",只需要知道哪把钥匙管用就行,不需要了解锁的结构(问题解决导向)。

2. 同样一把"心锁",打开的方式有多种,用钥匙打开只是其中的一种(问题与问题解决并非一一对应)。

3. 打开"心锁"之后,就能迈过"心坎",看到另一番生活情景(生活总有例外的经历和经验)。

德·沙泽想告诉我们,传统的问题解决助人方式忽视了这样一个重要的生活事实,就是生活是变化的,我们要寻找的不是让生活固化的"问题是什么"的解决答案,而是促进生活改变的"怎么解决"的方法。只有找到了"怎么解决","问题"的生活才会有改变的希望,积极的生活态度才会出现。② 与德·沙泽倡导的寻解导向治疗一样,叙事治疗也发现,我们之所以相信解决问题之前需要了解问题是什么,是因为我们在问题与问题解决之间建立了一一对应的因果联系,把了解问题是什么作为解决问题的前提条件,但是实际上,这种理解只是看待问题的一种方式,是一种站在现在往后看的方式,把我们遭遇的问题看作由过去的经历决定的,相信有因必有果。如果我们转换角度,站在现在往前看,我们遭遇的问题只是当下生活选择所面临的条件,在这样的条件下,即使我们面对很多问题,也依旧能够做出自己的选择。只不过,这个时候的选择比平时

---

① S. de Shazer (1994). *Words Were Originally Magic*. New York: W. W. Norton & Company, pp. 7-10.

② M. Y. Lee (2011). "Solution-Focused Theory." In Francis J. Turner (ed.). *Social Work Treatment: Interlocking Theoretical Approaches* (5th ed., pp. 460-476). New York: Oxford University Press, p. 460.

更为困难,因为我们需要应对比平时更大的压力和挑战。这样,在生活困境中怎样看待问题就成了问题解决的关键,需要我们从有因必有果的故事束缚中摆脱出来,学会用改变的故事装备自己,让自己不是看到故事中的问题,而是看到故事中的希望,相信生活总是在改变的。①

二、命名与讲述

从关注问题"是什么"的因果分析到问题"怎么解决"的生命故事重构,看上去似乎是很小的一步,但实际做起来就会发现,迈出这一步很不容易,不仅因为我们太习惯于把问题当作不足,喜欢从修补不足的因果分析角度看待事情,改进生活中的不足,而且因为我们总是害怕被别人瞧不起,担心自己"没面子",不愿意让人觉得自己不如别人。这样,我们的注意力在不足意识的影响下就会投向过去,从我们过往的经历中寻找问题产生的原因,进而我们会放弃对未来生活可改变之处的探索,甚至出现更为严重的情况,根本不相信未来。因此,叙事治疗和寻解导向治疗所说的生命故事重构具有了发现生命意义的功能,它能够推动我们主动放弃修补不足的问题解决的思维方式,学会在现实生活中寻找成长改变的机会。② 由此,对生活经验的命名和讲述就显得格外重要,正是通过这样的命名和讲述我们才能够从原来的"问题"生活方式中看到新的成长改变的希望。③ 这里需要特别注意的是,叙事治疗和寻解导向治疗所说的命名和讲述,不是我们通常认为的从正向的角度看待问题,找到问题中"好"的方面,而是让我们从关注过去转向关注未来,做那

---

① M. Y. Lee (2011). "Solution-Focused Theory." In Francis J. Turner (ed.). *Social Work Treatment: Interlocking Theoretical Approaches* (5th ed., pp. 460–476). New York: Oxford University Press, p. 462.

② N. Parton and P. O'Byrne (2000). *Constructive Social Work: Towards a New Practice.* Basingstoke: Palgrave Macmillan, p. 50.

③ M. White and D. Epston (1990). *Narrative Means to Therapeutic Ends.* New York: W. W. Norton & Company, p. 10.

些能够给自己生活带来积极改变的事情,增强自己的生活掌控感。

希望的寻宝游戏:发掘"问题"岩石下深藏的生命"宝石"

1. 问题表现	2. 正向表现	3. 成长希望
我真没有用	我也有有用的时候	有机会我会做得更好
运气不好	运气不会总是不好	运气对于有准备的人才会更好

从上面的寻宝游戏中我们能够发现,一旦我们遭遇困难,就会出现"问题的对话",用"问题"来命名自己的生活经验,这样我们可能感觉到自己真的成了"问题"。像"我真没有用""运气不好",就是我们遇到困难时常说的话,只是"问题"的归因方式不同,前者把自己当作有"问题"的人,后者强调环境是有"问题"的。如果我们转换观察角度,关注"问题"生活中的另一面,像"我也有有用的时候""运气不会总是不好",这样的看法尽管能够宽慰自己,让我们看到生活中"好"的方面,增强我们的自信心,但是也可能让我们只关注生活中"好"的方面,忽视当下生活中需要调整的地方,很容易出现"画饼充饥"的现象。如果我们把自己的注意力放在可以改变的未来生活安排上,像"有机会我会做得更好""运气对于有准备的人才会更好",我们就能够及时调整当下的生活方式,增加未来的成长改变希望。因此,叙事治疗和寻解导向治疗所强调的命名和讲述不应被简单视为一种观察视角的转变,或者说是一种语言游戏,实际上,它是一种生活方式的调整。这种调整能够让我们真实地看到生活中的成长改变希望。①

对于实际生活而言,我们怎么说、用什么关键词是非常重要的,它意味着我们怎样参与生活、怎样理解生活。这些关键词和讲述的方式也就变成我们改变自己的有力"武器",是给我们的生活带来成长改变希望的关键所在。因此,一个有心的公益服务的助人者需要用心倾听别人的故事,关注别人使用的像"应该""总是""一

---

① J. K. Gergen (1999). *An Invitation to Social Construction*. London: Sage, pp. 168–170.

定"等只想掌控现实的关键词,或者像"笨""懒""坏"等明显带有个人价值评判的形容词,这些用词只会让人看到自己想看到的方面,忽视事情的其他可能。找到了这些关键用词,也就找到了成长改变的宝藏之地。接着,从事公益服务的助人者需要找到那些能够体现未来改变的用词,去替换这些关键用词,把成长改变的希望呈现出来,这就是叙事治疗和寻解导向治疗所说的重新命名和重新讲述。例如,我们可以在"应该""总是""一定"之前加上"以往的经验告诉我们",把抽离日常生活的故事讲述重新拉回日常生活,给其他可能留出空间;或者在"笨""懒""坏"这些关键用词之前补充"在做什么事情的时候我觉得",使我们这些抽离日常生活的价值判断重新回到日常生活,呈现其他改变的可能。此外,为了尽量呈现其他改变的可能,从事公益服务的助人者也可以将关键词中性化,使用中性一些的词语,如"成效不理想""不愿意""不喜欢"等,去替换像"笨""懒""坏"等价值取向明显的词。①

三、例外经验

叙事治疗和寻解导向治疗都选择了建构视角,相信生活是不断变化的,把变化作为生活的常态,认为我们之所以遭遇问题,不是我们真的有什么问题,而是我们只看到自己想看到的,不想看到自己不喜欢的,拒绝生活的改变要求。这些导致我们成长受阻,才出现了人们常说的问题。② 这样,在面临生活困境时,我们所需要的就不是问题解决模式所说的问题解决能力的提高,因为这样的提高只会加强我们对生活的掌控要求,加剧我们与生活的对抗,而是通过寻找问题困境中的例外经历或者其他的发展可能,敲开这堵阻挡我们成长改变的问题之墙,让生活改变的希望之光投射到困境的囚笼

---

① N. Parton and P. O'Byrne (2000). *Constructive Social Work: Towards a New Practice*. Basingstoke: Palgrave Macmillan, p. 44.

② M. Payne (2005). *Modern Social Work Theory* (3rd ed.). New York: Palgrave Macmillan, p. 174.

中，增强我们改变的信心。①

叙事治疗经常用的一种寻找例外成功经验的方式是问题外化（externalization），就是把我们遭遇的问题与我们自己区分开来，不再把问题当作我们自身的某种特征，如"小心眼""爱忌妒""缺根弦"等，而是作为我们在生活中需要面对的困难。② 这样，通过把问题从我们身上拿出来放到眼前这一外化过程，我们就能够从自责或者自怨自艾这样的消极情绪反应中摆脱出来，激发自己的改变愿望，看到自己在问题困境中的努力，从中发现其他可能的改变途径。在将问题外化的过程中，有一个很有用的办法，被叙事治疗称为"个性"命名，就是给问题取一个名字，让问题看得见、摸得着，变成它自己，与我们的身份拉开距离。例如，我们可以把自己的担心害怕叫作"胆小鬼"，把自己"怪异"的强迫行为称作"多疑症"，等等。接着，我们与这个"胆小鬼"或者"多疑症"对话，找到自己在应对问题过程中的一些成功经验，以此为基础逐步拓展这样的成功经验，让生活中的成长改变希望慢慢呈现出来。③ 当然，拓展成功经验的方法有很多种。我们可以一点一点地将这些成功经验积累起来，集腋成裘；也可以找到成功经验的见证人，与他们交流内心感受；或者借助想象发现自己可以做得更好的地方，明确自己前行的方向。我们来读一读意义治疗学派创始人维克多·弗兰克（Viktor E. Frankl）讲述的一个故事。④

---

① M. Payne (2005). *Modern Social Work Theory* (3rd ed.). New York: Palgrave Macmillan, p. 175.

② M. White and D. Epston (1990). *Narrative Means to Therapeutic Ends.* New York: W. W. Norton & Company, pp. 39-40.

③ B. Bertolino and B. O'Hanlon (1999). *Invitation to Possibility Land: An Intensive Teaching Seminar with Bill O'Hanlon.* Philadelphia: Brunner/Mazel, pp. 88-89.

④ ［奥］维克多·弗兰克：《无意义生活之痛苦》，朱晓权译，北京：生活·读书·新知三联书店1991年版，第55页。

"颤抖症"比赛

有一位48岁的颤抖症患者,她的病情很严重。在平时,她几乎无法端起一杯水而不让杯子里的水洒出来,更不用说拿笔写字,或者拿着书阅读。一天,她来到医院找医生。医生见到她后,试了很多方法都告失败,于是对她说:"我们来进行一次颤抖症比赛怎么样?"说着,两个人就开始比赛,看谁比谁颤抖得更厉害。这样几次比赛下来,这位患者的病情有了非常明显的缓解。

将"颤抖症"变成比赛的项目,患者就能从自责、抱怨的消极故事中走出来,直接面对自己的"颤抖症",寻找应对的方法。叙事治疗所说的问题外化就是这样一种办法,让我们不再纠结于"问题是什么"的生活困扰,而是转向"问题怎么解决"的行动目标。通过这一转变过程,我们能够看到自己的改变,相信自己是有力量的,也就更愿意从积极的角度理解生活。[1] 不过,一旦从"问题怎么解决"入手,我们必须从特定处境中寻找问题解决的方法,也必然会面临怎么运用自己当下经验的挑战,需要做出是顺从主流观点放弃当下经验还是坚持当下经验抗争主流观点的选择。[2] 叙事治疗选择了后者,因为它相信,问题的解决只可能发生在当下,只能依赖我们自身的经验,我们不可能从自己生活之外的"主流"中找到自己生活问题的解决答案。[3]

与叙事治疗相似,寻解导向治疗也把关注的焦点放在了未来,认为过度探究"问题"表征背后的本质,只会让我们看到重重障碍,不是增加我们的担心,就是加剧我们的无力感,尤其当我们

---

[1] N. Parton and P. O'Byrne (2000). *Constructive Social Work: Towards a New Practice*. Basingstoke: Palgrave Macmillan, p. 83.

[2] R. Lowe (1991). "Postmodern Themes and Therapeutic Practices: Notes Towards the Definition." *Dulwich Center Newsletter*, 3(1): 41-53.

[3] J. K. Gergen (1985). "The Social Constructionist Movement in Modern Psychology." *American Psychology*, 40(2): 266-275.

面临多重困难时，情况更是如此，只会使我们要么选择放弃，要么选择顺从。① 因此，我们在困难面前所要做的，是放弃那种只见问题的看法，把精力多放一些在怎么解决问题以及可以实现的微小改变上，哪怕只是一点改变，它也能够帮助我们在问题的困扰中看到未来改变的希望，见证自己的改变力量。② 这样，生活也就不再只是无望和抱怨，有了新的改变希望和方向。

怎样才能在令人沮丧的生活困扰中找到可能的微小改变呢？寻解导向治疗常用的一种方法是寻找例外成功经验，也就是从我们目前遭遇困难的例外情况出发，从中发掘被我们忽视的成功经验。③ 当我们遇到困扰时，就可以运用正反的思维方式探寻困扰中积极的一面，让自己跳出困难，看到无奈之下自己的改变要求，或者发现失败之中自己的一些成功尝试。这样，我们就能够从生活中困难消极的那一面转换到积极的另一面，开始自己新的行动尝试，在寻找问题解决方式中看到改变的希望。④ 不过，寻找例外成功经验不仅仅有正反思维这种方式，还包括常用的刻度提问、奇迹提问等。像针对我们改变的程度发问，让我们看到自己的变化，这是刻度提问。让我们想象未来有一天奇迹出现，之后生活会是什么样子，由此激发我们的改变愿望，这是奇迹提问。显然，不管是刻度提问还是奇迹提问，它们的目标是一致的，与正反思维方式相同，就是让我们在问题的重重围堵中发现可能的微小改变。⑤ 我们来看一看下面这个小

---

① S. de Shazer (1994). *Words Were Originally Magic*. New York: W. W. Norton & Company, pp. 66-67.

② M. Y. Lee (2011). "Solution-Focused Theory." In Francis J. Turner (ed.). *Social Work Treatment: Interlocking Theoretical Approaches* (5th ed., pp. 460-476). New York: Oxford University Press, p. 463.

③ Ibid., p. 461.

④ I. K. Berg and S. Kelly (2000). *Building Solutions in Child Protective Services*. New York: W. W. Norton & Company, p. 80.

⑤ M. Y. Lee (2011). "Solution-Focused Theory." In Francis J. Turner (ed.). *Social Work Treatment: Interlocking Theoretical Approaches* (5th ed., pp. 460-476). New York: Oxford University Press, p. 466.

故事。

从"屡战屡败"到"屡败屡战"

1854年,曾国藩奉命统率湘军17000人,挥师北上,与太平军交战。结果一败再败,投水自裁获救,特别是鄱阳湖口一役,差点把自己的老命也搭上了。为表自责,他在折奏里写上了"臣屡战屡败,请求处罚"。他的幕僚看到后,把"屡战屡败"改为"屡败屡战"。这一改,奏折的意思完全不同了,慈禧见到奏折后,不但没有责备他屡打败仗,反而念他勇气可嘉,还表扬了他。

把"屡战屡败"改成"屡败屡战",从字面上看,只是调换了"战"和"败"两个字的位置,但实际上,改变的不仅仅是字的次序,还有看待事情的角度和态度,从一种向后看的态度变成了向前看的态度,有了正向发展的视角。正因为有了这样的正向发展视角,尽管"屡败"的事实还是在那里,但是它让我们看到了困境中的改变希望,这样,改变也就悄然发生了。寻解导向治疗所说的寻找例外成功经验,就是为了推动我们在困境中发现这样的改变,抛开抱怨,捡起自己能做的事去尝试,顺着事情的"变化规律而行动"。① 我们来看一看怎么帮助人们采取有效的行动。

社会工作者与一位离婚的妇女谈论未来的生活安排,下面是具体的对话片段。

社会工作者:你一个人又要照顾孩子又要上班,真的很辛苦啊!

受助者:是啊,你看我现在,婚姻失败了,自己也不可能带着两个小孩再去嫁人。所以,现在能把孩子照顾

---

① M. Y. Lee (2011). "Solution-Focused Theory." In Francis J. Turner (ed.). *Social Work Treatment: Interlocking Theoretical Approaches* (5th ed., pp. 460-476). New York: Oxford University Press, p. 461.

好，就已经尽到自己的义务了。

社会工作者：照顾好孩子就不容易了！你平时是怎样照顾孩子的？

受助者：也没什么特别的，就是管好孩子的三餐，有时间会检查孩子的学习。照顾好他们，自己辛苦点，也就这样了吧。

在婚姻失败与照顾好孩子两个话题中，社会工作者选择了后者，这样做不是不管婚姻失败这一事实，而是关注现实生活中的改变希望，推动受助者向前看，关注怎么照顾好孩子。在实际生活中，我们向前看的希望常常与向后看的抱怨联系在一起，相互拉扯，只是有时候向前看的希望占主导，呈现出积极向上的那一面，有时候向后看的抱怨占主导，表现出消极沮丧的那一面。不管呈现的是哪一面，我们都需要学习如何关注可以改变的未来，放弃已经是事实的过去。[1]

学会运用"微小的改变"策略，这是寻解导向治疗常用的另一种方法，被称为"小的才是美的"（small is beautiful）。[2] 在实际生活中，观察生活的微小之处并学会从此处入手，这样的做法常常被我们所忽视，甚至有时候为我们所不屑，因为关注生活的细微之处常常被视为"琐碎""啰嗦""无能"的代名词。但在实际生活中，这样的做法不仅有利于改变的实现，能够降低改变带来的受挫风险，而且更为重要的是，如果只关注大的、明显的改变，就会促使我们只注重改变的结果，强化我们的单向思维方式，只看到自己想看到的，反而让我们对现实生活更加缺乏耐心，失去接纳的能力，这也正是我们出现生活困扰的原因所在。因此，学会

---

[1] N. Parton and P. O'Byrne (2000). *Constructive Social Work: Towards a New Practice*. Basingstoke: Palgrave Macmillan, p. 68.

[2] M. Y. Lee (2011). "Solution-Focused Theory." In Francis J. Turner (ed.). *Social Work Treatment: Interlocking Theoretical Approaches* (5th ed., pp. 460–476). New York: Oxford University Press, p. 464.

使用微小改变策略,具有转变我们观察视角的作用,它促使我们注意倾听身边发生的故事,放弃因果单向思维方式,尝试运用双向交流改变的原则重新组织日常生活中的成功经验,找到生活前行的目标。①

无论叙事治疗还是寻解导向治疗,对于这样的建构视角来说,改变的希望在我们自己的手里,而不是在"专家"身上,因为生活始终是我们自己的,无论改变还是不改变,这一决定最后也是由我们自己做出的。所以,问题解决过程其实是我们培育自己解决问题的能力的过程。② 从这一点来看,建构视角下的助人服务思路与问题解决模式是一致的,都希望帮助我们应对受问题困扰这一现象,只不过建构视角对问题的看法和采用的解决方式与问题解决模式的不同,它认为把问题当作客观现实然后寻找解决方法这种力图掌控现实的思路,恰恰是生活出现问题的原因。这样,问题解决也就需要直接从怎么解决入手。在这个过程中,我们通过寻找积极的成功经验,学会从可改变的积极角度命名和讲述生活的经验,看到生活中的成长改变空间,拾回曾经丢失的生活的希望和掌控感。③

第三节 生态关联:环境联结与循环影响

我们能为自己的生活做出决定,但不能决定自己的生活。尽管

---

① S. de Shazer (1985). *Keys to Solutions in Brief Therapy*. New York: W. W. Norton & Company, p. 23.

② M. Y. Lee (2011). "Solution–Focused Theory." In Francis J. Turner (ed.). *Social Work Treatment: Interlocking Theoretical Approaches* (5th ed., pp. 460–476). New York: Oxford University Press, p. 461.

③ R. Blundo and R. R. Greene (2008). "Social Construction." In Robert R. Greene (ed.). *Human Behavior Theory and Social Work Practice* (3rd ed., pp. 237–264). New Jersey: Transaction Publisher, p. 240.

有些时候我们希望能掌控自己的生活，相信我的生活应该"由我来做主"，但是生活会告诉我们，我们永远不可能是"孤岛"，我们身边的人会影响我们，我们周围的环境也会影响我们，我们每个人只是众多生命中的一员，既受他人影响，也影响着他人。

一、循环影响

经过几十年的问题解决模式的尝试，学者们在20世纪60年代逐渐认识到，环境因素不仅仅是我们成长改变的背景条件，等着我们去适应，它与心理因素一样是不断变化的，而且它也像心理因素一样随时影响着我们的成长改变。这样，环境因素就要从背景这种我们关注的边缘位置走出来，成为我们能够注意到的主动改变者，它有了与心理因素同等重要的地位。[1] 卡罗尔·迈耶就是这样一位先行者，她是美国哥伦比亚大学社会工作学院的一名国际知名教授，一生从未间断过自己在儿童和家庭微观服务领域的实践和探索。她发现，我们由于受传统助人服务理念的影响，要么只关注个人心理的变化，认为只要个人心理调整好了，就能够适应环境的要求，摆脱生活的困扰；要么只关注环境的变化，强调只要环境得到了合理的改善，我们也同样没了困扰；或者同时注重个人心理和环境的变化，不过，那也只是采用简单相加的方式把心理改变和环境改变整合起来。[2] 迈耶指出，这样的助人服务方式虽然含有环境这个概念，但是并没有把环境这个因素放在与个人同等重要的位置上进行考察，没有看到个人与环境实际上是并存且相互影响的，因此，也就需要找到一种能够把个人心理与环境直接联系起来的新的助人服务方式。[3]

---

[1] C. Germain (1968). "Social Study: Past and Future." *Social Casework,* 49(7): 403–409.

[2] C. H. Meyer (1973). "Purpose and Boundaries: Casework Fifty Years Later." *Social Casework,* 54(5): 269–275.

[3] C. H. Meyer (ed.) (1983). *Clinical Social Work in the Ecosystems Perspective.* New York: Columbia University Press, p. 127.

在迈耶看来，这种新的助人服务方式的核心是将个人内部的心理与外部的环境联结起来，关注个人影响环境以及环境影响个人的转换过程，让两者能够成为一个整体，不再割裂。① 这样，我们就需要从习以为常的对象分析（个人或者环境分析）转向关联考察，把个人影响环境及环境影响个人的整个循环影响过程作为考察的基本单位，分析个人如何行动才能带来人际交往空间扩展的结果。② 因此，可以说，我们的成长改变空间既不存在于个人中，不是品格、意志、能力等个人特质的升华，也不存在于环境中，不是物质生活的便捷、社会支持网络的扩展等环境条件的改善，而是存在于我们的人际交往方式中。由此，我们才能够找到一种扩展人际交往空间的有效行动方式。显然，这样的行动应对方式同时具有两项核心的要求：有效和多元。它除了能够减轻问题给我们带来的不便、释放生活的压力（有效），还能够减少人际冲突给我们带来的困扰（多元），同时兼顾个人与环境两方面的要求。迈耶强调，在这种注重环境联结的生态系统视角下，我们的成长改变要求就不是纯粹个人的需要，而与身边周围他人的诉求有着紧密的关联。为此，我们的需求评估也就需要放在人际框架中进行。③

小伟，男，15岁，初中生，因动手打老师被学校退学。小伟平时脾气比较倔，父亲说他，他就会与父亲理论，因此，小伟常常遭到父亲的责罚。母亲心疼孩子，就会护着小伟。夫妻俩也因为小伟的事情经常闹得不愉快。小伟退学在家后，夫妻俩经常因小伟的事吵架，丈夫觉得妻子过于溺爱孩子，致使孩子出现动手打老师这种有失管教的行为；妻子认为都是因为丈夫态度太粗暴，才导致孩

---

① C. H. Meyer (1976). *Social Work Practice: The Changing Landscape* (2nd ed.). New York: Free Press, p. 132.

② M. A. Mattaini, C. T. Lowery and C. H. Meyer (eds.) (2002). *Foundations of Social Work Practice: A Graduate Text.* Washington, DC: NASW, p. 7.

③ Ibid., p. 4.

子不懂得与老师好好沟通。

显然，小伟的行为表现和性格特征不仅仅关系到他本人，还与过度严厉的父亲和过度保护的母亲有着直接的联系。如果采用对象分析的方法考察小伟的表现，过度严厉的父亲和过度保护的母亲就会被当作小伟成长过程中的不良家庭环境，这样的分析考察就没有把小伟的行为表现放在人际框架中，也没有看到小伟的行为表现与父亲过度严厉及母亲过度保护三者之间的循环影响。因此，只有通过考察环境联结和循环影响，我们才能从单向的个人与环境对立的视角中走出来，在现实生活中找到真正的改变路径。[1]

与迈耶的观点相似，美国哥伦比亚大学社会工作学院的另外两名教师卡雷尔·杰曼（Carel Germain）和亚历克斯·吉特曼（Alex Gitterman）也发现，在生活场景中开展助人服务与在工作室中开展助人服务有着完全不同的逻辑，它不是针对我们某种异常的行为表现或者偏差心理开展服务，而是针对我们在日常生活中遭遇的现实困难实施帮助，因而也就需要遵循日常生活的改变规律，这是一种生活模式（Life Model）。[2] 这种生活模式不同于建立在对"异常"表现的诊断和治疗基础之上的问题解决模式，不仅需要关注个人对环境的适应，而且同时需要关注环境对个人的影响，具有生态系统视角的循环影响的特征。[3] 杰曼和吉特曼强调，这种循环影响的特征在进入21世纪之后社会环境巨变的条件下变得日益明显，使得社会弱势人群面临的问题不仅具有涉及面广、极易受环境变动影响的特征，而且反复程度高，人们内心的无力和无助感受更为突出。正是因为如此，对个人成长改变过程中的社会和历史方面的考察，就成

---

[1] M. A. Mattaini, C. T. Lowery and C. H. Meyer (eds.) (2002). *Foundations of Social Work Practice: A Graduate Text.* Washington, DC: NASW, p. 5.

[2] A. Gitterman (1996). "Advances in the Life Model of Social Work Practice." In Francis J. Turner (ed.). *Social Work Treatment: Interlocking Theoretical Approaches* (4th ed., pp. 389-408). New York: Free Press, p. 404.

[3] A. Gitterman and C. B. Germain (2008). *The Life Model of Social Work Practice: Advances in Theory and Practice* (3rd ed.). New York: Columbia University Press, p. x.

为了解人的成长改变要求的必不可少的部分。这样,生态关联的人际分析也就自然需要延伸到对社会生活环境中的不平等和社会结构因素的考察,使个人的成长改变嵌入特定的社会和历史场景,真正具有现实生活中的个性化发展要求。①

二、行动导向

除了引入生态关联的观察视角,杰曼和吉特曼还把特定处境中的压力应对作为我们成长改变的关键,因为在他们看来,我们在日常生活中遭遇的每一个问题都有一个共同的特征,就是让我们感受到压力。尽管在这种压力之下我们会有多种多样的表现,如紧张不安、焦躁、担心、愤恨、敌视,甚至绝望等,但是它既与我们所处的环境状况相关,也与我们自身的心理状态相连,意味着我们原有的处境应对方式失效。这样的处境应对方式的失效又会反过来进一步刺激压力,增加压力的威胁,加剧我们的担心,使我们的生活在压力的威胁下形成恶性循环圈。② 因此,生活压力是否转变成问题,取决于我们的处境应对能力,如果我们找到了有效的办法去应对生活中的压力,此时的压力就会转变成促进我们成长改变的挑战。从这个角度来看,助人服务的核心其实就是帮助我们转变应对压力的方式,找到有效回应压力威胁的办法。为此,杰曼和吉特曼专门将生活压力细分为压力事件(stressor)、压力感受(stress)和压力应对(coping)三个要素,强调压力不仅仅涉及我们常说的一种紧张感受,它会引起我们生理和情绪方面的反应,如心跳加速、胸闷、胃疼、身体的不适感以及烦躁和害怕等。此外,它还涉及外部的压力事件,一种让我们不知如何应对的外部事件。正是因为如此,杰

---

① A. Gitterman (1996). "Advances in the Life Model of Social Work Practice." In Francis J. Turner (ed.). *Social Work Treatment: Interlocking Theoretical Approaches* (4th ed., pp. 389–408). New York: Free Press, pp. 389–390.

② A. Gitterman and C. B. Germain (2008). *The Life Model of Social Work Practice: Advances in Theory and Practice* (3rd ed.). New York: Columbia University Press, p. 57.

曼和吉特曼认为，就压力而言，需要结合压力事件的处理和压力感受的调整来提升我们压力应对行为的成效，其核心是要看压力应对行为是否有效。[1]

这样，在生活困境的改变中我们的应对行为有着举足轻重的作用，它直接关乎生活压力的产生，也直接关乎我们自我的成长，因此，关注行动，以行动为导向（action-oriented），也就有了顺应生活要求的内涵。[2] 需要注意的是，生态系统视角所说的行动（action）概念不同于我们常用的心理学的行为（behavior）概念，它是指我们在特定处境中所做的改变尝试，具有三个显著特征：(1)未来导向。行动总是针对还没有确定的某个未来事件进行介入，是对未来结果的影响。而行为是过去导向的，依据已经有明确答案的标准进行练习。(2)场景性。行动的产生依赖一定的场景，是个人在特定场景中受到环境影响而做出的回应。只要场景变化了，行动也需要随之变化，两者的落差会让人感受到压力。行为则只是某个标准的动作，不依赖特定的场景。(3)模糊性。由于未来的不确定性和场景的丰富性，行动也就具有了模糊性，它无法完全受意识的控制。正是因为这种不可控制的模糊性，让行动拥有了探索的元素，能够触发我们产生新的认识，而新的认识又会进一步推动我们去尝试新的行动。这样，通过新知识的生产，行动也就具有了生产性，它是一种动态的变化过程，不同于行为这种静态的标准化应对。如何让我们的行动具有生产性呢？我们来体验一种新的提问方式，称为"如果"（if）提问。

如果提问

小李是一名刚入职的社工，他找到机构中有丰富实务经验的老王进行咨询，想了解如何推动受助者做出行动尝

---

[1] A. Gitterman and C. B. Germain (2008). *The Life Model of Social Work Practice: Advances in Theory and Practice* (3rd ed.). New York: Columbia University Press, p. 60.

[2] A. Gitterman (1996). "Advances in the Life Model of Social Work Practice." In Francis J. Turner (ed.). *Social Work Treatment: Interlocking Theoretical Approaches* (4th ed., pp. 389-408). New York: Free Press, p. 405.

试。老王告诉他,自己的小秘诀是"如果"提问,就是假设某种情境位置,要求受助者做出行动尝试。例如,面对母子冲突,社工就可以问母亲,如果她是孩子,面对母亲这样的要求自己又做不到,该怎么办。当然,也可以问孩子同样的问题:如果他换成母亲的角色,面对孩子的不配合,自己会怎么做。这样,冲突的双方就可以从自己的位置中跳出来,看到另一方的不同要求,慢慢接纳生活中的不同,学会在其中寻找可以改变的空间。有时,也可以把情境位置设计成第三方的角色,像母子冲突中的父亲或者好友等就是这样的角色,让冲突中的任何一方暂时放下自己的理由,看一看第三方的不同要求,学会在不同要求中发掘生活的可改变之处。老王告诉小李,重要的不是转换角色学会换位思考,那只是一种伦理的要求,只会让紧张的"心"更加紧张,而是关注在不同处境之下如何有效行动,寻找在不同要求之下更为有效的行动方式,看到冲突中的改变希望,让纠结于谁对谁错的紧张的"心"放松一点。

显然,通过一定情境中不同角色要求下的行动尝试,我们就能够从自己的观察视角中跳出来,体验到人与环境之间的联结以及两者循环影响中的有效应对方法,不再受困于谁对谁错或者谁好谁坏的二元对立判断。因此,生态系统视角的行动是一种不同要求下的拓展发展空间的行动,并不仅仅是关注目标是否达成的"直线"行动,还需要面对差异、接纳差异以及应对差异的要求。也就是说,生态系统视角的行动是一种关怀行动,既要关注怎么做,明确行动的具体过程,也要注重怎么听,考察相关方的不同诉求,有了一边做一边听的要求。这样,接纳行动场景中的多样性也就成为助人服务不可缺少的一部分,助人服务因此具有了伦理实践(ethical practice)的内涵,包含对他人的不同应对方式,甚至是对超出自己观察视角的例外事件和经历的接纳。①

三、矛盾探索

生态系统视角所说的伦理实践，不是我们通常认为的那种在伦理指导下的实践，而是指助人服务本身的特点，是每一个遭遇生活困境的人在做出行动选择时必然面临的处境。② 我们来看一看下面这个案例，注意观察怎样帮助这个家庭补孩子的"短板"。

怎么补"短板"

这是一个三口之家，对于上小学的孩子，父母各自有着不同的教育理念和要求。父亲认为，虽然孩子目前英语成绩不好，跟不上班级的学习进度，但是语文和数学更为基础，打好基础了，才能最后补上英语这块"短板"。母亲考虑的是，孩子目前只有英语考试还有不及格的现象，常常被老师重点"关照"，这会伤到孩子的自尊心，如果孩子自尊心受伤了，也就对学习没有了兴趣。面对父母这样不同的看法和要求，社工可以怎么做？

第一步，循环提问。社工可以问父亲：如果在协助孩子打好语文和数学基础的过程中，遇到英语不及格甚至伤害到自尊心的情况，怎么办？同时，社工也需要问母亲：如果在协助孩子学好英语的过程中，遇到了语文和数学的学习困难，怎么办？

第二步，调整补充。让父母双方各自根据现实的要求，调整和补充原来的教育理念和要求，使各自的教育理念和要求更加开放、包容。

---

① A. Gitterman and C. B. Germain (2008). *The Life Model of Social Work Practice: Advances in Theory and Practice* (3rd ed.). New York: Columbia University Press, p. 2.
② Ibid., p. 78.

第三步,选择尝试。让父母双方根据一方的意见选择孩子学习中的某个小问题开始行动尝试,强调先试两到三周,看实际成效再做调整。如果父母双方无法选择,社工可以依据改变的容易度这个标准"主动"替父母做出选择。

第四步,成效调整。根据行动尝试的成效,协助父母调整各自的教育理念和要求以及孩子的学习安排。如果父母双方还是出现教育理念和要求的冲突,继续采用循环提问、调整补充和选择尝试的行动步骤。

其实,生活中任何"短板"的修补都会涉及不同的人和不同的想法,在不同人的不同想法之间寻找可以改变的空间才是实现改变之路。如果采取直线思维,只看到自己想看到的,显然在现实生活中就会忽视其他可能,不是轻视他人的要求而加剧冲突,就是无视生活的现实而四处碰壁。因此,与关注个人能力增强的个人增能(personal empowerment)和关注群体能力增强的集体增能(collective empowerment)相比,人际增能(interpersonal empowerment)更为核心。这不仅仅因为个人增能只有放在人际增能的框架中才可行,集体增能只有通过人际增能才能够真正找到实现的方式,而且更为重要的是,人际增能采取的思维方式完全不同于个人增能和集体增能背后的直线思维方式,它遵循差异化原则,注重在不同的要求甚至相互冲突的要求中寻找可以改变的空间。这样,我们在解决问题的行动尝试中,除了能够看到自己可以施加的影响,还可以察觉到周围他人的积极回应,拓展自己的成长改变空间,真正提升自己的生活掌控感。[1]

简单而言,人际增能就是我们在人际交往的差异化要求中找到可以改变之处。它就像我们每天的生活,自然而然地在不同要求之下发生改变,既不是人为地要求改变,也不是人为地要求不改变。

---

[1] A. Gitterman and C. B. Germain (2008). *The Life Model of Social Work Practice: Advances in Theory and Practice* (3rd ed.). New York: Columbia University Press, p. 95.

这样，对生活中不同要求之间存在的矛盾进行探索，也就成为我们避免陷入无休止的人为改变困扰的关键。例如，让生活中潜在的不同要求呈现出来，让我们看到可能面临的风险，或者把生活中相反的要求展现出来，促使我们看到生活中的其他现实条件。① 这种矛盾探索也可以指向我们自身。例如，把我们潜在的不同心理需求呈现出来，让我们察觉到自身的身体状态对心理的影响。这时的矛盾探索被我们称为差异关注，它重点揭示我们在语言层面信息与非语言层面信息之间存在的矛盾。值得注意的是，不管呈现哪种差异化的要求，我们都需要关注怎么应对。只有这样，我们才能够通过矛盾探索让自己的行动应对更有弹性、更有成效。

显然，我们在矛盾探索中的学习有自己独特的要求，它不同于传统的问题解决，不是针对问题提供直接的解决问题的建议，而是让我们在他人不同要求的张力下学会总结自己的行动经验，对自我进行反思，看自己在这样的处境下到底需要什么，怎样才能做到既关注自己的发展要求又尊重别人的不同诉求。可以说，这是我们在特定处境中的一种自我观察和自我调整的自我反思能力。②

四、自我反思

生态系统视角提倡的这种自我反思并不等同于我们平时常说的行动反思，不仅需要对我们的行动方式和行动成效进行考察，而且需要对行动过程中呈现出来的他人的不同要求进行探究，找到在他人的不同要求下的有效的行动应对方式。这样，我们的有效行动就能够与对周围他人不同要求的考察紧密联系起来，形成相互促进的良性循环圈，让我们的有效行动深深扎根于现实的日常生活。我们来看一看佛学中的一个小故事。

---

① A. Gitterman and C. B. Germain (2008). *The Life Model of Social Work Practice: Advances in Theory and Practice* (3rd ed.). New York: Columbia University Press, p. 196.
② Ibid., p. 197.

脑筋急转弯：为什么大力士不能抬起自己的一只脚

通常我们会理所当然地认为我们有能力移动自己的身体。因为我们习惯于"独立于身体"的思考和感受，把这种独立思考和感受视为精神的力量，作为个人自我是否强大的标志。一旦我们学会在他人或者环境的差异中看待自己，体会到环境中无分别的自我(no separate self)，也就没有了"自我"与"脚"的分离，不是我要抬脚，而是脚需要抬起。这样，自然不需要强调"自我"的作用，也就不存在"自我"抬起"脚"的举动。①

为了突出这种在生活中的感受，有学者直接将"人在情境中"（person-in-environment）的"在"（in）删除，认为我们不可能在生活之外生活，更不可能存在由生活之外融入生活的这种"在"的过程，环境就是我们生活的一部分，我们自始至终都无法脱离环境的影响。② 这样，人与环境之间的相互转化（transaction）就被视为个人成长改变的关键。③ 它不仅涉及个人与环境之间的相互影响，而且涉及个人利用环境提供的机会挖掘自身的发展潜能，是一种个人不断进行自我调整和自我指导的成长过程（becoming），不是关注既存事实，而是强调从既存事实中找到可以改变之处。④ 否则，我们的行动只能带来外在的变化，或者关注是否达成预定的目标，或者关心是否解决面临的问题等，只注重做事的具体过程，丢失了做事过程中自我的成长机会。显然，生态系统视角所说的成长不是指我们通

---

① 参见［美］巴里·马吉德：《平常心：禅与精神分析》，吴燕霞、曹凌云译，上海：东方出版中心2011年版，第39—41页。

② S. P. Kemp, J. K. Whittaker and E. Tracy (1997). *Person-Environment Practice: The Social Ecology of Interpersonal Helping*. New York: Aldine de Gruyter, p. xi.

③ C. B. Germain (1973). "An Ecological Perspective in Casework Practice." *Social Casework*, 54(6): 323-331.

④ M. Payne (2005). *Modern Social Work Theory* (3rd ed.). New York: Palgrave Macmillan, p. 154.

常认为的那种位置或者时间上的变化，而是指我们自我的内在改变，这种内在改变与外在改变的核心差别是我们对自身现有应对方式之局限的察觉以及对可改变之处的探寻，它依赖我们的自我反思能力，包含我们在特定场景中对自己生活多样性的接纳和理解及拓展的过程。从这个意义而言，生活中的改变是成长取向的，它不是关注现有生活哪里存在不足，需要修补，而是关注现有生活到底面临什么困难，哪里可以改变，让生活变得更美好。①

这样，人与环境之间的交互影响以及由此形成的双重转化就变得非常重要，成为我们实现成长改变的关键。这种双重转化不同于我们常说的人与人之间的互动（interaction），因为互动这个概念仍然关注两个或者多个人之间的相互影响，人放在了前，相互影响放在了后，把相互影响当作人的行动特性。与这种互动概念的理解正好相反，双重转化强调的是相互影响中的人，相互影响中的关联放在了前，人放在了后，人要随着关系的变化而改变。② 显然，从双重转化的视角来看，人与环境或者人与人之间的关联性是个人行动的基础，我们正是在此基础上进行选择和尝试的，不是人与人之间需要相互影响，而是在相互影响中我们采取有效的应对行动或做出行动尝试，获取周围环境或者他人的反馈，从而与周围环境或者他人建立一种更为积极的关联。也就是说，如果我们想从关注问题解决的改变过程转变成关注关联转化的成长过程，就需要将我们的注意焦点放在关联方式的转化上，转换我们的思维方式，从关联方式入手，考察我们的自主（autonomy）选择能力，之后再审视关联方式的变化，这是一种"关联—行动—关联"的逻辑分析框架，目的是增强我们在特定场景中的生活掌控感。③

---

① R. R. Greene (2008). "Ecological Perspective: An Eclectic Theoretical Framework for Social Work Practice." In Roberta R. Greene (ed.). *Human Behavior Theory and Social Work Practice* (3rd ed., pp. 199-236). New Jersey: Transaction Publishers, pp. 199-200.

② Ibid., p. 207.

③ C. B. Germain (ed.) (1979). *Social Work Practice: People and Environment*. New York: Columbia University Press, p. 11.

为什么要改变？

小李是一名从事社会工作助人服务多年的"老社工"，他发现，无论社工是否直接说出来，他们在服务中都有这样一种信念：遇到问题，人们只要做出改变，生活就会变得更好。然而，在实际生活中小李体会到，人们之所以不做出改变，不是不愿意改变，而是因为之前的每次改变尝试只让自己的生活处境变得更为糟糕，认识到不改变是最好的改变策略。于是，小李心里产生了一个疑问：这样的改变真的有用吗？小李带着这个疑问咨询了机构中的资深社工老王。

老王告诉小李，人们做出改变尝试后不一定有积极的结果，确实如此，但是不改变一定结果更糟。环境变化了，自己不变，只会加剧人与环境的对抗。实际上，人们在变化的环境面前不可能做到不改变，只是这样的改变比较被动、细微，如果人们能够从中找到不增加与环境对抗的地方，这样的改变将有助于人们从对抗的权力游戏中绕出来，让人们感受到生活的真实和希望；否则，即使有改变的愿望，也只会增加生活"冷酷"的现实感。[1]

由关联方式开始尝试改变，让我们在特定处境中拥有了自主选择的机会和能力，这是我们在现实生活中寻求成长改变的发展之路。[2] 为此，我们就需要学会从行动的情景入手，关注在什么情景变化下我们需要采取这样的应对行动，寻找行动之前的环境关联；然后，我们还需要进一步考察应对行动之后的环境关联，查看行动之后情景发生的变化。这样，我们就能够把自己的行动嵌入情景关

---

[1] 思路参考 M. A. Mattaini, C. T. Lowery and C. H. Meyer (eds.) (2002). *Foundations of Social Work Practice: A Graduate Text*. Washington, DC: NASW, p. 16。

[2] S. P. Robbins, P. Chatterjee and E. R. Canda (2006). *Contemporary Human Behavior Theory: A Critical Perspective for Social Work* (2nd ed.). Boston: Pearson Education, p. 62。

联，在双重转化的现实转变过程中找到不对抗或者少对抗的改变方式，看到自我在生活面前可以发挥的积极作用。① 随着我们对关联方式考察的深入，生活中的这种结构式的深度关联就会逐渐显现出来，它让我们的应对行动有了历史和社会的处境条件以及能力发挥的空间。② 因此，对于在日常生活中遭遇困扰的我们来说，需要的不是刨根问底式的对问题根源的分析，而是在现有的生活状况中找到与环境不冲突的可改变之处，一种在特定场景中寻求发展的视角，让自己成为日常生活挑战的经历者和生活改变的学习者。③

作为生活挑战的经历者，我们在生活困扰面前首先需要关注"怎么做"，这是行动取向的。一旦我们放弃行动，仅注重对问题的观察和分析，就会成为生活的旁观者。作为生活改变的学习者，我们需要关注在他人的不同要求面前"怎么做得更好"，是做中学的自我反思学习。④ 显然，这种生活中的学习不同于我们通常所说的知识学习，它要求我们一边做一边学，是一种围绕如何提高应对行动成效的反思实践。生态系统视角强调，通过这种对环境联结和循环影响的考察，助人服务才能真正走进我们的生活，把问题的解决过程转变为自我的成长过程，放弃那种临床式的心理治疗或者全景式的社会分析的"专家式"指导。⑤

---

① R. R. Greene (2008). "Ecological Perspective: An Eclectic Theoretical Framework for Social Work Practice." In Roberta R. Greene (ed.). *Human Behavior Theory and Social Work Practice* (3rd ed., pp. 199–236). New Jersey: Transaction Publishers, p. 211.
② Ibid., p. 210.
③ S. P. Kemp, J. K. Whittaker and E. Tracy (1997). *Person-Environment Practice: The Social Ecology of Interpersonal Helping*. New York: Aldine de Gruyter, p. 56.
④ Ibid., p. 58.
⑤ Ibid., p. 13.

第四节　优势视角：资源运用与希望植入

在生命的旅程中，我们总会遭遇黑暗和困顿，希望就像黑夜中的灯塔，告诉我们前行的方向。尽管黑夜依旧漫漫，寒风仍旧刺骨，但只要内心有了希望，我们就不会害怕，知道黑夜终究会过去，黎明就在前方，我们需要做的是迈开自己的步伐，朝着自己心中的希望前行。

一、资源运用

优势视角的出现离不开美国堪萨斯大学社会福利学院师生多年来的共同探索和不懈努力。1982年，查尔斯·拉普（Charles Rapp）作为美国堪萨斯大学社会福利学院的一名普通教师，拿到了一个不起眼的1万美元的小型研究项目，主要探索协助精神疾病患者回归家庭和社区的服务。起初，拉普想直接为这些出院后仍需要帮助的精神疾病患者链接医院的资源，让医生进行定期的跟踪随访，不过，他计算了一下，这样的做法成本太高，课题经费支持不了。于是，他聘请了一位刚毕业不久的社会工作方向的博士生罗娜·张伯伦（Ronna Chamberlain）作为助理，协助他设计和组织整个项目的服务活动。他们组成了这个项目的实务研究团队，并且从堪萨斯大学社会福利学院的在校生中选拔了4名学生作为项目服务实施的工作人员。在张伯伦的带领下，整个项目开始运行，不同于以往给精神疾病患者提供疾病治疗和健康指导这种"给予"式的服务思路，他们在附近社区寻找尽可能多的活动机会，让这些需要帮助的精神疾病患者走出家门，参与社区的活动，采用了鼓励受助者走出家门"参与"的服务思路。[①] 这样的

---

① C. A. Rapp and R. J. Goscha (2006). *The Strength Model: Case Management with People with Psychiatric Disabilities* (2nd ed.). New York: Oxford University Press, pp. xvi-xvii.

服务设计看起来很简单，只是将资源"给予"变成了个人主动"参与"，似乎更像是一种节省成本的权宜之计，但是实际上，这样的服务活动设计理念与以往"给予"的服务理念根本不同，不再认为有困难的人是无能的人，是等待别人救助的人，而是强调每个人都是有能力的，在一定的资源条件支持下都能够发挥自己的作用，看到自己的能力。①

这次意外发现让拉普及研究团队的其他队员看到了另一种助人服务的逻辑，聚焦于如何有效运用现有的资源。拉普强调，以往的助人服务总是寻找我们生活中存在的不足，并且喜欢把环境视为导致我们不足的"帮凶"，当作我们成长改变的障碍。② 这样，助人的责任自然落在了帮助者的身上，受助者成了问题的化身，出现"越帮助，越虚弱"的怪圈。③ 之所以出现这样的现象，拉普认为原因在于：一直以来我们对助人服务有一种根深蒂固的错误认识，总是假设我们的人品出了问题才需要他人的帮助。之后，在科学理性主义的推动下，开始强调个人理性不足才需要求助于他人，把助人服务作为对个人理性能力的修补。特别是在弗洛伊德精神分析思想的影响下，问题转变成了我们的一种异常表现，助人服务也就自然而然地被界定为对我们心理困扰的诊断和治疗。④ 实际上，这种总是寻找我们生活中不足的助人服务策略早在 20 世纪 50 年代就受到一些学者的质疑，认为这样做只是弥补了不足，并不会带来人的成长；到了 70 年代，这种质疑的声音越来越响亮，指出这样的助人服务策略容易将人的问题个人化。然而，这种把我们生活中某个方面存在的

---

① C. A. Rapp and R. Chamberlain (1985). "Case Management Services for the Chronically Mentally Ill." *Social Work*, 30(4): 417-422.

② W. P. Sullivan and C. A. Rapp (2006). "Honoring Philosophical Traditions: The Strengths Model and the Social Environment." In D. Saleebey (ed.) . *The Strengths Perspective in Social Work Perspective* (4th ed., pp. 261-278). Boston: Pearson Education, p. 263.

③ A. Weick, C. Rapp, W. P. Sullivan and W. Kisthardt (1989). "A Strengths Perspective for Social Work Practice." *Social Work*, 34(4): 350-354.

④ H. M. Bartlett (1958). "Toward Clarification and Empowerment of Social Work Practice." *Social Work*, 3(1): 3-9.

不足找出来进行问题类型分析的方法,早已经由科学理性的倡导成为我们现代生活的基础,融入我们日常生活的方方面面,很难在短时间内得到纠正。① 在拉普看来,我们首先需要挑战的是已经占据"科学"位置的"因果逻辑",即总是从我们现有生活的不足入手来分析导致这种不足的过往原因的直线思维方式。一旦我们陷入这种思维方式,就会不自觉地向后看,只寻找我们过往生活中存在的不足,完全忽视了当下现实生活中我们自身拥有的可选择的条件和行动的能力。②

需求和可改变哪个更重要?

老李是一位喜欢从事公益服务的社会热心人士,他发现,喜欢做公益的人大致有两种心态。一种把公益当作献爱心,"别人需要什么,我们就做什么";一种把公益看作奉献自己的业余时间和精力,"自己想做什么,就做什么"。让老李感到困惑的是,这两种态度虽然看上去正好相反,前者关注他人,后者关注自己,但是两者都有一个共同的特点,就是只顾做什么,不管做了有什么效果,公益服务似乎是公益人自己的选择,看不到做公益促成的改变到底在哪里。老李察觉到,这两种公益服务的态度与我们平时的生活经验反差很大,有过生活经验的人都知道,生活从来就不可能"随心所欲",如果希望生活改变,就要做那些可促进改变的事情,而不是做我们喜欢或者需要的事情。

显然,无论我们从别人的需求入手还是从自己的需求入手尝

---

① C. D. Cowger (1992). "Assessment of Client Strengths." In D. Saleeley (ed.). *The Strengths Perspective in Social Work Practice* (pp. 139-147). New York: Longman, pp. 142-143.

② A. Weick, C. Rapp, W. P. Sullivan and W. Kisthardt (1989). "A Strengths Perspective for Social Work Practice." *Social Work,* 34(4): 350-354.

助人服务，都会假设我们的行为是由需求推动的，找到了需求也就找到了行为的原因。这样的思考逻辑，把我们自身拥有的改变和选择的能力给抹去了，既看不到我们自身在问题困境中的理性反思能力，也看不到我们在特定场景中的行动选择能力，似乎一切的"不足"早已注定，深藏在我们以往的经历中，表现为我们的需求。① 如果从改变入手，情况就会完全不同，我们不必纠结在以往那种必然的逻辑中，而是在这种命运的必然逻辑中找到可以改变之处，采用一种可能逻辑。正是因为如此，拉普声称，聚焦于如何有效运用既有资源的优势视角希望建立的不是一种服务模式，而是一种思维方式，这种思维方式在现实困境中能够帮助我们发现面对未来选择时自己所拥有的能力和资源。② 拉普认为，我们之所以推崇那种以需求为核心的必然逻辑，是因为以往的助人服务是在机构中开展的，在寻求帮助之前，我们已经将这部分与日常生活安排有冲突的需求从生活中剥离出来，等待"专家"的诊断和治疗。一旦助人服务移向社区，我们对自己需求的确认就是在日常生活中进行的，这时的需求是对日常生活改善的要求，无法与日常生活割裂开来。③ 因此，可改变空间的寻找也就成为这种社区场景中生活发生改变的现实基础。

二、希望植入

在拉普和他的同事的共同努力下，美国社会工作教育委员会在1993年正式通过了一项决定，把优势视角作为社会工作专业学习的必修课程之一。④ 这意味着，优势视角的一些重要看法开始转变成助

---

① C. A. Rapp and R. J. Goscha (2006). *The Strength Model: Case Management with People with Psychiatric Disabilities* (2nd ed.). New York: Oxford University Press, pp. 4–8.
② A. Weick, C. Rapp, W. P. Sullivan and W. Kisthardt (1989). "A Strengths Perspective for Social Work Practice." *Social Work*, 34(4): 350–354.
③ M. Modrcin, C. Rapp and R. Chamberlain (1985). *Case Management with Psychiatrically Disabled Individuals: Curriculum and Training Program*. Lawrence: University of Kansas School of Social Welfare, pp. 78–79.
④ C. A. Rapp and R. J. Goscha (2006). *The Strength Model: Case Management with People with Psychiatric Disabilities* (2nd ed.). New York: Oxford University Press, p. xviii.

人服务提供者的基本信念，他们相信每个人都是有价值和尊严的人，都是独特的人，都具有学习的能力和自我决定的能力。① 正是因为如此，优势视角要求我们放弃问题类型化分析这种由外向内的助人逻辑，倡导一种由内向外的不断拓展可改变空间的助人方式。为此，助人服务的焦点也就需要转向对可改变（possibility）空间的考察。我们怎样描述自己的生活，也就意味着我们怎样展现生活的可改变空间，不同的讲述方式会产生对生活可改变空间的不同认识，那种能够带来积极改变的描述自然也就成为推动我们成长改变的关键。一旦确定了日常生活中的可改变空间，我们对自己的生活就有了掌控能力，相信自己能够通过一定的方式影响自己生活的变化，即使自己暂时身陷逆境，或者遭受不公平的社会歧视，也不会因此失去改变的希望。②

善意的歧视

小王是一名受他人资助完成学业的大学生，他在接受资助项目成效的调查中透露了自己的心声，他很感激这样的贫困助学项目，让他这样的贫困家庭的孩子有了实现大学梦想的机会。在开始时，自己是在万般无奈中接受这份资助的，因为父亲生了大病，花了很多钱，家庭负担不起他上学的费用。拿到这笔资助之后，他还是觉得自己比别人矮一截，有一段时间不愿意别人提起资助的事情，是自己慢慢说服自己才过了心里的这个"坎"。

显然，助人服务同样可能给受助者带来困扰，那种只盯着受助者的不足，给受助者提供修补不足的资助的方式，依据的是双

---

① W. P. Sullivan and C. A. Rapp (1994). "Breaking Away: The Potential and Promise of a Strengths–Based Approach to Social Work Practice." In Roland G. Meinert, John T. Pardeck and William P. Sullivan (eds.). *Issues in Social Work: A Critical Analysis* (pp. 83–104). Westport: Greenwood Publishing Group, Inc., pp. 85–92.

② D. Saleebey (1996). "The Strengths Perspective in Social Work Practice: Extensions and Cautions." *Social Work*, 41(3): 296–305.

方地位强弱的两极对立划分，很容易产生以关怀为名义的善意歧视。① 为此，优势视角希望转变这种两极对立的看待生活的角度，帮助我们学会放弃"专家"这样的强势服务位置，走进受助者的日常生活，关注受助者的现实生活处境以及他们的自决能力，成为受助者成长改变的合作者。② 在这个过程中，有一个推动我们做出改变的很重要的因素，就是希望（hope）。希望与动机不同，它不是后推力，而是牵引力，能够让我们直接面向未来，把我们的注意力引到尚未发生的未来事情上，有了拓展现实生活中可改变空间的可能。③ 这样的可改变空间不仅与个人的应对能力有关，而且与环境自身拥有的力量（the power of place）有联系，两者共同影响我们对自己生活的掌控能力。④ 由于一直以来我们习惯于把环境视为被适应的对象，忽视环境自身的变动性，导致要么无视环境的影响，只注重个人心理的改变，要么弱化环境的作用，把环境仅仅作为我们生活的外部条件。因此，可以说，人与环境之间不是一种适应的关系，而是接纳和增能的关系，既需要理解和包容环境的影响，又需要找到能够发挥自主性的可改变空间，这与责任的培育和身份的塑造直接相关。⑤

优势视角在观察现实生活时发现，我们在日常生活中有两种常见的沟通方式。一种关注自身的不足，注重环境的局限。这种沟通方式使我们不自觉地陷入一种相互指责、相互抱怨的负向心理的恶

---

① C. A. Rapp and R. J. Goscha (2006). *The Strength Model: Case Management with People with Psychiatric Disabilities* (2nd ed.). New York: Oxford University Press, p. 3.

② Ibid., p. 4.

③ D. Saleebey (2006). "The Strengths Approach to Practice." In D. Saleebey (ed.). *The Strengths Perspective in Social Work Perspective* (4th ed., pp. 77-92). Boston: Pearson Education, p. 80.

④ D. Saleebey (2004). "'The Power of Place': Another Look at the Environment." *Families in Society*, 85(1): 7-16.

⑤ D. Saleebey (2006). "Community Development, Neighborhood Empowerment, and Individual Resilience." In D. Saleebey (ed.). *The Strengths Perspective in Social Work Perspective* (4th ed., pp. 241-260). Boston: Pearson Education, p. 258.

性循环。越发现自己的不足,就越强调环境的限制,越注重环境的限制,也就越关注自己的不足,两者相互作用,在我们的内心形成一种负向的压迫机制,妨碍我们能力的发挥。[1] 显然,这种沟通方式只会损害我们的改变意愿,不是加重我们的挫败感,就是增加我们的怨恨,无法给我们的生活带来改变的希望。另一种是希望植入(hope-inducing)的沟通方式,只关注我们自身拥有的能力和环境中可利用的资源。越关注我们自身拥有的能力,就越注重环境中可利用的资源,越注意挖掘环境中的资源,也就越关注我们自身拥有的能力,这样,我们自身的能力和环境中的资源就能够形成相互促进的正向心理的良性循环圈,在我们的日常生活中逐渐植入希望。[2]

改变从放弃抱怨开始

小李是一名对生活满怀憧憬的大学生,大学毕业后一直从事公益助人服务,他希望通过自己的"爱心"给那些生活在困难中的人带去一份希望和关心,特别是那些深陷困境中的儿童青少年。不过,做了几年公益之后他发现,那些在他眼里最困难的人收效很小,他们的生活希望没有增加多少,对生活的不满和抱怨还是那么多。小李感到有些失望,虽然一直告诫自己做公益不是为了回报,但是看不到受助者生活中的任何改变,还是让他有些泄气,怀疑这些人是否真的值得帮助。小李找到了机构中有着丰富经验的督导老王,倾诉了自己的苦恼。

老王告诉小李,我们在生活中之所以遭遇那么多的困难,就是因为不受我们掌控的因素太多。既然已经无法掌控,就要学着放弃,放弃那些抱怨,把自己有限的精力多放一些在生活中那些虽然微小但是可以改变的事情上,这

---

[1] C. A. Rapp and R. J. Goscha (2006). *The Strength Model: Case Management with People with Psychiatric Disabilities* (2nd ed.). New York: Oxford University Press, p. 12.

[2] Ibid., pp. 77-78.

才是生活的希望所在，也是公益的核心。

其实，助人服务是一种希望植入的服务，它要减少那种只会挫败我们改变意愿的沟通，同时要增加那种能够给我们带来改变希望的交流，让我们的生活从对抗、困顿中摆脱出来，重新回到自己的掌控中。① 这样，学会对话就成为我们一生都要付诸努力的主题，因为只有在对话中我们才需要直接面对周围他人，才会懂得如何面对生活中的不同和不可掌控之处，从而在差异的生活中找到有利于自我愈合（希望植入）的对话方式，增强自己与环境的正向心理的良性循环，实现自我增能。②

因此，发现可利用的资源，看到自己拥有的能力，这两方面是不能拆分的，它们相互影响，一起构成良性的心理循环，形成优势视角的服务逻辑。这种服务逻辑完全不同于传统的问题解决的逻辑，它要求我们立足当下的现实情境向前看，创建一种有意义、有成就感，也有责任感的充满希望的生活。③ 这样，我们每个人就能够成为自己生活的主角。

第五节　人际关系：双人视角与双向增能

在困境中，让我们感到困惑的可以是遭遇困难的这件事，也可以是困难处境中遭遇的人。如果关注事，我们就会思考为什么我们做了这件事，我们成了唯一的观察对象；如果关注人，我们就会注意我们在做这件事情的过程中到底遇到了谁，他们在哪里与我们的

---

① C. A. Rapp and R. J. Goscha (2006). *The Strength Model: Case Management with People with Psychiatric Disabilities* (2nd ed.). New York: Oxford University Press, p. 78.

② D. Saleebey (2006). "Introduction: Power in the People." In D. Saleebey (ed.). *The Strengths Perspective in Social Work Perspective* (4th ed., pp. 1-24). Boston: Pearson Education, p. 14.

③ Ibid., p. 1.

想法不一致,我们的观察视角因此具有了双人的特征,我们的行动尝试也就具有了双向增能的作用。

一、双人视角

设想一下,一个人在生活中遭遇困难时会怎么应对。是把周围他人作为自己的"靠山",还是合作者?关系视角下的社会工作就是探讨这个看起来似乎平常但实际上却是助人服务核心的问题,因为它发现,我们在面对困难时越把周围他人作为自己的"靠山",就越会想当然地视周围他人为自己生活的支持者,需要给我们提供帮助;否则,就会认为周围他人失责,甚至觉得我们的困难就是周围他人不肯及时提供帮助导致的。特别是如果周围他人或者专业人士也这么想,我们就为自己的这一想法找到了现实依据。这样,问题也就具有了两面性:一方面让我们感到困惑、痛苦;另一方面又让我们有了要求别人给予更多支持的理由,可以得到特别的"照顾"。显然,这种通过牺牲"没有问题"的人去满足"有问题"人的做法,尽管能够暂时帮助我们克服面临的问题,但是从长远看,它只会导致恶性循环,加剧人与人之间的冲突。①

关系视角下的社会工作在整理助人服务的理论逻辑时发现了一个有趣的现象,就是我们一直以来总是喜欢从单人视角考察人与环境的相互影响。这种想法其实首先来自弗洛伊德的精神分析理论,把个人的人格作为我们分析观察的中心。这样,环境自然成为我们寻求需求满足或者个人成长而需要适应的背景,周围他人则被"背景化",他们的想法和要求自然而然地消失在环境中,生活中也就只剩下一个需要帮助的人。② 随着20世纪七八十年代客体关系理

---

① F. Folgheraiter (2004). *Relational Social Work: Toward Networking and Society Practices.* London: Jessica Kingsley Publishers, p. 88.

② D. Miehls (2011). "Relational Theory and Social Work." In Francis J. Turner (ed.). *Social Work Treatment: Interlocking Theoretical Approaches* (5th ed., pp. 401–412). New York: Oxford University Press, p. 401.

论（object relations theory）、人际关系学派（the American interpersonal school）和主体心理学（self psychology）的兴起，学者们发现，个人在成长过程中离不开与周围他人的交流，与周围他人关系的好坏影响人的一生。孩童时，我们需要与父母交流；成年后，需要与配偶交流；进入老年，又需要与子女交流。显然，人际关系本身就是我们需求的一部分，只是很多时候这种在儿童时期形成的人际关系并没有被我们意识到。不过，一旦我们在日常生活中遭遇挑战，我们的这种人际关系需求就会发挥作用，不良的人际交往关系会加重我们的生活压力，从而导致问题的出现。① 从这个意义上说，问题其实就是人际关系不良的一种表现，只是我们更多地关注生活中的现实压力，没有看到自身在应对这种压力过程中的人际关系需求以及由此恶性循环而出现的生活困境。关系视角下的社会工作强调，尽管这种对人际关系的考察能让我们看到问题应对中人际关系产生的影响，但还是把周围他人当作留在我们身边并且为我们的成长提供单向支持的一种客体（object），视为我们自身需求获得满足的条件。② 因此，这种人际关系的考察依旧是采取一种单人视角，它只会促使我们专注于个人的感受和想法，拒绝当下生活场景的变化，不是夸大自己的要求，就是无视周围他人的感受。

为了突破我们遭遇问题时出现的这种恶性循环的困境，关系视角下的社会工作提出运用双人视角审视助人服务的要求，认为一旦我们把周围他人视为像自己一样拥有自身独特生活经验和感受能力的人，就会关注当下场景中周围他人的想法和要求，从自身单向度的观察中跳出来，转变成一种双向的交流。这样，我们就能够更好地理解当下场景中周围他人的想法和要求的不同之处，找到自己的

---

① D. Miehls (2011). "Relational Theory and Social Work." In Francis J. Turner (ed.). *Social Work Treatment: Interlocking Theoretical Approaches* (5th ed., pp. 401-412). New York: Oxford University Press, p. 402.

② E. Goldstein, D. Miehls and S. Ringel (2009). *Advanced Clinical Social Work Practice: Relational Principles and Techniques*. New York: Columbia University Press, p. 18.

位置和发展要求，与他们形成一种良性互动的互惠关系。① 我们来读一读老子《道德经》当中的一些篇章。

> 是以圣人后其身而身先，外其身而身存，非以其无私邪？故能成其私。(《道德经》第七章)

我们一旦懂得自己与周围他人是一种相互循环影响的互惠关系，就会明白之所以"后其身""外其身"，就是为了找到当下处境中往前走的发展道路，不再一味地强调自己的想法，忽视周围他人的要求。只有这样，我们才能在"无私"中看到自己的前行方向，真正做到"成其私"。显然，这种双人视角的思维方式的核心是，让我们在多个主体（周围他人）的现实生活中合理地理解自己的成长改变要求，放弃一厢情愿的想法。② 正是因为如此，协助他人解决问题也就不是一个纯粹的技术指导，而是包含对待他人方式的思维转变，从单人视角转变成双人视角。③

> 为学日益，为道日损。损之又损，以至于无为，无为而无不为。(《道德经》第四十八章)

这种双人视角的思维方式与之前单人视角的思维方式到底有什么本质不同呢？我们读一读《道德经》第四十八章，就会明白两者之间的差别。双人视角要求我们学会"日损"，在与周围他人的日常生活交流中暂时放下自己的感受和想法，听一听周围他人的诉求，这不同于单人视角总是从个人的角度出发思考怎么让自己"日益"。这样，采用双人视角，我们能够通过"日损"的过程逐渐学

---

① D. Miehls (2011). "Relational Theory and Social Work." In Francis J. Turner (ed.). *Social Work Treatment: Interlocking Theoretical Approaches* (5th ed., pp. 401–412). New York: Oxford University Press, p. 402.

② R. D. Stolorow and G. Atwood (1992). *Contexts of Being: The Intersubjective Foundations of Psychological Life*. Hillsdale: Analytic Press, p. 2.

③ E. Goldstein, D. Miehls and S. Ringel (2009). *Advanced Clinical Social Work Practice: Relational Principles and Techniques*. New York: Columbia University Press, p. 149.

会摆脱个人自我的局限和曲解，发掘个人的成长潜能。① 因此，双人视角采取的是一种"损之又损"的"无为"策略，通过"无为"实现"无不为"。简单来说，双人视角正好与单人视角相反，它需要我们放弃单人视角所含的总是希望周围他人按照自己意愿行动的掌控原则，学会运用不掌控的方式与周围他人相处。② 这样，我们的成长改变就变成了自我的运用和身份重建，不再像单人视角那样只关注自己做了什么，而是拓展自己的视野，把作为拥有自己感受和选择能力的独特主体的周围他人也纳入自己的观察范围，在关联中关注自己做了什么，放弃掌控他人的要求。③ 因此，问题解决在双人视角下具有两层意涵：解困帮扶是表，身份重建是里。其间，自我的运用和成长就成了关键，需要我们随时注意审视自己，找到不掌控的问题解决方式。④

二、互惠关系

如何才能做到这种不掌控的问题解决呢？美国纽约城市大学莱曼学院社会工作系的一位学者莎伦·弗里德伯格（Sharon Freedberg）给出了答案。她在哥伦比亚大学社会工作学院攻读博士学位期间就发现，她的老师、著名的生态系统理论倡导者卡罗尔·迈耶所推崇的生态系统服务逻辑存在问题，这种把受助者作为中心、把周围他人作为资源的看法，只会减少受助者的改变动力，加重周围他人的额外付出，导致人与人之间关系的失衡，不是增加相互关怀，而是

---

① D. Howe (2009). *A Brief Introduction to Social Work Theory*. Basingstoke: Palgrave Macmillan, p. 159.

② C. Ganzer and E. D. Ornstein (2008). "In and Out of Enactments: A Relational Perspective on the Short- and Long-term Treatment of Substance Abuse." *Clinical Social Work Journal*, 36(2): 155-164.

③ K. Wilson, G. Ruch, M. Lymbery and A. Cooper (2008). *Social Work: An Introduction to Contemporary Practice*. Harlow: Pearson Longman, pp. 7-8.

④ D. Miehls (2011). "Relational Theory and Social Work." In Francis J. Turner (ed.). *Social Work Treatment: Interlocking Theoretical Approaches* (5th ed., pp. 401-412). New York: Oxford University Press, p. 410.

阻碍相互关怀，使人与人之间的交往变成负担和牺牲，陷入恶性循环。① 之后，弗里德伯格在梳理社会工作的发展历史时认识到，社会工作一直以来就关注人与环境的关系，强调"人在情境中"，不过，直到20世纪80年代中期才吸收女性主义的人际关系中的自我理论（self-in-relation theory），作为考察人际关系的一种视角，将个人的自我放在人际关系中来理解，视为在与周围他人的互动过程中产生的，具有动态性。② 为此，我们就需要从寻求个人需求满足的弗洛伊德精神分析理论的单人视角中跳出来，学会与周围他人建立一种互惠的积极关系，分享和交流彼此不同的生活经验。③ 否则，我们就很容易陷入自己的想象，听不到周围他人的不同要求和想法，不自觉地变成以掌控的方式应对日常生活中遭遇到的问题。这样，我们的自我就会深陷于掌控与对抗的权力游戏的恶性循环，很难察觉到生活中的改变希望。④

这种互惠（mutuality）的积极关系不能简单理解成只是一种人际交往的伦理道德要求，需要我们对周围他人保持尊重和信任，实际上，它更多的是一种经验感受的方式，要求我们在与周围他人的交往中学会开放自己，不采取一种只从自己出发思考事情的单人视角的掌控方式与周围他人交流，不仅需要展现自己，更需要理解别

---

① S. Freedberg (2009). *Relational Theory for Social Work Practice: A Feminist Perspective.* New York: Routledge, p. ix.
② J. B. Miller (1991). "The Construction of Anger in Women and Men." In J. V. Jordan, A. G. Kaplan, J. B. Miller, I. P. Stiver and J. L. Surrey (eds.). *Women's Growth in Connection* (pp. 181–196). New York: Guilford Press, p. 194.
③ J. V. Jordan (1991). "Empathy, Mutuality and Therapeutic Change: Clinical Implications of a Relational Model." In J. V. Jordan, A. G. Kaplan, J. B. Miller, I. P. Stiver and J. L. Surrey (eds.). *Women's Growth in Connection* (pp. 283–290). New York: Guilford Press, p. 289.
④ J. V. Jordan (1997). "A Relational Perspective for Understanding Woman's Development." In J. V. Jordan (ed.). *Women's Growth in Diversity: More Writings from the Stone Center* (pp. 9–24). New York: Guilford Press, p. 22.

人，把我们的注意力从关注个人需求的满足转向了人际交往中的协同。① 正是在这种互惠关系提供的协同空间中，我们的自我才能够展现出来，并且同时拥有了带动周围他人改变的能力，而周围他人的改变又会拓展我们的互惠关系，为我们自我的成长创造更好的环境条件。② 这样，我们的自我就会与周围他人形成良性循环，不再陷入对自己是否拥有掌控周围他人的能力的担心，而能够体会到与周围他人协同前行的幸福感。③ 显然，只有这种关系才能给我们自我的成长改变提供现实的发展空间，让我们的自我有了尊严、信心和力量。④ 我们来参加下面的讨论，这些讨论是有关对社会支持网络作用的体验的。由于我们平时遇到困难时喜欢采用激活社会支持网络的策略，给遇到困难的人更多的帮助，因此，我们常常看到的是这种助人策略的好处。现在，我们从逆向思维的角度看一看这种助人策略的不足之处。

为受助者建立社会支持网络，这是助人服务中常见的一种服务策略。这种服务策略真的有效吗？它会给我们带来困扰吗？让我们看一看下列 10 个选项中哪些是你经历过的由这种服务策略带来的困扰：

1. 保护得越好，人就越弱；
2. 在保护中，人才觉得需要保护；

---

① J. V. Jordan (1991). "The Meaning of Mutuality." In J. V. Jordan, A. G. Kaplan, J. B. Miller, I. P. Stiver and J. L. Surrey (eds.). *Women's Growth in Connection* (pp. 81–96). New York: Guilford Press, p. 82.

② M. Hadley (2009). "Relational Theory." In J. Berzoff, L. Melano Flanagan and P. Hertz (eds.). *Inside Out and Outside In: Psychodynamic Clinical Theory and Psychopathology in Contemporary Multicultural Contexts* (pp. 205–227). New York: Jason Aronson, p. 206.

③ D. Howe (2009). *A Brief Introduction to Social Work Theory.* Basingstoke: Palgrave Macmillan, p. 180.

④ D. Miehls (2011). "Relational Theory and Social Work." In Francis J. Turner (ed.). *Social Work Treatment: Interlocking Theoretical Approaches* (5th ed., pp. 401–412). New York: Oxford University Press, p. 401.

3. 服务变成献爱心，人就被爱心所绑架；

4. 在爱心面前，人就会失去拒绝的理由；

5. 再完美的支持网络，也无法囊括生活；

6. 对于受助者是支持，对于帮助者是付出；

7. 在支持网络中，受助者和他人都在消耗资源；

8. 在接受给予的服务中，人不会对自己更有信心；

9. 在接受给予的服务中，人只会失去自己的责任心；

10. 在完善的支持面前，人只会变得懒散和没有获得感。

仔细阅读上面这10个选项，我们就会察觉到，如果仅仅关注受助者的困难，就会把助人服务简化为解困帮扶。这样，无论对于帮助者还是受助者来说，都只是一种资源的付出和消耗，导致人们陷入"帮得越多，越需要帮助"的怪圈。在这样的观察视角之下，助人服务的提供者也会不自觉地把自己的帮助看作是付出，是献爱心，既看不到受助者的改变意愿和能力，也看不到自身在其中的自我成长改变的要求。因此，关系视角下的社会工作提出互惠关系，就是希望我们把"助人"与"自助"联系起来，将受助者的个人成长也作为"助人"过程的一部分来考察，建立一种能够相互促进的互惠的积极关系。① 只有这样，助人服务中的"助人"才能真正为受助者提供成长改变的空间和机会，不至于使他们陷入掌控与反抗的权力游戏，看不到自己成长改变的希望，从而导致"助人"服务变成一种纯粹的资源消耗，反而阻碍他们自我的成长和改变。②

---

① S. Freedberg (2009). *Relational Theory for Social Work Practice: A Feminist Perspective*. New York: Routledge, pp. ix-x.

② M. Hadley (2009). "Relational Theory." In J. Berzoff, L. Melano Flanagan and P. Hertz (eds.). *Inside Out and Outside In: Psychodynamic Clinical Theory and Psychopathology in Contemporary Multicultural Contexts* (pp. 205-227). New York: Jason Aronson, p. 206.

三、自我重建

实际上,无论是受助者还是服务提供者,他们日常生活的交往都涉及两人或者多人之间的交流,关乎自我身份的界定和发展的要求。① 特别对于受助者而言,由于深陷困境,他们常常对自己的能力产生怀疑,表现为自信心不足,有时甚至会受到社会污名的影响,被贴上负面的标签,因此,可以说,受助者的成长改变过程就是自我身份的重建过程。② 它不仅涉及两人或者多人之间的积极沟通,而且涉及在无法完全预测别人的想法和变化的情况下学会合理确定自己的身份和边界,保持一种开放、关怀的态度。③ 为此,当我们在日常生活中遭遇困扰时,就不能将它简单理解成只是一种现实需求没有得到满足,而应视为我们的自我发展受到了阻碍。这样,针对我们的自我进行评估就显得尤为重要,它构成助人服务需求评估中最为核心的部分。这样的评估就不是对我们遭遇的困难以及由此产生的需求进行评估,只关注我们单个人,而需要通过遭遇的现实困难考察我们的自我状况,涉及在现实困难的遭遇中我们与谁关联、怎么关联两个层面。④ 其中,双向交流的互惠关系是我们自我潜力发挥的基础,也是实现自我身份重建的关键所在。⑤ 我们来看一看下面这个故事,注意从自我身份重建的角度理解求助者的成长改变要求。

---

① D. Miehls (2011). "Relational Theory and Social Work." In Francis J. Turner (ed.). *Social Work Treatment: Interlocking Theoretical Approaches* (5th ed., pp. 401–412). New York: Oxford University Press, p. 403.

② D. Howe (2009). *A Brief Introduction to Social Work Theory.* Basingstoke: Palgrave Macmillan, pp. 155–156.

③ S. Freedberg (2009). *Relational Theory for Social Work Practice: A Feminist Perspective.* New York: Routledge, p. 22.

④ D. Miehls (2011). "Relational Theory and Social Work." In Francis J. Turner (ed.). *Social Work Treatment: Interlocking Theoretical Approaches* (5th ed., pp. 401–412). New York: Oxford University Press, p. 404.

⑤ Ibid., p. 401.

创业者的故事

小吴一直以来自尊心很强,与父亲的关系很紧张,不喜欢父亲,因为父亲总是说他做得不好的地方。母亲不同,很疼爱小吴。为此,父母时常为小吴的事情发生争吵,父亲觉得妻子这样护着孩子会把孩子宠坏。为了证明自己,小吴离开舅舅创办的工厂开始自己创业。但是,不久,因为工作压力太大,小吴患上了精神疾病,被送往医院治疗。出院后,小吴觉得自己的病已经完全好了,不想待在家里让父亲说自己是一个"废人",向父母提出自己要继续创业。如果你是小吴的父母,同意小吴的想法吗?

面对小吴这样的自主创业要求,作为父母就会陷入两难处境:鼓励他继续自己创业,就很可能出现再次发病的情况,因为小吴目前的身体和精神状况都比平时弱;如果不鼓励他继续自己创业,又会挫败他的自尊心,加剧与父亲的对抗,影响康复。显然,作为助人服务的提供者,不能仅仅停留在对小吴疾病的考察上,而需要通过全面评估看到小吴的自我成长改变要求。这样,小吴提出的继续自己创业的要求,就需要放在人际框架下进行评估。首先,小吴目前在家庭中的互动状况是不容乐观的,与他患病前没有明显不同,这意味着即使小吴继续自己创业,家庭能够给他的支持也十分有限,他需要学会自我调整,学习寻找到新的社会支持。例如,可以把到舅舅工厂打工作为自我成长的机会。其次,从自我来看,尽管小吴感受到的压力主要来自父亲,他的自尊心因此受到了伤害,但是实际上母亲的过分溺爱也让他缺乏自我学习的机会。[①] 因此,小吴不仅要学习如何与父亲相处,还要学习如何与母亲相处,找回自我。看清楚了小吴需要学习什么之后,作为助人服务的提供者还必须让小吴了解从哪里开始自我的学习,这就要求助人服

[①] 思路参考 S. Freedberg (2009). *Relational Theory for Social Work Practice: A Feminist Perspective*. New York: Routledge, p. 26。

务的提供者协助小吴寻找目前与周围他人仍可以互惠交流的地方，如在家里试着每天整理好自己的房间，或者学一些对创业有帮助的知识，由此开始自我的学习和探索。①

有意思的是，一旦深入自我来看我们能力的改变过程，就会发现增能绝不是自己一个人能力的增加，因为单个人的增能必然引发个人与他人及环境的对抗，在发展自己的同时，也在制造发展的障碍，最终使自己的发展受限。因此，关系视角下的社会工作认为，增能一定是双向甚至多向的，涉及我们与周围他人关系的改善，意味着我们既能够以这种关系为自己的成长创造改变的条件，又能够带动这种关系的改善，从而为我们自我的成长改变提供更大的发展空间。②

四、双向增能

双向增能，是一种让所有参与者都能得到能力提升的增能方式，它要求我们把周围他人和环境也纳入考察的范围，让我们个人自我的成长改变与环境发展空间的拓展联系起来，形成一种良性影响的闭环。只有在这种闭环中，我们才能够找到自我成长改变的现实空间，学会相信自己的同时，尊重他人的不同，让自我真正拥有改变自己生活的能力和信心。③ 我们来看一看下面这个案例，思考一下如何帮助开展助人服务的小李找到残疾人的增能方式。

一起动手

社会工作者小李最近在开展一个提升社区残疾人能力的项目，他发现社区有两名爱下象棋的残疾人，于是他先找到一名热心社会公益的老师教这两名残疾人，等这两名残疾人提高了棋艺之后，再让他们教社区的儿童。对于这

---

① 思路参考 P. A. DeYoung (2003). *Relational Psychotherapy: A Primer*. New York: Brunner-Routledge, p. 4。

② S. Freedberg (2009). *Relational Theory for Social Work Practice: A Feminist Perspective*. New York: Routledge, p. 69.

③ Ibid., p. 86.

样的服务安排，小李总觉得好像与项目的增能要求有差距，但是又不知道到底缺什么。

从形式上看，小李的安排确实是"能力导向"的，他让两名爱下象棋的残疾人在提高棋艺之后指导社区的儿童下棋。但是，我们只要细想一下就会发现，这种"能力导向"的服务安排更多的是依据小李自己对"能力导向"的理解。如果换成社区的这两名爱下象棋的残疾人，他们提高了棋艺之后自己真的想教社区的儿童吗？教社区的儿童对他们的生活影响在哪里？是给他们增加了生活的负担，还是减少了生活的负担？如果增加了生活的负担，这样的服务安排就与项目的增能目标相反。即使这样的项目安排减少了两名残疾人的生活负担，我们也需要了解减少在哪里，避免过度的任务要求致使原本可以减少生活负担的安排反而增加了生活负担。因此，关系视角下的社会工作所说的增能不是传统理解的个人能力的增加，而是我们自我的能力提升，直接关乎我们与周围他人互动关系的改善，涉及良性的闭环的培育。这就要求我们学会与周围他人"一起动手"来解决面临的生活困难，创造一种互惠的人际协同空间，而绝不只是个人能力的展现。[①] 这样，放弃证明自己也就成为实现"一起动手"的最好方式，因为一旦我们想证明自己，就会不自觉地只想看到自己强的那一面，盯着别人弱的方面，最终与现实生活的要求脱节，出现越想证明越无法证明的怪圈。[②]

显然，我们自我的成长改变只可能发生在人际协同空间中，这种拥有成长希望的空间既不存在于个人自己，也不存在于周围他人，而是存在于个人与周围他人交往所形成的互惠的积极关系中。[③] 为

[①] S. Freedberg (2009). *Relational Theory for Social Work Practice: A Feminist Perspective*. New York: Routledge, p. 87.

[②] Ibid., p. 69.

[③] D. Miehls (2011). "Relational Theory and Social Work." In Francis J. Turner (ed.). *Social Work Treatment: Interlocking Theoretical Approaches* (5th ed., pp. 401–412). New York: Oxford University Press, p. 405.

此，我们需要学会一种人际协同的思维方式，也就是除了关注自己怎么做，还需要留出空间关注周围他人怎么做，找到一种不是相互抵消而是能够相互促进的协同方式，由此，我们才能够增强个人自我在生活中的应对能力，增加生活改变的信心和希望。① 其中，如何面对生活中那些不随自己意愿出现的不确定因素，也就成为拓展这种人际协同空间的关键。只要我们关注周围他人怎么做，就会发现这些因素无法掌控，每个人做事情的方式都不一样，我们可能随时面对周围他人与自己的不同之处，如果这个时候我们因为害怕不同而过分强调自己的理由，或者忽视彼此的差别，就会与周围他人的成长改变要求发生对抗，最终不是扩展而是失去自我成长改变的发展空间。② 因此，可以说，放弃对周围他人的掌控，腾出一些成长改变的空间给周围他人，也就是给自己扩展了成长改变的空间。我们来看一看如何在人际交往中腾出自我成长改变的空间。

0.5 原则

吴先生是热衷志愿服务的老公益人，他告诉那些年轻志愿者，志愿服务的一个诀窍就是 0.5 原则。他说，他曾经去过一家疗养院，里面住着一些精神疾病患者。他看到这些患者平时有很多空闲的时间无法打发，就做了一个小调查，询问这些患者在空闲时想看些什么，发现他们需要 100 册左右不同内容的图书。了解患者的这些要求之后，吴先生通过募捐得到了 300 多册图书。吴先生问年轻的志愿者给这家疗养院捐赠多少册图书合适。300 册？100 册？还是其他数量？吴先生最后捐赠给这家疗养院 60 册图书。他说，如果捐赠给疗养院 300 册图书，患者就不会珍

---

① E. Goldstein, D. Miehls and S. Ringel (2009). *Advanced Clinical Social Work Practice: Relational Principles and Techniques.* New York: Columbia University Press, p. 15.

② S. Freedberg (2009). *Relational Theory for Social Work Practice: A Feminist Perspective.* New York: Routledge, pp. 35-36.

惜；如果捐赠 100 册，患者只会把读书当作消遣；如果仅仅捐赠 60 册，就意味着这些患者需要相互协作，有次序地借阅。吴先生强调，这样的捐赠才不仅是图书的捐赠，同时也提供了学习成长的空间，让受助者学会协作才是公益的本质。吴先生把这些书送到了疗养院，疗养院要求各病区的护士来负责图书的借阅。不过，吴先生没有同意，他邀请那些康复比较好的患者来负责图书的借阅，让护士来协助他们。吴先生给出的理由是，这既然是患者愿意做的事，就需要由他们自己来负责，做不到的才可以寻求别人的帮助。吴先生认为，替别人做只是做事，协助别人做才是给别人尊严，需要公益人学习。一个月之后，疗养院的 60 册图书读得差不多了，患者提出能不能有更多更有意思的图书。吴先生问年轻的志愿者接下来该怎么办。把募捐到的剩余图书都捐赠给这家疗养院吗？吴先生没有这样做，他在疗养院内组织了一场募捐活动，倡导医生、护士和患者的家属把家里多余的有趣的图书捐出来，为疗养院的患者提供更多的学习机会。吴先生相信，生活中最有力量的改变来自自己和身边的人，真正的公益是公益的心，应当让每个人都成为"0.5 公益人"。为此，吴先生在疗养院募捐了图书之后，根据患者的学习兴趣组织了几个学习小组，让热心的护士和医生也参与其中，一起成为"0.5 公益人"。

如果"0"代表只顾自己，"1"代表替代别人，那么我们自我的成长改变空间就在"0"与"1"之间。过多的给予只会让别人失去自我，自己成为别人的替代，从而也让自己的自我失去成长改变的空间；同样，过度保护自己，不给别人留出成长改变的空间，自己也会因此丢失自我成长改变的空间。因此，"0.5"才是真正能够带动我们走出自我封闭困境的现实生活空间，在这一空间中，我们既能够尊重别人的自我,也能够尊重自己的自我,让自己的生活有尊严感。① 不过,这样的自我成长改变空间也意味着我们在现实生活中需要一种独特的理性,这种理性不仅能让我们看到像"0.5"这样的互惠的人际成长改变空间,而且能够对周围他人保持一种像"0.5"这样的关怀能力,在尊重周围他人成长改变要求的同时,不丢失自己的自我成长改变空间。②

一旦与周围他人发生冲突,我们就需要学会自我保护,运用人际最小损害原则去处理,避免人际的恶性循环。③ 我们来练习一下"人际最小损害六步法"。

人际最小损害六步法

第一步,把最近一周烦到自己的事情列出来,选出其中"最烦人的";

第二步,逐条列出"最烦人的"理由;

第三步,对照"最烦人的"理由,相应写出自己可以做的事情;

第四步,逐步安排自己可以做的事情;

第五步,对内心时常出现的担心(或者不满的情绪)和顽固"念头"大声说"我管我,它管它";

第六步,深呼吸,继续做好自己可以做的事情。

显然,人际交往成了我们的自我赖以生存和发展的现实空间。我们的自我只有找到了这种成长改变的人际空间,才会具有发挥自己潜能的现实生活条件,在提升自身能力的同时带动积极人际关系

---

① D. Miehls (2011). "Relational Theory and Social Work." In Francis J. Turner (ed.). *Social Work Treatment: Interlocking Theoretical Approaches* (5th ed., pp. 401–412). New York: Oxford University Press, p. 405.

② S. Freedberg (2009). *Relational Theory for Social Work Practice: A Feminist Perspective*. New York: Routledge, p. 87.

③ Ibid., pp. 89–90.

的建设，实现人际交往中的双向增能。① 为此，人际交往中的边界管理（boundary management）就显得非常重要，成为我们日常生活中体验和提升自我能力的必修课，它要求我们在人际交往中具有自觉意识（self-awareness），随时提醒自己人际交往的边界：在呈现自己的成长改变要求的同时，注意倾听别人的不同想法；在了解别人的不同想法之后，分享自己的不同感受。② 这样做可以帮助我们避免出现失去自我的两种极端情况：或者情感过分投入，看不到自己与别人的差别；或者情感过分疏离，只看到自己与别人的不同之处。③ 这样，伴随着自觉，我们的自我反思（self-reflection）也变得非常重要，成为我们保障人际交往边界管理的重要方式。④ 它要求我们学会运用人际框架对自己的行动尝试经验进行反思，了解这样的行动尝试是否真的能够带动一种互惠的积极人际关系的建设，从而通过有效的行动尝试推动自我能力的提升，不再仅仅局限于传统的实际问题解决的考察。⑤

通过引入双人视角，关系视角下的社会工作让助人服务有了一种独特的人际框架，帮助我们重新找回日常生活中的自我及自我成长改变的互惠的人际协同空间，其目的就是树立一种一起成长（power with）的生活理念，让问题解决过程能够融入我们的日常，使我们真正过上一种有尊严的生活。⑥ 这才是助人的核心，也是生活的本质。

---

① D. Miehls (2011). "Relational Theory and Social Work." In Francis J. Turner (ed.). *Social Work Treatment: Interlocking Theoretical Approaches* (5th ed., pp. 401–412). New York: Oxford University Press, pp. 408–409.

② S. Freedberg (2009). *Relational Theory for Social Work Practice: A Feminist Perspective*. New York: Routledge, p. 54.

③ Ibid., p. 59.

④ D. Howe (1993). *On Being a Client: Understanding the Process of Counseling and Psychotherapy*. London: Sage, p. 171.

⑤ D. Miehls (2011). "Relational Theory and Social Work." In Francis J. Turner (ed.). *Social Work Treatment: Interlocking Theoretical Approaches* (5th ed.pp. 401–412). New York: Oxford University Press, p. 406.

⑥ S. Freedberg (2009). *Relational Theory for Social Work Practice: A Feminist Perspective*. New York: Routledge, p. xiii.

第四章

成长需要协同

人的成长改变离不开对现实社会处境的了解，以及对局限的超越。我们不仅可以通过意识提升学会运用增能视角和批判视角，而且能够直面现实的差异化生活，在生命历程中找到与他人协同成长的社会身份。

当我们满怀热情踏上自己的生活旅途时，年长者总会用慈祥的目光看着我们，叮嘱我们，谋事在人成事在天，凡事不可勉强；当我们在生活的困顿中逐渐失去希望，内心出现放弃的念头时，年长者就会用平和的语气提醒我们，塞翁失马焉知非福，再糟糕的事情都有转机。生活就是这样，需要协同，给别人留出空间，就是给自己留出空间，抓得过紧，只会流失得更快。当熬过艰难回过头来再看生活时，我们就会发现，它依旧那么美，那么可爱。

第一节 增能视角：意识提升与行动反思

小时候我们总希望时间可以过得快一些，这样我们就能早点长大成人；大了之后我们又希望时间可以过得慢一些，这样我们就能细细品味生活的美妙。生活似乎总是在不经意之间悄悄流逝，让我们内心多了一些惆怅，少了几分会心的微笑。不是我们不希望改变，也不是我们不能改变，而是我们总把改变的希望放在明天，放在远方，不知道生活就在此时此刻的当下。

一、生活掌控

想象一下，我们遇到问题时通常会感受到些什么。不仅没有能力应对眼前的困难，让我们感到自身的能力存在不足，而且常常在能力不足中掺杂着深深的无力感，觉得自己的生活不由自己掌控，看不到自己可以努力的方向，也因此对生活没了信心和希望。在生活困难面前这种无法控制的感受，就是增能视角希望解决的问题。增能视角发现，一旦我们觉得自己无论怎样努力对结果都没有任何影响的时候，或者觉得自己的努力在环境影响面前微不足道的时候，就会自然而然地选择放弃努力，进而陷入"无法控制"的恶性循环：越觉得生活"无法控制"，就越不愿意付出努力；越不愿意付出努力，就越觉得生活"无法控制"。① 显然，这个时候，借助传统的问题解决方式处理面临的问题，就会收效甚微，我们需要另一种可以减少"无法控制"感的服务，这种服务被增能视角称为增能服务，它让我们在"无法控制"的生活困境面前重新拥有了改变的力量和信心，找到了自己可以努力的方向，成为生活的主动参与者和改变者。②

在寻找新的方法帮助受助者减少这种生活不由自己控制的无力感的过程中，有一位重要的美国学者朱迪斯·李（Judith Lee），她是美国哥伦比亚大学社会工作学院的一名教师。由于受该学院一直强调的生态系统视角的影响，她发现，人与环境是两个完全不同的系统，不仅人影响环境，而且环境也在影响人，因而，人的成长改变就不只是个人能力的调整和增长那么简单，同时还涉及对不断变化的环境的理解以及自己在其中所能发挥的作用的把握，要让自己在不断变化的环境面前不再觉得"无能为力"。③ 正是在这样的人与环境相互循环影响的生态系统视角之下，朱迪斯·李开始探索另一种完全不同于传统的问题解决的服务模式，她称之为增能社会工作，一种能够真正帮助受助者提升对生活掌控能力的服务模式。④ 有了这样的生态系统视角作为基础，朱迪斯·李对人与环境相互影响的动态关系做了进一步延伸，认为在日常生活中，我们所处的实际

---

① J. G. Barber (1991). *Beyond Casework*. London: BASW/Macmillan, p. 38.
② R. Adams (1996). *Social Work and Empowerment* (2nd ed.). London: Macmillan, p. 63.
③ J. A. B. Lee (1989). "An Ecological View of Aging: Luisa's Plight." *Journal of Gerontological Social Work*, 14(1–2): 175–190.
④ J. A. B. Lee (2001). *The Empowerment Approach to Social Work Practice: Building the Beloved Community* (2nd ed.). New York: Columbia University Press, p. xv.

环境并不是"纯天然"的生态环境,而是由不同类型的人组成的社会环境,它有自身运行的结构,这种社会结构既影响人,也影响环境。因此,从社会结构来看,人是社会结构中的一分子,同时人又在影响着环境,改变着社会结构。这样,人对外部环境的应对能力的增强也就表现为两个层面:环境中的生态关系层面和社会结构层面。社会结构层面的影响是生态关系层面影响的进一步深入。[1]

有了这种有机结合生态关系与社会结构的观察视角之后,朱迪斯·李重新回顾了西方社会工作的发展历程,她发现这种注重提升我们生活掌控能力的增能视角在19世纪末社会工作出现的时候就已经存在了,而且一直伴随整个社会工作的发展历程。在社会工作开创初期,简·亚当斯(Jane Addams)领导的睦邻友好运动及之后由美国黑人妇女组织的妇女俱乐部,就是通过社区中的交流平台促进个人参与社会层面的改善。[2] 即使是在社会工作最关注个人心理层面改变的20世纪20年代至60年代,仍有学者把针对一群人的小组工作与社会问题教育和社会行动结合起来,以挑战和改善社会生活中存在的歧视和不公正现象[3];有学者甚至直接将个人心理层面的改变与关涉社会层面改变的社会改革视角联系起来,主张个人不是环境的被动适应者,而是环境改变的主动创造者[4]。到了20世纪70年代,美国黑人在社会生活中的隔离状况让黑人学者深深体会到,美国黑人在面对现实生活挑战时普遍存在无力感(powerlessness)。为此,巴巴拉·索罗门(Barbara Solomon)第一次正式提出增能社会工作实践的概念,她希望能够改变传统的问题解决的服务策略,把

---

[1] J. A. B. Lee (1996). "The Empowerment Approach to Social Work Practice." In Francis J. Turner (ed.). *Social Work Treatment: Interlocking Theoretical Approaches* (4th ed., pp. 218–249). New York: Free Press, p. 220.

[2] Ibid., p. 221.

[3] Ben-Zion Shapiro (1991). "Social Action, the Group and Society." *Social Work with Groups*, 14(3/4): 7–22.

[4] B. Reynolds (1964). *An Uncharted Journey: Fifty Years of Growth in Social Work*. Hebron: Practitioner's Press, p. 184.

社会工作服务的焦点锁定在消除人的无力感上，直接针对社会体制中的资源分配不公开展服务，强调不是我们没有能力，而是我们觉得自己没有能力，这才是我们成长改变的核心，也是社会改变的核心。① 进入20世纪80年代，在残疾人权利运动（the disabled movement）、服务使用者运动（the service-user movement）等民权运动的启发下，有些学者发现，享有平等的机会是每个人的权利，需要我们共同努力来维护。② 由此，我们也能够察觉到，社会环境不同于生态环境，受到特定处境中的制度和文化的影响，具有一定的社会结构。③ 这样，对社会工作而言，个人层面的临床考察也就需要与社会层面的资源分配结合起来，在现实生活处境中寻找改变的路径，真正让我们感觉到自己是有能力掌控自己的生活的，并愿意为之付出努力。④

显然，这种增能式的成长改变不同于传统的问题解决，首先需要改变的是我们对待环境的态度。我们必须学会面对现实生活中的资源分配不公平现象，找到可以挑战和改变这种社会不公平现象的途径，从而重新审视自己的位置和能力，让自己在现实生活面前不再是受助者，只能被动地等待专家给予问题解决的指导和培训，而是自己所面对的现实问题的解决者，学会运用更有效的方式予以应对。由此，对现实生活处境中存在的社会不公平现象的发现、命名、直面和挑战，就成为我们增能的关键，正是借助这样的发现和命名过程，我们的成长改变动力才能从"由外向内"转变成"由内向

---

① B. B. Solomon (1976). *Black Empowerment: Social Work in Oppressed Communities*. New York: Columbia University Press, p. 127.

② R. Adams (1996). *Social Work and Empowerment* (2nd ed.). London: Macmillan, p. 16.

③ Ibid., p. 184.

④ H. Northen (1994). *Clinical Social Work* (2nd ed.). New York: Columbia University Press, p. 2.

外"。① 我们来看一看一位有着多年助人服务经验的社会工作者的困惑。

人真的能自决吗?

小王是一位具有多年助人服务经验的社会工作者,也是一家社会工作服务机构多个服务项目的主管,她在带领年轻社工开展助人服务时发现,社会工作与心理辅导(心理治疗)不同,走的是一条反弗洛伊德的"问题去个人化"(de-individualize the problem)的服务路线,强调在现实的社会处境中促进个人的改变,增强个人的自决。然后,现实情况与社工的想象不同,在生活中总是需要面对这样那样的控制和管理的要求,去做不喜欢而又不得不做的事情,让人觉得很无奈,也很失望,就连身为社工项目主管的她也要随时"迎合"服务合作方、服务评估方等不同利益相关方的各种要求,甚至有的要求还相互矛盾,让她不知所措,有一种无力感。

小王的这种无力感,在很多从事公益助人服务的人身上都有一些,只是程度有所不同。这种无力感,对于深陷困境的受助者来说,就更为明显。面对这样的困境,怎样才能实现"由内向外"的增能式成长改变呢?在实际生活中,我们之所以遇到困难,就是觉得自己没有力量,在现实生活面前不知道自己可以做什么,而增能式的成长改变又需要我们觉得自己有力量,能够改变现实生活。这听起来似乎是矛盾的事,然而,正是这种矛盾让增能社会工作有了完全不同的服务视角和服务要求。这种服务的出发点就不是界定问题,而是找到看似不可改变中的可改变之处,让我们对生活可控的

---

① J. A. B. Lee (1996). "The Empowerment Approach to Social Work Practice." In Francis J. Turner (ed.). *Social Work Treatment: Interlocking Theoretical Approaches* (4th ed., pp. 218–249). New York: Free Press, p. 220.

意识得到提升（consciousness-raising），从而增强我们参与生活的主动性；这种服务的焦点也不再是问题解决，而是在解决问题中学会行动反思，增强自决的能力。① 因此，对于增能式的成长改变来说，并不是要否认在现实生活中"需要面对这样那样的控制和管理的要求"，恰恰相反，是要学会应对这些生活限制，并在这些生活限制中找到可改变之处。一旦我们否认现实生活的条件限制，也就无法发现现实生活中的可改变之处。为此，对现实生活条件背后的资源分配不公平现象的考察就变得非常重要，这是为了找到现实生活限制之中的可改变之处，它需要我们跳出个人的视角，学会从个人与环境相联系的横向的生态视角、纵向的历史视角，以及深度的社会视角，审视我们遭遇到的困境。此时的成长改变，就不局限于个人问题解决能力的提升，还包括有着相同遭遇的人们之间的"抱团取暖"以及资源公平分配的争取，它涉及个人、人际和社会多个层面的生活状况的改善。最为重要的是，在这种改变过程中，我们自己成了这种现实生活状况改变的推动者和掌控者，在不可改变的现实生活面前看到了自己可以为之努力并且可以带来改变的地方。②

二、意识提升

显然，只有增强我们的掌控感，才能让我们真正体会到自己的成长改变，助人服务因此也不再是外部的给予，而是内部的增能。这样，个人的成长改变就不再是个人的事情，而是关涉个人在与环境互动过程中对于可改变之处的识别、尝试和实现；同样，社会状况的改善也不再是社会的事情，而是涉及社会在与个人互动过程中对于个人可改变之处的呈现、推动和促成。尽管从形式上看，个人的改变与社会的改善完全是两个层面的变化，可以明确区分开

---

① J. A. B. Lee (1996). "The Empowerment Approach to Social Work Practice." In Francis J. Turner (ed.). *Social Work Treatment: Interlocking Theoretical Approaches* (4th ed., pp. 218-249). New York: Free Press, p. 225.

② Ibid., p. 220.

来，但是在增能的视角下，两者不仅需要衔接起来，而且需要融合成一体，围绕着个人对环境的掌控能力的提升。① 有意思的是，一旦助人服务的焦点放在了个人对环境的掌控能力上，寻找困境中可改变之处的环境批判意识就成为我们增能的关键，因为只有借助这种审视自己处境的环境批判意识，我们才能将个人层面的改变与社会层面的改善融合起来。②

这样，环境批判意识的提升能够帮助我们找到困境中的可改变之处，而通过寻找困境中的可改变之处又能够增强我们对生活的掌控能力，两者相互促进，形成我们成长改变的闭环。③ 因此，意识提升就被视为增能服务的核心，它不同于我们通常所说的认知改变，而是具有三个方面的特征：（1）它是我们的一种内省能力，要借助"行动—反思"的方式才能够实现，是我们对自己的行动进行反思后的结果。④（2）它是我们的一种自觉能力，是对自己经验中有关社会事实的曲解或者忽视部分的自我察觉，让我们的观察视角得到拓展，能够帮助我们从新的观察视角理解自己与环境的关系。⑤（3）它是我们的一种自我调整能力，不仅能够帮助我们看到困境中的可改变之处，而且能够帮助我们了解自己所处的位置，舒缓自己内心的不安，承担起成长改变的个人责任。⑥ 简单来说，认知改变是我们看法的转变，是个人心理的变化，而意识提升则是我们观察视角

---

① J. A. B. Lee (1996). "The Empowerment Approach to Social Work Practice." In Francis J. Turner (ed.). *Social Work Treatment: Interlocking Theoretical Approaches* (4th ed., pp. 218-249). New York: Free Press, p. 219.

② J. A. B. Lee (2001). *The Empowerment Approach to Social Work Practice: Building the Beloved Community* (2nd ed.). New York: Columbia University Press, p. 52.

③ J. A. B. Lee (1996). "The Empowerment Approach to Social Work Practice." In Francis J. Turner (ed.). *Social Work Treatment: Interlocking Theoretical Approaches* (4th ed., pp. 218-249). New York: Free Press, p. 225.

④ Ibid., p. 229.

⑤ Ibid., p. 225.

⑥ L. Gutiérrez (1990). "Working with Women of Color: An Empowerment Perspective." *Social Work*, 35(1): 149-155.

的拓展，是个人与环境关系的调整。下面，我们来看一看怎样才能做到意识提升。

例外原则

小李是一名很有爱心也非常喜欢参加公益服务的大学生，他在"结对帮扶""大手拉小手""节日送温暖"等困难人群帮扶活动中发现，这些困难人士"很固执"，缺乏改变的动力，其中不少人只是把公益服务当作获取"特殊照顾"的机会，而公益爱心人士很多时候也只是强调"献爱心"和"付出"。这样，困难人群的"固执"和不改变就成了公益爱心人士"付出"的条件，两者相互影响、相互印证，形成"越帮越需要"的公益怪圈。小李找到从事公益服务多年的老王，咨询这个令他困扰的问题。

老王分享了自己的经验，他问小李：如果你遇到一位总是觉得孩子不够努力而且不停抱怨的母亲，你会怎么做？是劝她不要抱怨，还是帮助她教育好孩子？劝她不要抱怨，可她确实觉得孩子不够努力；帮助她教育好孩子，正好证明孩子不够努力，她抱怨的是对的。这两种做法都不可能让孩子的母亲发现自己需要改变的地方，调动孩子母亲自身的改变动力。老王向小李解释说，我们只看到自己想看到的，就会对自己的想法更为"固执"，除非是有例外，我们才能看到被自己忽视或者曲解的想法，产生改变的动力。因此，作为公益爱心人士，就需要学会运用例外原则，问孩子的母亲："你这样抱怨孩子，不就是希望孩子努力一些吗？既然这样，我们和孩子一起来看一看在哪些方面可以做一些努力吧。"只有将这些对抗、疏离甚至失望的感受剥去，让我们看到自己的爱心，才能学会生活的陪伴。

显然，意识提升改变的是我们的自我，它需要我们转换到另一个不同的角度审视自己和周围他人，修补被自己忽视或者曲解的内容，让我们的自我少一点对抗、多一些包容，这样我们才能够看到前行的方向。① 因此，例外原则就成为助人服务的重要手法，它不是帮助我们寻找例外的经历，在阻碍中看到成功的经验②，而是帮助我们跳出目前经验的限制，发掘困境中的可改变之处。正是借助这样的例外原则，我们才能够将注意的焦点锁定在自我上，走出助人服务的"生物化"怪圈，不再以人的生物性作为我们成长改变的动力基础，也不再只是关注个人问题解决能力的提升，而始终把自己放在特定的生活场景中，看到我们的自我在其中发挥的作用，培养我们在特定生活场景中寻求成长改变的自主性和自决能力，使我们的成长改变具有现实感和掌控感。③

三、场景思维

一旦自我成了助人服务的关注焦点，就需要我们把个人的改变与环境的改善联系起来，因为任何个人的自我脱离了现实环境，也就失去了成长改变的条件；一旦我们过度强调环境的重要性，使环境的改善脱离了我们的自我，环境就会缺乏活力，丢失改变的动力。④ 就像一粒种子，只有把它放到土壤中，让它有自己的生长环境，才能生根、发芽，才有了生命力，如果把两者分开，种子依旧是种子，土壤依旧是土壤，两者都不会有生命力。增能视角之所以

---

① J. A. B. Lee (2001). *The Empowerment Approach to Social Work Practice: Building the Beloved Community* (2nd ed.). New York: Columbia University Press, p. 35.

② 寻找例外经验是寻解导向治疗(solution-focused therapy)模式常用的重要技术之一，详见 M. Y. Lee (2011). "Solution-Focused Theory." In Francis J. Turner (ed.). *Social Work Treatment: Interlocking Theoretical Approaches* (5th ed., pp. 460–476). New York: Oxford University Press, p. 461。

③ R. B. Pernell (1986). "Empowerment and Social Group Work." In Marvin Parnes (ed.). *Innovations in Social Group Work* (pp. 107–118). New York: Haworth Press, p. 111.

④ R. Adams (1996). *Social Work and Empowerment* (2nd ed.). London: Macmillan, p. 8.

把提升自我掌控能力作为助人服务的核心,是因为它看到传统的注重个人问题解决的直线思维不管环境改善的诉求,而传统的关注社会问题解决的全景思维又不顾个人改变的要求,导致助人服务只有"助人"的过程,缺少了推动我们自我成长改变的"自助"内容。因此,增能视角推崇的是一种介于个人与环境两者之间的成长改变线路,能够将个人改变与环境改善紧密结合起来。这就需要一种场景思维方式,把场景视为生命成长之处,让我们的自我扎根于自己生活的现实环境,找到自己可以成长改变之处,从而使自己的改变与环境的改善形成相互积极影响的良性闭环。这样,我们就能够在现实生活中培养出一种更为积极主动、更有力量的社会身份。① 我们来看一看助人服务的三种思维方式之间的差异和联系。

直线思维	全景思维	场景思维
个人 ——→ 环境	个人 ←—— 环境	个人 ⇌ 环境

三种助人服务思维方式

显然,直线思维注重个人目标的实现,强调个人的主动性和能力的提升。这种思维方式只看到个人对环境的影响,忽视了环境同样会影响个人改变的现实。全景思维关注环境的改善,推崇机会均等和条件均等。这种思维方式只注重环境对个人的影响,却忽视了个人同样能够影响环境。与前两种思维方式不同,场景思维既注重个人对环境的影响,也注重环境对个人的作用,它关注我们如何在这种循环影响中找到一种积极的互动方式,避免"只见树木,不见森林"。这就要求我们跳出个人的视野,把环境对自己的影响也作为个人行动选择的重要依据,学会寻找能够给环境带来积极改变的个人发展目标。这样,我们在实现个人目标收获个人成长改变的同

---

① J. A. B. Lee (1996). "The Empowerment Approach to Social Work Practice." In Francis J. Turner (ed.). *Social Work Treatment: Interlocking Theoretical Approaches* (4th ed., pp. 218-249). New York: Free Press, p. 229.

时，也在改善环境，为自己的成长改变创造更好的支持条件，而环境的改善又能为我们的成长改变提供更大的发展空间，使我们的自我拥有不断寻求成长改变的生命力。场景思维这种双向循环影响的逻辑就是增能视角所说的增能，它让我们不仅有了个人成长改变的目标，而且有了支持自己成长改变的环境，是我们学会赋予自己改变力量的过程。

因此，有效的助人服务就不是给予和指导这种单方面施加影响的过程，而是需要我们关注自己的成长环境，学会与自己的成长环境交流，并且能够从中找到自己成长改变目标的培力过程，就像春天播种，种子在土壤中才能获得生命力。这样，我们与自己生长环境之间的对话就变得非常重要，它不是简单的信息交流，而是我们学会静下心来倾听周围环境的要求，拓展自己的视野，并且学习重新理解生活现实的过程。[1] 正是有了这样的对话，我们才能够跳出自己的观察视角，看到环境对自己的影响，从中找到能够给环境带来积极影响的个人成长改变的目标，逐渐消除自己在生活困境中的无力感，重新找回对生活的掌控。[2] 显然，传统的问题解决模式只注重问题解决的"助人"过程，它是无法帮助我们找回对生活的掌控感的，而且很多时候结果正好相反，我们越关注问题解决，也就越担心生活失控。因为这种问题解决的助人服务缺少了人与环境对话这一重要环节，它不是让我们去了解环境的要求和变化，看清楚自己所处的位置，从而能够准确理解和命名现实的处境，找到自己的成长改变空间，而是让我们深陷预先设计好的目标，不去转化角色理会环境的变化，这样做最终会使我们失去重新审视生活和建构生活的机会。[3]

---

[1] R. Adams (1996). *Social Work and Empowerment* (2nd ed.). London: Macmillan, p. 60.

[2] Ibid., p. 11.

[3] Ibid., p. 61.

四、双向行动反思

在增能视角看来,生活远比我们想的复杂、生动,如果我们喜欢站在自己的角度理解环境的变化,就会不自觉地把环境简单化,甚至还会陷入"越看越像"的自我印证,逐渐失去对现实生活的掌控,形成我们常说的自我防卫机制,以避免自己受到进一步的伤害。这样,我们因为担心自己受到别人的指责,就会有意地寻找环境的不足,强调客观条件的重要性。有意思的是,如果遇到问题,我们首先不去分析问题到底是什么、它是由什么原因造成的,而是去关注怎么做、什么行动有成效,情况就会大不一样。此时,我们就能体会到生活的复杂,与自己预先设想的不同,就会有目的地做一些让步,把自己的精力腾出一些来放在对环境的考察上,让自己具有调整自身观察视角的自觉能力。① 显然,我们的这种自觉能力只有借助行动反思才能得到提升,因为行动反思不仅让我们去包容生活的复杂性和变动性,而且同时让我们看到改变的可能性和现实性,从而使我们拥有在特定场景中自我决定和自我行动的能力,以及随着场景变化而变化的因时而动的能力。②

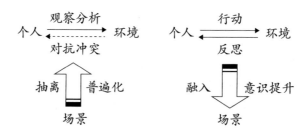

从单向的观察分析到双向的行动反思

---

① R. Adams (1996). *Social Work and Empowerment* (2nd ed.). London: Macmillan, p. 39.

② B. L. Simon (1990). "Rethinking Empowerment." *Journal of Progressive Human Services*, 1(1): 27–39.

通过两者的比较就会发现，观察分析是一种人与环境之间的单向交流，相互之间很容易形成对抗，我们越固执于自己的想法，就越不愿意看到环境的变化，对环境的忽视越明显，与环境的冲突也就越严重。行动反思则不同，是一种人与环境之间的双向交流，它能够让那些被忽视的环境要求呈现出来，从而促使我们根据环境的变化调整自己，深入了解环境背后的现实处境，在这种现实的场景中将我们个人的成长改变与环境的改善结合起来。这样，我们就能够通过行动反思在个人体验中不断重新组织自己的生活经验：一方面，增强自己在现实场景中的自决和行动能力；另一方面，拓展自己对现实场景的观察视角，提升自己的意识水平。可以说，行动反思的能力反映的是我们自我增能的深度，表明我们个人的自我决定和自我行动的状况，而意识提升则反映的是我们自我增能的广度，表明我们参与和影响社会生活的状况。值得注意的是，尽管行动反思从字面上看没有直接联系到观察分析，但是这不代表行动反思不需要观察分析，实际上，行动反思也注重观察分析，只是它所强调的观察分析不是站在生活之外的"专家式"的静态观察分析，更不是制约我们行动的"自说自话"的观察分析，而是注重提升我们行动能力的观察分析。这样的观察分析需要放在行动之中或者行动之后，也就是在现实的生活体验中考察如何提升人们的行动能力，这是一种融入了反思元素的观察分析，它能够帮助我们改变只说不做这种失去生活掌控能力的现象，促使我们重新找回对生活的掌控感。[1]

为了区分这种能够给我们带来增能感受的行动反思，增能视角引入了反身性行动（reflexive activity）这一重要概念，强调增能视角所说的行动反思不是通过行动成效查看了解自己的预期目标是否实现，因为这样的反思仍旧只看自己想看的，而是经由行动成效查看

---

[1] R. Adams (1996). *Social Work and Empowerment* (2nd ed.). London: Macmillan, p. 39.

了解针对自己希望解决的问题是否有其他不同的理解。这样，我们就需要具有在行动中反观自己处境的能力，明了自己到底处于什么位置、与周围他人到底有什么差别。① 显然，这种增能式的行动反思就不是个人技术层面的反思，它要求我们将自己的行动与自己的生活处境以及影响生活处境的社会结构联系起来。② 只有通过这样的行动反思，我们才能够转变自己的社会身份，让自己拥有改变环境的能力，增加自己的生活掌控感，使自己真正实现增能。③

简单来说，增能式的行动反思具有三个要点：一是关注行动，让我们拥有了与环境联结的能力；二是关注成效，让我们拥有了反思行动的能力；三是关注社会身份，让我们拥有了影响社会环境的能力。显然，这样的行动反思，说到底，是要调动我们的学习能力，让我们成为主动的学习者。这种行动反思不同于问题解决模式的技能学习，不是一种"由上而下"的标准化程序的学习，而是一种"由下而上"的经验学习，需要一边做一边学，是特定场景中的做中学，它具有两个重要的特点。一是能够让我们看到自己在生活改变中的作用，逐渐认识到自己的力量，从而促使我们从一种被动的学习转变成主动的学习，成为自己生活的改变者，学会主动寻找现实生活中的改变机会；二是能够让我们看到周围他人的生活安排对自己的影响，学习倾听周围他人的要求，增强自己与周围他人一起建构生活的能力，使我们拥有因时而变的终身学习能力。④ 只有通过这样的行动反思，我们的主动学习和终身学习的能力才能被唤醒，我们的改变动力才能从输入式转变成内生式，真正实现"助人自助"。

---

① B. L. Simon (1990). "Rethinking Empowerment." *Journal of Progressive Human Services*, 1(1): 27-39.

② J. A. B. Lee (2001). *The Empowerment Approach to Social Work Practice: Building the Beloved Community* (2nd ed.). New York: Columbia University Press, p. 35.

③ J. A. B. Lee (1996). "The Empowerment Approach to Social Work Practice." In Francis J. Turner (ed.). *Social Work Treatment: Interlocking Theoretical Approaches* (4th ed., pp. 218-249). New York: Free Press, p. 231.

④ R. Adams (1996). *Social Work and Empowerment* (2nd ed.). London: Macmillan, p. 41.

五、重命名

要学会这种增能式的学习方式，我们需要把自己的行动经验作为生活改变的起点，看作是第一位的，也就是首先关注自己的行动经验，学会"向下看"，转变总是把目标是否实现作为第一位的这种"向上看"的问题解决模式的技能学习方式。有了行动经验作为基础，我们的观察分析也就具有了反思的元素，我们由此拥有了主动寻求成长改变的能力。[①] 这样，学会对自己的行动经验进行重命名，看到生活困境中的可改变之处，就成为我们在困境中求得成长改变的关键；否则，我们又会陷入之前的经验，看到的依旧是困境中的问题和困难。因此，增能视角所说的重命名，既不是从积极的角度给我们的问题重新命名，让我们看到问题中的积极方面，也不是从周围他人的角度对我们的问题重新界定，让我们拓展自己的观察视角，而是通过对问题处境的重新命名，让我们发现困境中的可改变之处，唤醒我们的学习潜力，推动我们从困境的无力感中走出来，学会主动掌控生活。[②] 我们来看一看如何进行增能视角所说的重命名。

当下生活（contextualization）：生活无力感的重命名

有着二十多年公益服务经验的老王同年轻的公益人分享自己的经验时说，人们之所以在困境中不愿意改变，不是不想改变，也不是不能改变，而是因为人们看不到改变的希望，觉得自己无力改变，于是放弃了改变的努力。因此，作为公益人千万别觉得人们真的没有能力，也别觉得人们真的不想改变，其实很简单，就是需要我们协助困境

---

① R. Adams (1996). *Social Work and Empowerment* (2nd ed.). London: Macmillan, p. 138.

② J. A. B. Lee (2001). *The Empowerment Approach to Social Work Practice: Building the Beloved Community* (2nd ed.). New York: Columbia University Press, pp. 60–61.

中的人们学会重新对遭遇的问题进行命名，让人们关注当下的生活，因为只有在当下生活中才能找到可改变之处。这种关注当下生活的重命名有六种常见的形式：

第一种，时间重命名。无论人们怎么谈论过去和未来，作为公益人一定要明白，可以改变的永远是现在，让人们从谈论过去和未来转向现在，这就是时间重命名。比如现在你怎么想、现在你有什么打算等，将人们的关注焦点集中在当下的生活安排上。

第二种，安排重命名。如果人们只是关注远期的生活安排，就意味着他们无法找到现实生活中的可改变之处，因此，他们需要把远期的安排变成近期安排，这就是安排重命名。比如在这样的安排下你近期想做什么、你在接下来的一周内要做什么等，直接将人们的注意力集中在眼下需要做的事情上。

第三种，内涵重命名。人们在描述自己遭遇的困扰时，很多时候愿意用抽象的词句来表达，如我是失败者、我很笨，或者别人不可信、命运不公等，这样的表述会促使人们只看到自己想看到的，找不到现实生活中的可改变之处。对此，公益人就需要运用内涵重命名的方式，协助人们把这些抽象的表述变成具体的表述。比如做什么事让你觉得很挫败/没有达到预期目标，或者你最近经历了什么事情让你觉得别人没有以诚相待/命运对你不公等，让人们直接关注自己的具体行动经历。

第四种，要求重命名。在平时的对话交流中，人们常常谈及对他人的要求，如孩子学习不好就是自己不努力造成的，或者孩子学习不好是他的班主任不称职没教好，等等。这个时候，作为公益人就要学会运用要求重命名的方式，帮助人们把对他人的要求转变成对自己的要求，如你有没有和孩子沟通过学习的事情，或者你有没有与班主任交流过如何帮助孩子提高学习的能力，等等。这样，人们就能够从"袖手旁观"或者"抱怨"中走出来，发现自己生活中的可改变之处。

第五种，过程重命名。即使谈论具体的事情，人们也容易"就事论事"，看不到自己在其中可以发挥的作用，如学习困难、找不到工作等。面对这样的情况，公益人就需要借助过程重命名的方式，把事情变成过程，如学习困难是怎么出现的，或者找什么工作时你觉得困难，等等。只有这样，人们才能在具体的事件中发现自己能做的方面，找到可改变之处。

第六种，手段重命名。对于喜欢分析的人来说，面对现实困难时首先会思考遇到的问题是什么，这样就会把"思考"这种解决问题的手段作为目的，本末倒置。为此，公益人就需要运用手段重命名的方式，将人们思考的焦点集中在有效解决问题的行动上，如你有没有更好的解决这个问题的想法，或者你觉得解决这个问题有什么好办法，等等。由此，人们就能够把思考作为解决问题的手段，让自己的思考有力量。

尽管这六种重命名的方式各不相同，但它们的目标却是一致的，就是帮助人们把关注的焦点锁定在日常生活的具体行动遭遇上，让人们直接面对自己当下的生活场景，在其中寻找可改变之处，增强人们对生活的掌控感。[1]

---

[1] S. M. Rose (1990). "Advocacy/Empowerment: An Approach to Clinical Practice for Social Work." *Journal of Sociology and Social Welfare*, 17(2): 41–52.

对生活无力感的重命名,是运用增能视角开展助人服务的关键,也是增能模式与传统问题解决模式的不同之处,使助人服务不再聚焦于问题是什么、怎么来解决这种"客观"的技术分析,也不再深究我们是否愿意改变以及是否有能力改变等问题,而是直接针对我们在困境中的无力感,通过观察视角的转变让我们在当下的现实生活中找到可改变之处,再次发现改变的希望,踏上重新掌控生活的增能式的学习之路。显然,这种增能式的学习只能发生在现实的生活场景中,需要我们在其中直接面对各种现实要求,学会从中找到可改变之处,变被动的适应为主动的改变。[1] 这样,我们心理的调整与社会环境的改善自然要结合起来,我们每一个人在现实生活中都是有自主选择能力的人。[2] 增能式的学习具有三个重要特征:一是人与环境的同步改变。它促使我们在变化的环境中找到更为积极主动的位置,学会在现实生活中拓展自己成长改变的发展空间。[3] 二是人与环境的深度改变。这样的学习方式涉及多个层面,包括个人层面的改变和人际关系层面的改变,以及与此相关联的社会结构层面的改变,如公平机会的争取、社会歧视的消除等。三是特定场景中的自主学习。它注重的是我们在特定场景中的自觉意识和自主行动能力,是我们自我的改变,表现为我们对自己生活处境的理解能力、对自己生活的决定能力以及针对自己确定的目标的行动能力等方面的改变,让我们重新拥有对生活的掌控感。[4]

因此,这种增能视角下的助人服务可以简化为三个方面:(1)培育积极、有力量的自我;(2)增强对现实环境的批判意识;(3)学会寻

---

[1] J. A. B. Lee (2001). *The Empowerment Approach to Social Work Practice: Building the Beloved Community* (2nd ed.). New York: Columbia University Press, pp. 30-31.

[2] M. Payne (2005). *Modern Social Work Theory* (3rd ed.). New York: Palgrave Macmillan, p. 292.

[3] L. M. Gutiérrez, K. A. DeLois and L. GlenMaye (1995). "Understanding Empowerment Practice: Building on Practitioner-Based Knowledge." *Families in Society*, 76(8):534-542.

[4] M. Payne (2005). *Modern Social Work Theory* (3rd ed.). New York: Palgrave Macmillan, p. 295.

找环境资源以实现预定的目标。① 其核心是放弃"专家式"的指导,以我们每个人自己的生活经验为基础,让我们主动参与生活,并且学会进行自我指导(self-directed),提升自己对现实生活的掌控能力。② 显然,这样的增能既不可能由他人给予,也不可能自己单独做到,而是个人在特定场景中学会与周围他人相互促进、共同成长的过程,是一种特定场景中的相互增能,需要面对环境的变化和未来的不确定性。为此,增能视角专门提出协同成长(side-by-side stance)这一理念,认为我们只有放弃"不是成功就是失败"这种二元对立的传统思维方式,才能够真正了解增能的内涵,相信自己在寻求自我成长改变的过程中不需要以损害周围他人利益为前提,完全可以做到与周围他人一起成长。③ 从这一点来说,增能视角是一种完全不同的思维方式,它关注的焦点不是如何助人,像问题解决模式那样只关心问题如何解决,而是如何激发我们的学习潜力,让我们真正了解自己的成长改变规律,在现实生活中实现"助人自助"。

在增能视角看来,学会协同才是助人服务的核心,我们在与困境的对抗中只有找到协同的机会,才能看到自己成长改变的可能和希望。这样,助人服务就需要改变传统的指导方式,紧紧围绕协同关系的建立和维护来展开,它通常遵循四项原则:(1)经验入手,即融入受助者的日常生活,从受助者自己感受到的问题着手,帮助受助者在问题经历中找到可改变之处,将受助者生活中的对抗转变成生活中的协同,避免站在生活之外指导受助者去寻找问题解决的方法。(2)并肩协同,即与受助者一起面对日常生活中遇到的问题,跟

---

① J. A. B. Lee (2000). *The Empowerment Approach to Social Work Practice: Building the Beloved Community*. New York: Columbia University Press, p. 34.

② P. Parsloe (1996). "Empowerment in Social Work Practice." In P. Parsloe (ed.). *Pathways to Empowerment* (pp. 1-10). Birmingham: Venture, p. 8.

③ R. Adams (1996). *Social Work and Empowerment* (2nd ed.). London: Macmillan, p. 25.

随受助者的成长改变步伐调整助人服务的合作方式,协助受助者学会运用协同的生活应对方式,找到生活问题的解决方法,承担起自己的生活责任。① (3)真诚对话,即通过用心倾听受助者的要求和真诚呈现自己的经验等方式,协助受助者在现实生活问题的应对中学会寻找协同的生活应对方式,帮助受助者维护与周围他人的协同关系,逐渐增强对问题困境应对的信心。② (4)认知重构,即借助倾听、命名、陪伴和呈现等方式,让受助者在问题困境的应对过程中不再局限于个人的观察视角,接受审视社会环境并且带动社会环境一起改变的社会视角。③ 增能视角强调,这种协同能力的培养离不开共同身份的塑造,只有通过一起调查、一起应对、一起协商,才能建立起"共同"的联盟关系,把对抗冲突、不可掌控的现实生活转变成可掌控的有意义、有尊严的生活。④

因为有了对问题困扰的不同理解,增能视角下的助人服务从一开始就与传统的问题解决模式不同,它不是把我们在日常生活中遭遇的问题作为助人服务的起点,而是直接将我们在问题解决过程中遇到的阻碍以及由此而产生的无法掌控的无力感作为助人服务的焦点,围绕这一焦点开展助人服务,目的是协助我们在变化的环境中找到有效的应对方法,让我们个人的改变与环境的改善结合起来。⑤ 这样,我们就需要借助意识提升,从针对问题困扰的个人观察视角的束缚中解脱出来,在现实生活中发现可改变之处,并且通过

---

① R. Adams (1996). *Social Work and Empowerment* (2nd ed.). London: Macmillan, p. 235.

② J. A. B. Lee (2001). *The Empowerment Approach to Social Work Practice: Building the Beloved Community* (2nd ed.). New York: Columbia University Press, p. 67.

③ J. A. B. Lee (1996). "The Empowerment Approach to Social Work Practice." In Francis J. Turner (ed.). *Social Work Treatment: Interlocking Theoretical Approaches* (4th ed., pp. 218-249). New York: Free Press, p. 233.

④ J. A. B. Lee (2001). *The Empowerment Approach to Social Work Practice: Building the Beloved Community* (2nd ed.). New York: Columbia University Press, pp. 61-63.

⑤ R. Adams (1996). *Social Work and Empowerment* (2nd ed.). London: Macmillan, p. 235.

人与环境相结合的双向行动反思这一过程找到有效应对问题困扰的方法，从而在问题困扰面前不再觉得无力。①

第二节 批判视角：批判反思与责任承担

生活从来都不能"随心所欲"，我们的"随心所欲"，必然有身边他人的"无私奉献"。"随心所欲"的快乐只会是昙花一现，它给我们带来快乐的同时，也留下了深深的伤痛和孤单。我们要让生活中的快乐多一些，就要学会行动反思，在每天的平凡生活中寻找成长改变的希望。尽管那里有迷茫、困扰，甚至痛苦，但最终都会化为我们成长路途中的快乐，因为我们心中有了成长的希望。

一、社会临床

在助人服务中一直存在着两大阵营：临床治疗和社会发展。前者关注个人遇到困扰时怎么改变，后者侧重在现实困难面前环境怎么改善。显然，关注个人的改变就需要初学者对个人的心理进行深入探究，了解个人心理的变化规律，它给我们的印象是"很专业"；而关注环境的改善就需要初学者学会挖掘和调动资源，包括发挥政策资源的优势，它给我们的感觉是"有资源"。这样的对立划分让初学的社会工作者更乐于选择临床治疗，因为它是凭个人努力就可以有所作为的，具有更高的可控性。澳大利亚的国际著名社会工作学者简·福克（Jan Fook）是批判视角的倡导者，在20世纪70年代中期刚踏入社会工作这一助人服务领域时，也是毫不犹豫地选择了临床治疗，想成为一名具有专业素养的助人者。不过，经历了社区实践，福克发现，临床治疗与社会发展的划分纯粹是人为的，不仅个

---

① R. Adams (1996). *Social Work and Empowerment* (2nd ed.). London: Macmillan, p. 171.

人的真实改变一定发生在现实生活中，而且社会的真正发展也一定表现为个人能力的成长。① 之后，福克在对社区智障人士及其家庭的帮扶过程中领悟到，针对社区弱势人群的服务无法脱离他们生活的社区，助人服务必须采用将临床治疗与社会发展相结合的整全服务策略；否则，任何助人服务尽管看上去很专业或者很有影响力，但它们的实际成效却非常有限，而且产生影响的时间也只能是短暂的。② 80年代，福克通过研究生阶段的学习和思考更加明确了这一想法，她认识到，像社会工作这种助人服务，关注受助者如何应对生活困境，是行动导向的，这种行动只有放在社会发展的背景下才有现实的力量，这既与"临床治疗"这种以弗洛伊德精神分析理论为基础的服务策略不同，也与"社会发展"这种社会学的现象分析不同。前者这种临床治疗是以原则为导向（rule-bound）的，需要假定家庭或者其他某种环境作为个人心理分析和干预的先决条件，与真实的社会发展要求会存在冲突；后者这种社会学的现象分析不关注人是如何行动的，自然也只能停留在概念的分析上，变成纯粹的智力游戏。③

这样，个人的改变必须放在社会发展中考虑，只有把个人放回到他生活的环境，让人与环境作为一个整体，我们自身的改变力量才能被发现，才能被挖掘出来，我们才能转变成有力量的人。这就是批判视角所说的人的社会性，它要求把"人在情境中"作为助人服务的基础，在这样的基础之上探索人的成长改变规律，绝不能把人从环境中抽离出来，也不能让人淹没在环境中。④ 在将人与环境联结起来的过程中，我们需要借助一定的行动，特别是在遭遇生活困扰的时候，这一要求更为突出，因为要是找不到有效的应对方

---

① J. Fook (2002). *Social Work: Critical Theory and Practice*. London: Sage, p. 6.
② J. Fook (1987). "Empowerment as a Goal in Casework, Structural Perspectives in Casework: Can They Guide Practice?" *Australian Social Work*, 40(4): 43-44.
③ J. Fook (1995). "Beyond Structuralism?," paper presented at the "Narratives of Change" Conference, Monash University, Gippsland, 28 November, pp. 2-4.
④ J. Fook (2002). *Social Work: Critical Theory and Practice*. London: Sage, p. 4.

法，我们的生活压力就没有办法减轻。因此，助人服务也就与反思学习一样，是一门关于如何有效行动的科学，其目的就是帮助我们在生活困境中找到有效的应对方法，只不过批判视角不仅关注针对我们个人生活经验的行动反思，而且关注特定社会处境中的行动反思，有了对社会处境的审视要求。[1]

变责备为行动

社会工作者小刘从事助人服务已经八年，开始时感觉很好，从受助者的感谢和变化中看到了自己的价值，但是随着服务项目要求的提高，他觉得自己能够给受助者带来的改变越来越少，不仅需要协调的工作越来越多，而且受助者求助的问题也越来越复杂。不知从什么时候开始，他内心有了一种不安全感和失望感，抱怨也慢慢多了起来，不是嫌弃合作单位支持不足，就是嫌弃受助者不够主动，甚至有了放弃这个职业的念头。

小刘找到机构督导老王，谈了自己内心的这些想法。老王劝小刘别那么着急放弃自己选择的职业，毕竟自己为之付出了八年，需要给自己一个交代。老王与小刘一起回顾了这八年的体验，让小刘想象一下，一个需要高情感投入的职业，如果只是付出会是什么结果，必定有一天会感到情感枯竭。老王告诉小刘，责备多了，我们自己也不开心，会变得更厌恶，就像受助者一样只会觉得生活充满问题。如果我们只关注自己的行动和其中的可改变之处，就能从自己紧绷的要求中松绑开来，把自己的满足感放在现实生活可改变的希望上，既不轻视别人的意见，也不忽视自己的要求，随时能够做到自我关怀。

---

[1] S. White, J. Fook and F. Gardner (eds.) (2006). *Critical Reflection in Health and Social Care*. Buckingham: Open University Press, p. 42.

显然，行动反思不仅有助于我们了解行动的逻辑，总结行动的经验，更为重要的是，它能让我们在行动中看清楚哪些想法可行、哪些不可行，改变的希望在哪里，培养出经验重构和自觉的能力。① 这样，我们就有可能从抱怨中走出来，哪怕仍然面临很多困难，也会在这些困难中看到现实生活中的改变希望，拥有改变的动力和信心，不再局限于考虑自己或者环境能否改变这样的单向思维，而是学会在特定社会处境中审视自己，找到自己可以成长改变的希望之处。②

实际上，早在 20 世纪 60 年代末 70 年代初，就有一些学者发现，人生活的情景不同于自然的生态情景，每个人在社会中的地位是不同的，不仅拥有不同的社会资源，而且拥有不同的社会影响力。③ 这样，我们的行动反思就不能简单停留在对个人生活经验的反思上，而需要进一步延伸到对社会地位和社会结构的反思，了解自己遭遇的问题与谁相关，我们每个人各自的社会地位有什么差别。④ 只有通过这样的深入了解，我们才能够把握社会环境的变化规律，在行动策略的调整过程中把个人的改变与社会的改变结合起来，实现批判视角所说的人在情境中的"个人解放"。⑤ 为此，我们在生活困境中就需要学会分步走，让人的改变与环境的改变相互促进，逐步改善环境中的核心影响因素。我们来看一看下面这个案例。

---

① J. Fook (1996). *The Reflective Researcher: Social Work Theories of Practice and Research*. St Leonards: Allen & Unwin, p. 5.

② M. Payne (2005). *Modern Social Work Theory* (3rd ed.). New York: Palgrave Macmillan, pp. 245–246.

③ S. Hick and R. Pozzuto (2005). "Introduction: Towards 'Becoming' a Critical Social Worker." In S. Hick, J. Fook and R. Pozzuto (eds.). *Social Work: A Critical Turn* (pp. ix-xviii). Toronto: Thompson Educational Publishing, Inc., p. x.

④ D. McIntyre (1982). "On the Possibility of 'Radical' Casework: 'A Radical Dissent'." *Contemporary Social Work Education*, 5(3): 191–208.

⑤ S. Hick and R. Pozzuto (2005). "Introduction: Towards 'Becoming' a Critical Social Worker." In S. Hick, J. Fook and R. Pozzuto (eds.). *Social Work: A Critical Turn* (pp. ix-xviii). Toronto: Thompson Educational Publishing, Inc., p. x.

困境改变"三步走"

受助者，11 岁，小学四年级男生，刚从其他学校转入目前的市重点小学学习。受助者的学习成绩不好，语文、数学、英语经常不及格，上课时受助者不仅不认真听讲，而且经常扰乱课堂秩序。据老师反映，受助者的学习基础比较差，在原来的小学没有打好基础，来到市重点小学明显跟不上，但老师又不敢把孩子的表现直接告诉孩子的父亲，因为父亲知道孩子学习不好就会粗暴地打骂孩子。受助者的父亲自从下岗之后经常酗酒打骂自己的妻子和孩子，认为都是孩子给他带来目前的坏运气。有一次，因为下手过重，把孩子的腿给打折了。为了躲避父亲的打骂，母亲经常替孩子做作业，保护着孩子。母亲发现，孩子对学习没有兴趣，非常被动，总是推托不肯做作业，但母亲不敢把情况告诉自己的丈夫，怕孩子遭到父亲的打骂。受助者见到父亲就会发抖，喜欢母亲陪在身边，有什么事直接告诉母亲。由于受助者的学习成绩差，再加上在学校的表现不好，经常惹麻烦，原来学校的老师要求受助者转学。在老师的强烈要求下，受助者转到了目前的小学就读。转到这所小学后，受助者的学习成绩有了一点改善，获得了语文学习进步奖。但是，由于受助者的学习基础比较薄弱，学习成绩仍旧是班里最后一名。当社会工作者问及受助者有什么方面的成功经验时，受助者的母亲拿出孩子曾获得的语文学习进步奖状，脸上露出了幸福的表情。[1]

如果一名初学的年轻社会工作者遇到这样的案例，该怎么办？尽管资料呈现的案例内容很复杂，受助者目前这样的

---

[1] 案例来自童敏：《社会工作实务基础：专业服务技巧的综合与运用》，北京：社会科学文献出版社 2008 年版，第 108 页。

表现有多方面的原因，但只要社会工作者关注受助者的行动及其可改变之处就会发现，语文学习是受助者改变的很好突破口，受助者不仅有了一点改变动机，而且有了一点改变经验。有了改变的突破口之后，社会工作者就需要思考，语文学习方式的改变与谁联系在一起，把行动放回到实际生活场景中，从而找到促使受助者发生改变的具体办法。在上述这个案例中，最关注受助者语文学习的人是他的母亲。由此，社会工作者就能够明确施加影响的最小改变圈：受助者和他的母亲。通过语文学习的改进，社会工作者就能够逐渐推动受助者家庭的核心影响因素即父亲的转变，真正实现家庭环境结构层面的改变。这样，社会工作者就能带动受助者从小的环境改变逐步拓展到大的环境改变，把环境改变作为自身成长改变的挑战，而不是障碍。

因此，在现实生活中，无论遇到多大的困难，我们都需要从目前遇到的问题入手，学会困境改变的"三步走"：

第一步，关注行动可改变之处，找到问题突破口，保证可行；

第二步，关注行动改变关联人，找到最小改变圈，保证精准；

第三步，关注行动改变核心人，找到核心改变圈，保证有效。

从突破口开始，由小圈带动大圈，真正实现人与环境的同步改变，变"助人"为"自助"。批判视角给了我们完全不同的观察视角和介入策略。[1] 这样做，助人服务既能够避免陷入心理干预直线思

---

[1] J. Ife, K. Healy, T. Spratt and B. Solomon (2005). "Current Understandings of Critical Social Work." In S. Hick, J. Fook and R. Pozzuto (eds.). *Social Work: A Critical Turn* (pp. 3–23). Toronto: Thompson Educational Publishing, Inc., p. 5.

维的困境，也能够避免踏入环境介入全景思维的陷阱。需要注意的是，批判视角的社会结构概念除了假设每个人的社会位置不同，还有另一层重要的含义，就是认为每个人都是在社会中生活的人，我们的行动受一定的社会规则的影响，对行动背后的社会规则的考察也就成为带动社会环境改变的重要内容。①

二、批判视角

显然，批判视角的核心是增强我们在特定社会处境中的行动反思能力，协助我们承担起我们所处的特定社会位置的社会改变责任。因此，在运用批判视角时，我们就需要将服务的焦点集中在个人自决能力的提升上，关注在特定社会处境中如何改变，而不是哪里存在什么不足。② 这样，我们寻求成长改变的过程就存在两种完全不同的批判视角：不足批判视角和改变批判视角。

```
   不足批判视角              改变批判视角
         不足                      改变
    人 ⇌ 环境（他人）        人 ⇌ 环境（他人）
         对抗                      希望
```

两种批判视角

人的意识具有强化作用，仅仅揭示社会处境或者别人的不足却无法找到解决问题的办法，这样做只会导致人与环境或者他人的对抗，这样的批判视角不仅不会给我们带来自决能力的提升，甚至会导致我们失去自决能力。即使我们在不足的揭示中找到了应对办法，这种应对办法也只是修补式的，并不会增强我们的自决能力。批判视角所倡导的批判不是这种不足的揭示，而是另一种批判，它能够帮助我们察觉到特定社会处境中应对行动的可改变之处，只有这样的批判，才会给我们带来改变的希望，让我们体会到自身应对

---

① M. Horkheimer (1972). *Critical Theory*. New York: Herder and Herder, p. 197.
② J. Habermas (1972). *Knowledge and Human Interests*. Boston: Beacon Press, p. 316.

困境能力的提升。① 显然，批判视角所说的批判其实是一种特定社会处境中的行动反思，它具有两个显著特点：(1) 社会性，是对特定社会处境中应对行动的可改变之处的揭示；(2) 反思性，是对在特定社会处境中如何有效行动的反思。因此，批判视角所说的批判也被称为批判反思（critical reflection）。② 它是一种对特定社会处境进行深入考察的行动反思，把影响我们行动的社会处境也引入审视的范围，使我们具有改变社会的力量，成为在社会中生活的人，不再局限于个人生活经验的层面。③

这种对社会处境的审视，其实离我们的生活并不远，需要我们牢记每个人的位置是不同的，在困境面前我们应当尝试站在弱势一方那边呈现他们改变的意愿，并且注意社会关系对个人行为的影响，这样才可能具有将个人改变与社会改变结合起来的能力。④ 因此，我们的行为就不仅仅是在生活困境中解决问题的技术选择，而且是生活困境中社会关系调整的伦理抉择，需要回答的是什么样的社会关系才更为公平、更为合理。任何忽视周围他人要求的行为，即使能够解决问题，也只具有短期的成效。其中的一方会因为被忽视而站到对立面，阻碍另一方行动的实施。更为糟糕的是，一旦我们忽视周围他人的要求，就看不到周围他人对自己的影响，很容易陷入越想解决问题越与周围环境冲突的困境。显然，传统的问题解决模式没有看到任何助人服务都是发生在社会处境中这一事实，导致整个助人服务的关注焦点始终集中在受助者身上，要么强调怎么指导受助者，要么关注怎么让受助者成为服务的主导。如果

---

① M. Payne (2005). *Modern Social Work Theory* (3rd ed.). New York: Palgrave Macmillan, p. 227.

② Ibid., p. 232.

③ R. Pozzuto, G. B. Angell and P. Dezendorf (2005). "Therapeutic Critique: Traditional Versus Critical Perspective." In S. Hick, J. Fook and R. Pozzuto (eds.). *Social Work: A Critical Turn* (pp. 25–38). Toronto: Thompson Educational Publishing, Inc., p. 30.

④ K. Healy (2000). *Social Work Practice: Contemporary Perspectives on Change*. London: Sage, p. 2.

从社会处境出发来理解助人服务，人们就会发现，任何改变都是从倾听开始的。倾听问题相关方的改变意愿和想法，不是为了寻求问题解决的外部资源，而是帮助我们跳出自己观察视角的局限，学会寻找与相关方协同共进的方式，做好生活中的伦理选择。因此，可以说，任何社会处境中的行动选择都是一种伦理选择，任何社会处境中的助人服务都是一种伦理实践。[①]

改变从倾听开始

A小区里住着一位赵奶奶，她是从外地来到本地带孙女的，已经在小区待了两个月。平时与人交流时，因为她家乡口音太重，又不会说普通话，别人常常听不懂她在说什么。社会工作者小李在与这位赵奶奶聊天时也非常费劲，只能半蒙半猜，好在赵奶奶能听懂普通话，随着交流次数增多，小李大致能了解赵奶奶在说什么。赵奶奶认为，自己在小区中生活面临的主要问题是语言不通，与其他同龄人沟通起来很困难（小区内有老人协会），所以每天绝大多数时间只能待在家里带孩子，偶尔带着孙女下楼散步。由于赵奶奶的儿女整天忙于工作，平时都不在家，赵奶奶对这样的生活有些不适应。

小李不赞同赵奶奶的看法，他通过各方面的评估发现，赵奶奶的问题源于自信心不足，语言不通只是引发生活不适应的一个诱因，其背后是害怕被人嫌弃，从而产生了自卑心理，不愿意主动与同龄人交流，导致社会交往缺乏。

如果评估的结论与受助者的看法不一致，社会工作者该怎么办？

---

① H. Ferguson (2003). "Outline of a Critical Best Practice Perspective on Social Work and Social Care." *British Journal of Social Work*, 33(10): 1005-1024.

助人者的评估与受助者的看法不同,这是生活中的常态,就像受助者也不同于助人者身边交往的人。如果我们相信问题解决模式的助人逻辑,就会专注于谁对谁错,想找到"事实"是什么,说服受助者按照助人者的要求行动。如果我们采用批判视角来理解这样的不同,就会放弃谁对谁错的判断,而是鼓励赵奶奶这样的受助者学会用心倾听,分辨周围他人与自己的差异在哪里,从而找到更有效的应对这种差异的行动方式。因此,放弃评估、学会倾听,才是我们成长改变的第一步,助人服务的目的就是要协助受助者学会倾听,让他们能够从单向的评估观察的束缚中解脱出来,看到周围他人与自己的不同,变得更加现实,能够更好地将自己的改变希望与周围他人的发展要求协同起来。

三、因时而动

批判视角察觉到,我们的生活方式在20世纪90年代之后发生了巨大变化,变得越来越多样,出现了多元化的发展趋势,不仅我们平时的生活受到多个不同主体的影响,而且生活中这种小范围的、与个人生活经验直接关联的小场景对我们成长改变的作用变得更为突出。① 这样,助人服务的关注焦点就需要逐渐转向我们日常生活中熟知的小环境,在这样的小环境中考察我们成长改变的规律,其中,我们怎样界定自己的个人身份就成为推动我们成长改变不可忽视的重要因素,直接影响我们在这种小环境中的选择。② 这种对身份的认识不像我们传统认为的那样可以通过自己的学习直接获得,而需要放在特定的日常生活小环境中,通过与周围他人的对比来明确,它至少具有两个特征:(1)关联性,涉及我们在特定生活场景中与周围他人相互影响的过程,其中任何一方的变化都会触及他人;

---

① K. Healy (1998). "Participation and Child Protection: The Importance of Context." *British Journal of Social Work*, 28(9): 897–914.

② K. Healy and J. Mulholland (1998). "Discourse Analysis and Activist Social Work: Investigating Practice Processes." *Journal of Sociology and Social Welfare*, 25(3): 3–27.

（2）反身性，是我们在与他人的关联中审视自己的能力。因此，在多元化的时代，我们的行动反思能力就表现为在小环境中审视自我的能力，是自我意识得以提升的关键，这种能力可以帮助我们在日常生活场景中做出理性的选择，既顾及周围他人的要求，又了解自己的意愿，找到现实的成长改变路径。①

与这种场景小型化相伴随的是生活变化节奏的加快，我们需要有能力应对未来生活的变动性和不确定性，不再可能像传统的思维方式那样根据预先假定的大环境下的分析结果设计一个周全完美的行动计划，然后去执行，查看是否达成预定的目标，而是需要直接从小环境入手施展自己的影响，然后根据环境的变化再决定下一步行动的方案，采取的是分步走的方式，即走一步看一步，给环境的变化腾出空间，让我们的成长改变能够"因时而动"，以适应20世纪90年代之后出现的生活多元化的发展取向。② 否则，那种关注大环境下的社会结构的分析就会与我们的直接生活经验发生矛盾，变得过时。③

有了这样的改变小环境的理念，我们对生活的看法就会发生根本的转变：我们成长改变的动力不是来自我们个人的某种心理状况，就像我们习惯认为的那样，只要我们有了需要、动机或者兴趣等，就会有行动的动力；而是来自特定小环境中的实践，源于一种特定处境中与小环境的相互影响方式，正是这种方式让我们感受到日常生活中的不便和困扰。场景因而成了我们理解自我和把握自己

---

① K. Healy (2005). "Under Reconstruction: Renewing Critical Social Work Practices." In S. Hick, J. Fook and R. Pozzuto (eds.). *Social Work: A Critical Turn* (pp. 219–229). Toronto: Thompson Educational Publishing, Inc., pp. 219–220.

② K. Healy (2000). *Social Sork Practice: Contemporary Perspectives on Change*. London: Sage, p. 4.

③ M. Langan (1998). "Radical Social Work." In R. Adams, L. Dominelli and M. Payne (eds.). *Social Work: Themes, Issues and Critical Debates* (pp. 207–217). New York: Palgrave Macmillan, p. 215.

成长改变规律的关键。① 这样，增强我们自我的场景感就具有特别重要的价值，它促使我们不再站在生活之外去寻找生活难题的解决方法，那种只问"是"或"否"的解决方式，而是融入生活的场景中探索困境面前可能的改变途径，这是一种随着生活一起改变的成长改变方式，始终以可改变的现实生活为起点。② 正是因为如此，一旦受助者在生活中遇到困难而提出改变的要求，助人的社会工作者就不能顺着受助者的思路，进一步明确受助者遭遇的问题是什么或者受助者提出的成长改变要求是什么（这是聚焦于生活的某一点却丢失了生活场景感的思维方式），而需要把受助者的思路引向相反的方向，让他们注意观察这样的问题或者要求是在遭遇什么环境阻碍时出现的。此时，从事助人服务的社会工作者就可以运用"是什么事情让你想到这个要求"这种"感觉提问"的方式，将受助者的注意焦点集中在问题出现的场景上，以现实生活为出发点，把对问题的分析转变成对生活可改变之处的探寻。③

从是与否的问题解决到是与否并用的问题解决

社会工作者小王在入户过程中了解到，高阿姨早年与丈夫离了婚，几年前相依为命的独生子因患白血病离世，自己成了失独老人。之后，高阿姨与儿媳和两个孙子住在一起，相互照顾。去年，高阿姨检查出患了风湿性心脏病，花了十几万元的治疗费，家庭生活一下子变得非常拮据。手术后，高阿姨体质明显下降，行走不便。平日里，高阿姨在家照顾两个孙子，做些家务，因为容易乏

---

① S. Wise (1990). "Becoming a Feminist Social Work." In L. Stanley (ed.). *Feminist Praxis: Research, Theory and Epistemology in Feminist Sociology* (pp. 236–249). London: Routledge, p. 247.

② K. Healy (2005). "Under Rconstruction: Renewing Critical Social Work Practices." In S. Hick, J. Fook and R. Pozzuto (eds.). *Social Work: A Critical Turn* (pp. 219–229). Toronto: Thompson Educational Publishing, Inc., p. 221.

③ Ibid., p. 222.

力，很少下楼。尽管高阿姨平时表现得很坚强，但是近几年遭遇的生活打击让高阿姨内心极为苦闷，不敢与人交往，害怕与其他人聊天时谈及子女的话题，使自己情绪低落。小王认为，目前高阿姨既缺乏自信，也没有建立起自己的社会支持网络，因此，她抵抗环境中风险的能力偏弱。

对于高阿姨的困难，小王不知道要怎么办。是该指出高阿姨目前不自信、缺乏社会支持的现状，还是放弃自己的分析，从高阿姨自己要强这一点入手？于是，小王来到机构的督导室，向有丰富经验的老赵咨询。老赵告诉小王：如果你把高阿姨的问题看作一件事情，自然会想着导致这件事情的关键是什么，该怎么彻底解决。如果你换一个角度，把高阿姨的问题当作一位失独老人在生活中面临的挑战，就会关注高阿姨遇到这些挑战时是怎样做的，其中哪些方面可改变。这是一种不可改变（否）中寻求可改变之处（是）的问题解决方式，需要是与否并用。

如果我们采用是与否并用的方式解决问题，在现实生活中寻找可改变之处，就可以做到真正从现实出发，既不会低估现实的复杂性，也不忽视我们自身拥有的改变能力，找到我们成长改变的现实基础。[1] 只有这样，我们才可能把观察和分析作为自己成长改变的工具，促进现实生活的改善，而不是当作一种智力游戏，只想实现自己看重的目标，根本无视现实生活的复杂性和多样性。因此，这种是与否并用的问题解决方式其实是一种自下而上的思维方式，始终把现实生活放在第一位。[2] 相应地，这种助人服务就有了伦理抉择的

---

[1] J. Ife (1997). *Rethinking Social Work: Towards Critical Practice.* Melbourne: Longman, p. 169.

[2] K. Healy (2005). "Under Reconstruction: Renewing Critical Social Work Practices." In S. Hick, J. Fook and R. Pozzuto (eds). *Social Work: A Critical Turn* (pp. 219–229). Toronto: Thompson Educational Publishing, Inc., pp. 220–221.

要求，即对现实生活中不可改变之处的接纳和对可改变之处的深究，不再把助人服务的提供者视为"专家"，把助人服务的接受者视为"对象"，而是将我们的注意力引向如何更好地对待周围他人的不同，学会在应对生活困境中反观自己，通过这种反身性审视找到自己与周围他人一起改变的路径，保持对周围他人开放的态度。①

显然，批判视角所说的批判其实是一种特定社会处境中的行动反思，它提示我们将自己应对困境的行动放回到特定的社会发展的处境中来审视，特别是20世纪90年代出现多元化的社会发展趋势之后，环境的多样性和变动性变得更为突出，环境对我们生活的影响也更为明显，我们因而需要在问题困境的小环境中通过审视自己的应对能力，在不可改变的现实生活中找到可改变之处，承担起生活改变的责任。② 由此，我们才能深入困境，从小环境的改变逐渐延伸到对背后社会处境影响的考察。③

第三节　性别视角：差异生活与平等关怀

在生活中我们会经历各种各样的事，面对各种各样的人，有的我们喜欢，有的我们不喜欢。喜欢的要争取，不喜欢的要拒绝，这几乎成了我们的生活常识。但是，真正让我们苦恼的是该争取的争取不到，该拒绝的拒绝不了。差异化的现实生活才是我们需要面对的第一课，不管我们喜欢还是不喜欢，我们最后都得给自己一个答案——在这种各方有着不同要求的差异化现实生活中，我们成长改变的希望到底在哪里。

---

① L. Dominelli (2002). "Values in Social Work: Contested Entities with Enduring Qualities." In R. Adams, L. Dominelli and M. Payne (eds.). *Critical Practice in Social Work* (pp. 15-26). New York: Palgrave Macmillan, p. 26.

② M. Payne, R. Adams and L. Dominelli (2002). "On Being Critical in Social Work." In R. Adams, L. Dominelli and M. Payne (eds.). *Critical Practice in Social Work* (pp. 1-12). New York: Palgrave Macmillan, p. 6.

③ Ibid., p. 12.

一、差异生活

女性主义对助人服务的直接影响可以追溯到第二次世界大战之后兴起的第二波女性主义,这波女性主义要求从性别的角度审视社会结构对人的影响,特别是到了20世纪七八十年代,形成了女性主义社会工作理论流派。① 这一理论流派不仅有自己的实务领域,而且拥有自己考察人的成长改变规律的独特的性别视角。② 这一时期,社会工作领域的重要代表人物是英国著名社会工作学者莉娜·多米内利(Lena Dominelli)。她在走进高校从事社会工作教学和研究之前,一直热衷于英国社区服务和社会发展方面问题的探索,具有非常丰富的社区方面的服务经验。③ 多米内利在自己的服务实践中发现,尽管20世纪60年代末70年代初弗洛伊德心理取向的助人服务遭受很多批评,助人服务的提供者希望在助人服务中融入社会的元素,让助人服务能够直接面对社会生活中普遍存在的社会歧视和社会排斥的客观现实,但是实际上,个人心理层面的干预与社会结构的改变这两者在实务中是割裂的,助人服务的提供者要么侧重个人心理的改变,要么强调社会环境的调整。之所以出现这种现象,是由于缺乏将个人与环境两者联系起来的整全视角。④ 为此,多米内利借用女性主义的性别视角,提出性别视角下的社会结构分析方法,认为这种分析方法强调女性在社会生活中的地位与男性的不同,主要承担家庭照顾者的角色,只有照顾家人和安排好家庭生活

---

① R. Delmar (1994). "What Is Feminism?" In A. C. Herman and A. J. Stewart (eds.). *Theorizing Feminism: Parallel Trends in the Humanities and Social Sciences* (pp. 5–25). Boulder: Westview Press, p. 7.

② M. Payne (2005). *Modern Social Work Theory* (3rd ed.). New York: Palgrave Macmillan, p. 256.

③ R. Adams, L. Dominelli and M. Payne (2002). *Social Work: Themes, Issues and Critical Debates* (2nd ed.). New York: Palgrave Macmillan, p. xiii.

④ L. Dominelli and E. McLeod (1982). "The Personal and the Apolitical: Feminism and Moving Beyond the Integrated Methods Approach." In R. Bailey and P. Lee (eds). *Theory and Practice in Social Work* (pp. 65–89). Oxford: Basil Blackwel, p. 87.

才能体现自己的价值，人际关系成为理解社会结构的关键。多米内利指出，如果我们只关注针对环境的社会结构分析，像传统的问题解决模式那样只注重人对环境的掌控，就会不自觉地以"科学"的名义把女性这种注重自社会关系中体验自身价值的逻辑排斥在生活之外。① 这种只分析社会结构的社会视角显然是运用男性主导的单向"科学"观察视角的结果，不仅无视女性的独特生活经验，而且根本缺乏对现实生活中的人的尊重和关怀。②

多米内利的这些观点其实并不是想强调女性与男性不同，在女性生活与男性生活之间划清界限，而是希望我们能够察觉到"客观"社会结构分析背后的特定社会关系的影响，确立一种基于特定社会处境的逻辑分析框架，在我们自己生活的特定社会处境中探索成长改变的路径，包括与谁关联、如何相互影响等，让我们通过助人服务真正成为自己生活的行动者和掌控者。③ 多米内利指出，我们只有放弃这种普遍一致的标准化指导，才能在特定的现实生活处境中看到自身改变的力量，找到推动自己生活改变的具体有效的办法。④ 显然，女性主义所推崇的性别视角其实是要让我们看到，以往那种性别中立的社会结构分析只是一厢情愿，无论男性还是女性都生活在现实的人际关系中，只是女性更关注在人际关系中发现自己的价值。⑤ 这种在人际关系中考察人的成长改变要求的性别视角，还有另一个重要的好处，就是有助于我们建立一种相互关怀的生活，避免像传统的问题

---

① L. Dominelli (1991). *Gender, Sex Offenders and Probation Practice*. Aldershot: Avebury, p. 2.

② L. Dominelli (1986). *Love and Wages: The Impact of Imperialism, State Intervention and Women's Domestic Labour on Workers Control in Algeria, 1962–1972*. Norwich: Novata Press, p. 158.

③ L. Dominelli and E. McLeod (1989). *Feminist Social Work*. Basingstoke: Macmillan, p. 1.

④ L. Dominelli (2002). *Feminist Social Work Theory and Practice*. London: Palgrave, p. 9.

⑤ L. Dominelli and E. McLeod (1989). *Feminist Social Work*. Basingstoke: Macmillan, p. 28.

解决模式那样只强调个人能力的提升，导致我们与周围他人，特别是与照顾者之间的冲突和对抗，损害人与人之间的相互关怀。①

如何才能找出人们成长改变的真实需求

小李从事公益助人服务已经五年了，但有一个问题一直困扰着他。这个问题原来看上去很简单，但是在实际服务中他却发现很难厘清，这让他在服务时没有了底气。这个问题就是如何找出人们成长改变的真实需求。

一开始从事公益助人服务时，小李也像大多数人一样寻找人们遇到的问题，围绕问题提供帮助和指导，他相信解决面临的问题是人们的真实需求。但他很快发现，人们即使知道是什么问题，也常常不愿意主动改变，而是等着别人的给予。于是，小李转变了助人服务的策略，开始关注人们有什么爱好和兴趣，从人们擅长的方面入手鼓励人们尝试小的改变。尽管这样的尝试使得人们的主动性有了明显提高，也让小李看到了每个人的确都是有能力的，但是小李仍然担心，过分强调人们的爱好和兴趣是否会给人们带来盲目乐观的假象，因为问题还是问题，不会自己消失。小李为此感到很困惑，不知道自己在助人服务中应该怎么做，所以他找到了机构的督导老王。

老王告诉小李，如果我们只看一件事情，那么靠得越近，事情就越大，离得越远，它就越小。解决人们生活中遇到的问题也一样，只关注某一事件，不是夸大，就是忽视。如果想客观如实地理解它，就需要有参照物，把它放在现实生活的人际关联中从不同角度来看，这个时候就比较客观了。所以，是不是真实需求，不能仅仅从人们自身

---

① L. Dominelli (2002). *Feminist Social Work Theory and Practice*. London: Palgrave, p. 63.

的角度来理解，还需要从相关的周围他人的角度来考察。如果人们自己的想法与周围他人的不一致，他们就要找到办法来处理这种差异；否则，人们内心的需求与现实生活的差距就会越来越大，变得越来越不真实。

女性主义的性别视角更像是一种观察角度，它让助人服务完全转变了方向，从问题解决那种普遍一致的规律探讨转向在特定社会关系中寻找个性化发展的道路，对社会处境以及个人独特性的考察成为公益助人服务的核心。① 到了 20 世纪 80 年代，女性主义对社会工作的影响得到了社会的广泛认可，不仅提出女性为本的社会工作实践（women-centered practice），倡导处境化、个性化的助人服务②，而且对女性主义社会工作这种以关系为本的助人服务原理进行了系统总结。③ 20 世纪 90 年代之后，女性主义对社会工作的影响也从具体的服务领域拓展开来，成为助人服务都需要遵循的一般原理，是助人的一种观察视角，注重人与人之间的差异性。④ 特别是在美国黑人女性主义社会工作者的倡导下，学者们发现性别视角所强调的性别方面的差异只是生活中多种差异中的一种，其他还有像种族差异和文化差异等，如果过度关注性别差异，只会忽视生活的现实要求，导致追求平等口号之下出现新的社会歧视。⑤ 自此，女性主

---

① M. Valentich (2011). "On Being and Calling Oneself Feminist Social Worker." *Affilia*, 26(1): 22–31.

② J. Hammer and D. Statham (1988/1999). *Women and Social Work: Towards a More Women-Centred Practice*. Basingstoke: Macmillan, p. 57.

③ L. Donminelli and E. McCleod (1989). *Feminist Social Work*. Basingstoke: Macmillan, p. 5.

④ M. Valentich (1996). "Feminist Theory and Social Work Practice." In F. J. Turner (ed.). *Social Work Treatment: Interlocking Theretical Approaches* (4th ed., pp. 282–318). New York: Free Press, p. 307.

⑤ S. Watt and J. Cooke (1989). "Another Expectation Unfulfilled: Black Women and Social Services Departments." In C. Hallett (ed.). *Women and Social Services Departments* (pp. 62–84). Hemel Hempstead: Harvester Wheatsheaf, p. 75.

义的性别视角开始放弃之前有关性别差异的单独考察,逐渐推崇一种差异视角,直接审视人的多样化、差异化的生活。① 其中的代表人物有英国社会工作学者琼·奥姆(Joan Orme)②。

二、差异视角

奥姆认为,在女性主义影响下,社会工作这样的助人服务走了一条与弗洛伊德倡导的心理导向的助人服务完全不同的发展道路,不是将问题产生的原因归结为个人,而是正好相反,强调"问题去个人化"(de-individualize the problem),把个人放到问题的处境中,增强问题处境中的个人的自决能力。③ 这样,助人服务的核心就不是问题解决,而是理解问题处境中个人的不同经历以及协助个人寻找问题处境中的成长改变路径。④ 一旦转换成这种问题处境中的自决的视角,奥姆发现,我们所注重的为自己生活做决定的自决能力是有条件的,我们总是需要面对特定的社会处境,在这样的现实处境中才有可能增强我们的自决能力。这意味着,我们自决能力的提升需要从接纳开始,学会调整自己的评价标准,接受现实生活处境的不同,注重对社会处境的分析,放弃习以为常的以个人、家庭、社区为单位的分析方法,真正把自己的成长改变要求放回到现实生活的处境中。因此,我们的自决总是产生于社会处境的冲突中,并且伴随冲突的过程,是要在社会处境的冲突中找到协同的方式。奥姆称这种在冲突中寻找协同方式的分析为差异视角(difference per-

---

① S. P. Kemp and R. Brandwein (2010). "Feminisms and Social Work in the United States: An Intertwined History." *Affilia*, 25(4): 341-364.

② J. Orme (2001). *Gender and Community Care: Social Work and Social Care Perspectives.* New York: Palgrave Macmillan, p. ix.

③ E. Wilson (1980). "Feminism and Social Work." In M. Brake and R. Bailey (eds). *Radical Social Work Practice* (pp. 26-42). London: Edward Arnold, p. 42.

④ J. Orme (1997). "Research into Practice." In G. Mckenzie, J. Powell and R. Usher (eds). *Understanding Social Research* (pp. 112-123). Basingstoke: Falmer Press, p. 113.

spective）的分析。① 这种差异视角要求我们放弃"非此即彼"的二元对立的观察逻辑，把在特定社会处境中遭遇的不同当作生活的常态，而不是作为对立的关系，在这样的差异基础上寻找个人生活的可改变之处，关注我们自己界定生活的方式以及自己拥有的主动影响生活的能力。②

很显然，这种差异视角的核心是帮助我们学会另一种理解"人在情境中"这一社会工作助人服务基本原则的方式，不是采用探究"是什么"的本质分析方法，通过关注"人在情境中"的特征将我们遭遇的问题与日常生活分割开来，而是运用对于如何协同的差异分析，直接以我们在问题处境中的生活经验为焦点，探索特定社会处境中个人经验的个别化（individualization）过程。③ 否则，我们就会不自觉地以"客观"、"科学"或者"为你好"的名义分析周围他人，把自己的个人主观经验强加在周围他人身上，让周围他人失去为自己说话的权利，成为我们观察的对象。④ 借助这种让周围他人失语的"他者化"（othering）过程，我们就会陷入"自说自话"的怪圈，不断在周围他人身上寻找支持自己看法的证据，这样又会进一步刺激我们的"他者化"要求，形成"越看越像"的自我压迫机制。⑤

我们对自己的目标越"坚定"，就越会把环境和周围他人的不同视为对自己的挑战；越把环境和周围他人视为对自己的挑战，就越需要"坚定"自己的目标。这样，我们真实的自我就被囚禁在"坚定"的目标之下，目标则成了自我保护的外壳，目标有多"坚

---

① J. Orme (2003). "'It's Feminist because I Say So!': Feminism, Social Work and Critical Practice in UK." *Qualitative Social Work*, 2(2):131-153.

② R. Sands and K. Nuccio (1992). "Postmodern Feminist Theory and Social Work." *Social Work*, 37(6): 481-576.

③ J. Orme (2009). "Feminist Social Work." In M. Gray and S. A. Webb (eds.). *Social Work Theories and Methods* (pp. 65-75). London: Sage, p. 73.

④ K. Pringle (1992). "Child Sexual Abuse Perpetrated by Welfare Professionals and Problem of Men." *Critical Social Policy*, 36(1): 4-19.

⑤ B. Featherstone and B. Fawcett (1994). "Feminism and Child Abuse: Opening Up Some Possibilities." *Critical Social Policy*, 42(14), 61-80.

定"，外壳就有多坚硬。改变这种状况的唯一方式，是暂时放下"坚定"的目标，把目光投向当下生活中的小事情，学会倾听环境中他人的不同声音，让他人为自己的生活说话。因此，女性主义所倡导的差异视角是把人与人之间的差异作为第一位，通过对特定问题处境中的这种差异的分析找到我们成长改变的现实空间。① 显然，在这种注重差异的观察视角下，我们需要秉持一种关怀伦理（ethic of care），放弃习以为常的二元对立的思维逻辑，不把周围他人作为自己的对立面，而是作为与我们一样有着自己独特生活经验和成长改变要求的人。② 有了这样的基本信念，我们才不会将20世纪90年代之后多元化趋势下的多样生活以传统的"非黑即白"二元对立思维逻辑简单视之，才能学会运用一种既相互区别又相互关联的整全视角理解特定问题处境中人的成长改变要求。③

三、协同

有了这样的对差异生活的理解，我们就不能采用传统的因果逻辑，以向后看的分析方式考察自己的成长改变要求，而需要站在现在，融入当下的处境，把目光从过去转向未来。④ 显然，女性主义所强调的这种差异视角内含一种未来导向的发展逻辑，它需要重点考察的不是过去怎么样，而是未来怎么办，怎样在这种差异化的现实处境中找到我们自己的成长改变空间。⑤ 实际上，由于我们习惯于采

---

① R. Sands and K. Nuccio (1992). "Postmodern Feminist Theory and Social Work." *Social Work*, 37(6): 489–494.
② J. Orme (2009). "Feminist Social Work." In M. Gray and S. A. Webb (eds.). *Social Work Theories and Methods* (pp. 65–75). London: Sage, p. 72.
③ L. Dominelli (2002). *Feminist Social Work Theory and Practice*. London: Palgrave, pp. 35–36.
④ J. Orme (2009). "Feminist Social Work." In M. Gray and S. A. Webb (eds.). *Social Work Theories and Methods* (pp. 65–75). London: Sage, p. 72.
⑤ M. Valentich (1996). "Feminist Theory and Social Work Practice." In F. J. Turner (ed.). *Social Work Treatment: Interlocking Theoretical Approaches* (4th ed., pp. 282–318). New York: Free Press, p. 290.

用二元对立的掌控逻辑处理现实处境中的差异化生活，常常导致越想掌控越难以掌控的困境，这就是我们常说的"问题"。在这样的问题处境中，如果我们还是强调掌控，就会形成更大、更多问题的恶性循环。如果这个时候我们转变问题应对的策略，暂时放下过度的掌控要求，从生活中不冲突之处入手，就能够找到差异化生活处境中的可改变之处。由此，我们在问题的差异化生活处境中有两种未来选择的路径：一种是继续采用对抗的方式处理生活差异，增强自身对抗逆境的能力；另一种是退回到差异化生活处境中的不冲突之处，从这一点开始学习运用协同（work with）的方式处理生活的差异，让自己的应对方式具有更大的包容力。在差异视角下，这两种路径中的后一种才是多元生活中解决问题的有效方式，它需要我们具有一种既能够融入又能够超越当下差异化生活的现实处境的知识，这是一种从现实的差异化生活处境出发，并且借此拓展我们的差异应对能力的个性化实践。[1]

从因果分析到差异应对

小刘从事助人服务多年，他觉得自己做得越多越不知道该怎么做。小刘说，一开始想得很简单，就是谁遇到问题就帮助谁解决，但是学了"助人自助"的原则之后，就觉得需要尊重每个人自己的想法和选择。这样，他就处在左右为难的困境中，想"助人自助"，尊重人的差异，就需要面对周围环境的冲突，觉得更多的是无力；想只解决问题，又觉得更多的是自我满足，无法收获他人的成长。于是，小刘咨询了机构中有丰富经验的老社工。

老社工让小刘明白了，"助人自助"也同样需要处理问题，只是这种问题不是"助人"所说的不足，而是"自助"中存在的人们之间的差异，因而也就不能把"助人"

---

[1] L. Dominelli (2002). *Anti-Oppressive Social Work Theory and Practice*. London: Palgrave, p. 55.

这种问题解决的因果分析直接拿来用到"自助"的服务中。针对"自助"中的差异问题，人们怎样才能做到"助人自助"呢？这个时候的"助人"就是帮助人们寻找差异问题的解决方法，在差异的对抗中看到一起往前走的可能。

有了差异视角之后，"助人"就不再是因果分析的单向视角下的问题解决，而需要采用一种将环境对人的作用也纳入考察范围的双向整合（both/and）的观察视角，避免让人与环境对立起来。① 在差异化的现实生活处境中，我们的行动应对成效不仅取决于我们每个人自己的行动应对策略，而且取决于周围相关方的行动应对策略。如果我们的行动应对策略与周围相关方的行动应对策略对立，就会出现越努力越无效的结果。这样，我们在差异冲突面前需要放弃二元对立的掌控逻辑，跳出自己的视野，从人与环境双向影响的角度考察自己对应对策略的选择，从中找到能够给生活带来积极改变的差异应对策略。②

在差异处境中寻找一起往前走的应对策略，就是女性主义社会工作所强调的协同，它具有两个重要特征：一是处境化，只有在遭遇问题的处境中我们才能看到成长改变的希望。这种应对策略要求我们放弃那种抽离场景的专注于因果分析的单向思维方式，把问题当作差异，当作我们实现成长改变的现实空间。二是伙伴关系（partnership），只有在问题处境中与周围他人建立起相互支持的伙伴关系，我们才能超越当下人与环境的对立往前走，让我们自己变得更有力量。它要求我们放弃掌控现实的要求，接纳现实差异生活中的各种限制，在限制中寻找人与环境可以协同发展的方式，抛弃替弱者说话这种过于偏向一方而忽视另一方的浪漫化的伦理信念。③

---

① R. Brandwein (1986). "A Feminist Approach to Social Policy." In N. Van Den Bergh and L. Cooper (eds.). *Feminist Visions for Social Work* (pp. 250–261). Silver Spring: NASW Press, p. 260.

② L. Dominelli (2002). *Feminist Social Work Theory and Practice*. London: Palgrave, p. 161.

③ J. Orme (2003). "'It's Feminist because I Say So!': Feminism, Social Work and Critical Practice in UK." *Qualitative Social Work*, 2(2):131–153.

四、平等关怀

女性主义社会工作的差异视角认为，协同改变策略的核心是协助我们建立一种平等关怀的伙伴关系，让问题的相关方都有机会表达自己的想法和感受，创造一种多元的对话方式。[①]

从人文的平等关怀到现实的平等关怀

小刘很喜欢"助人自助"的理念，他平时在助人服务中都要求自己放下身段与受助者平等对话，让他们能够把自己的想法说出来，感受到温馨关怀的交流氛围。不过，有时候受助者也"不买账"，他们会说他站着说话不腰疼，并不了解他们的真正需要，甚至有的还说他有点"假惺惺"。小刘在一次同伴督导中说出了自己的委屈："我这样放下身段交流有错吗？"

同伴告诉小刘，这种放下身段平等交流在日常生活中是很少见的，有些受助者自然会觉得"假惺惺"，或者认为是在做秀。要想改变这种看法，就需要助人服务的提供者学会站在受助者的角度观察他们在日常生活中与周围他人交往的状况，把他们与周围他人的差异当作常态，帮助他们找到这种差异生活中的协同改变方法，促成他们在现实生活中与周围他人平等交流，增强人与人之间的相互关怀。平等关怀不是社会位置的平等，而是对差异生活的包容和理解，它自始至终都需要融入现实生活，是现实的平等关怀。[②]

[①] N. Van Den Bergh (1995). "Feminist Social Work Practice: Where Have We Been? Where Are We Going?" In N. ven Den Bergh (ed.). *Feminist Practice in the 21st Century* (pp. xi–xxxix). Washington, DC: NASW, p. xxxv.

[②] 思路参考 L. Dominelli (2002). *Feminist Social Work Theory and Practice*. London: Palgrave, p. 38。

如何在现实生活中做到包容差异而不是放弃原则呢？女性主义社会工作的差异视角给出了答案，它强调尊重人与人之间的差异性并不是说别人怎么样都可以，而是寻找一种人与环境双赢或者多赢的方式，让我们自己的成长改变在日常生活中找到现实的空间，避免陷入人与环境对抗的游戏，出现做得越多反而冲突越大、制约越多的现象。① 女性主义社会工作的差异视角认为，人与环境是一种交互影响（reciprocity）的关系，人在影响环境的同时，环境也在影响人。因此，我们的成长改变要求从来都是与周围他人关联的，尽管从形式上看，似乎我们的这些成长改变要求是个人成长经历的呈现，是个人提出来的，但是实际上我们的每一个成长改变要求都是在特定的现实生活处境中产生的，受到这种处境的影响，只是有时候我们自己没有意识到，错误地以为这是我们个人的感受和要求。因此，我们在审视自己的成长改变要求时，就不能偏向个人或者环境，偏向个人就会与环境对抗，偏向环境就会与个人对抗，而需要采用互惠（mutuality）的原则，保证我们的成长改变除了能给自己带来益处，还能够给周围他人带来益处，实现人与环境的双向共赢。② 这样的成长改变策略就能够把人与环境相互对抗的制约关系转变成相互促进的协同关系，让我们真正体会到自己的努力不仅可以影响我们个人的成长，而且可以改善环境，因此对自己的生活有了更好的掌控能力。

有了人与环境相互影响的互惠原则之后，我们的成长改变就与环境中的资源运用紧密联系在一起，不再是脱离社会环境的个人能力的成长。③ 这样，我们在个人的成长改变过程中就能够看到自己对环境的积极影响，具有给现实生活增能的成效，既能避免因过于关注个人的成长改变要求而陷入个人"理想化"的增能困境，也能避

---

① V. White (2006). *The State of Feminist Social Work*. New York: Routledge, pp. 16-17.
② L. Dominelli (2002). *Feminist Social Work Theory and Practice*. London: Palgrave, pp. 37-38.
③ Ibid., p. 39.

免因过于注重环境的公正公平追求而陷入"虚假的公平陷阱"。① 女性主义社会工作强调,只有在这种差异视角下考察增能的方式,我们才能从自己视野的束缚中走出来,腾出空间让自己看到环境对自己的影响,从而找到更好地影响环境的成长改变方式。② 这时候的自我也就具有了处境化的特征,涉及特定问题处境中我们反观自己的能力,它直接影响我们在问题处境中成长改变的方向选择,其中包括如何将特定问题处境中周围他人的生活经验转化为我们个人的生活经验和成长改变要求的一部分。③

从不对立之处入手

小秦刚从医院回来不久。两个月前他患上了精神疾病,经过住院治疗,他的病情得到了控制,之后回到家中康复。一回到家,小秦就觉得非常不适应,整天无事可做,熬着时间过日子。尽管小秦的妻子整天忙里忙外,好像有做不完的事情,但是因为担心小秦疾病复发,不让他做任何家务,也不让他与孩子接触,怕给孩子造成不好的影响。有时候,压力大了,小秦的妻子就会向小秦抱怨几句。小秦向帮助他的社会工作者说了自己的苦恼。

社会工作者在家访时发现,小秦的妻子也有很多委屈,她说自己除了上班,还要照顾孩子。孩子的照顾责任全部落在她身上,自己的丈夫不仅不能帮点忙,还需要她来照顾。面对小秦的苦恼和妻子的委屈,从事助人服务的社会工作者应该怎么办呢? 社会工作者需要把小秦与妻子之间的冲突放一放,关注生活中那些不对立的事情,如让

---

① V. White (2006). *The State of Feminist Social Work*. New York: Routledge, pp. 24–25.

② L. Dominelli (2002). *Feminist Social Work Theory and Practice*. London: Palgrave, p. 38.

③ J. Orme (2001). *Gender and Community Care: Social Work and Social Care Perspectives*. New York: Palgrave Macmillan, p. 221.

小秦负责家里卫生的打扫、居住环境的整理等，减轻妻子的一些生活压力，同时让妻子看到丈夫的一点能力，增加相互的认可。更为重要的是，通过这样的尝试，生活发生了微小改变，小秦就能够逐渐融入家庭环境，重新成为家庭的一员，看到自己的社会身份和价值。

从不对立之处入手并不是要回避现实生活中的冲突，恰恰相反，它是让我们在现实的对立冲突面前退后几步，看到现实生活中自己可以影响周围他人的地方。由此，我们才能找到解决现实冲突的办法，在了解周围他人的不同成长改变要求的同时，增强自己应对这种差异化生活处境的成长改变要求的能力。[1] 在差异视角下，我们追求的目标不是通过问题解决适应环境，而是通过找到生活中的不对立之处学会与环境协同发展的方式，即一种人与环境不对立的应对方式。因为此时的人是面对特定处境要求的人，此时的环境是受人的特定成长改变要求影响的环境，人与环境根本无法拆分开来，人的成长改变要求只有与特定环境提供的机会相结合，人才真正有了成长改变的现实空间。[2] 显然，差异视角所强调的尊重不是对人或者人的价值的尊重，而是采用关注特定处境中人与环境双向影响的考察视角，把周围他人作为有自己独特生活经验和成长改变要求的人。[3]

女性主义社会工作给从事助人服务的社会工作者提供了一种新的视角，不仅注重问题的处境化分析，而且强调处境中人与环境的差异化发展要求。这样，对于人与环境而言，既不是适应与否的问

---

[1] L. Dominelli (2002). *Feminist Social Work Theory and Practice*. London: Palgrave, p. 38.

[2] M. Lane (1999). "Community Development and a Postmodernism of Resistance." In B. Pease and J. Fook (eds.). *Transforming Social Work Practice: Postmodern Critical Perspectives* (pp. 131–148). London: Routledge, p. 145.

[3] L. Dominelli (2002). *Feminist Social Work Theory and Practice*. London: Palgrave, p. 72.

题,也不是抗争与否的问题,而是人们能否找到不对立之处,学会非对抗的协同发展应对策略,最终在应对环境挑战中具有带动生活改变的掌控能力。① 因此,在差异化现实生活处境中寻找个性化发展方式就成为助人服务的核心,它有了促进人与人之间相互理解的公正导向实践(just practice)的特征。② 这种人与人之间的理解也就不是传统助人服务所说的纯粹的心理体验,或者人际沟通中的情感共鸣,而是差异化现实生活处境中争取平等关怀的增能过程。③

第四节 多元文化:生命历程与身份自觉

我们每一个人都是在生命这条时间河流中前行的人,无论遇到什么困难险阻,都是生命与我们的相约,是生命给我们讲述的故事,它让我们品味生活中的苦涩,也让我们发现其中的甘甜。正是因为有了生活的品味,我们才有了生命的从容和淡定,有了独一无二的自我。

一、生命历程与问题解决

从多元文化视角审视助人服务出现在20世纪80年代之后,由于受到国际化和全球化的影响,不同国家、不同地区之间的交流快速增加,对多元文化的理解也因此成为人们日常生活中关注的主题之一。④ 助人服务也一样,会遭遇不同文化之间的冲突,如助人服务提供者与受助者来自不同的文化背景,或者不同的受助者来自不同的

---

① J. Orme (2001). *Gender and Community Care: Social Work and Social Care Perspectives*. New York: Palgrave Macmillan, p. 228.

② Ibid., p. 238.

③ J. Orme (2009). "Feminist Social Work." In M. Gray and S. A. Webb (eds.). *Social Work Theories and Methods* (pp. 65–75). London: Sage, p. 74.

④ S. P. Robbins, P. Chatterjee and E. R. Canda (2006). *Contemporary Human Behavior Theory: A Critical Perspective for Social Work* (2nd ed.). Boston: Pearson Education, p. 126.

文化背景。针对这些助人服务中的文化差异，我们在应对中通常有两种不同的态度：一种是"无视差异"（difference blindness）的态度，强调来自不同文化的成员拥有平等的权利①；一种是"承认差异"（recognition of difference）的态度，认为每一种文化都有自己的价值标准，需要相互尊重、平等对话。② 尽管从形式上看这两种对待多元文化的态度正好完全相反，但是实际上它们对多元文化具有相同的观察视角，都把文化差异视为实际生活中客观存在的现象，站在生活之外对现象进行分析，只是"无视差异"注重不同文化之间相同的方面，而"承认差异"关注不同文化之间不同的方面。显然，多元文化视角的难点就在于，如何在助人服务中既保持不同文化之间的平等又尊重相互之间的差异。③

在差异中寻求平等的交流，其实是助人服务经常需要面对的一个难题。对此，多元文化视角认为，我们首先需要转变的是观察视角，不能从客观静态的角度考察文化，把文化差异视为客观存在的现象，而需要转变为从主观动态的角度审视文化，把文化差异当作人理解现实生活的不同视角，来自每个人各自不同的生命历程。这样，我们在日常生活中遭遇的问题实际上是个人生命历程中面临的问题，既与我们的生命经历以及对社会处境和环境资源的意识有关，也与我们对实际生活问题的了解和具有的问题解决能力相联系。④ 相应地，我们遭遇的问题以及问题解决过程，就不是问题解决模式所认为的纯粹客观问题的解决，它具有意义价值解释的文化维度，意味着不同的人的生命经历是不同的，给出的答案也是不同的；

---

① A. Gutmann (1994). "Introduction." In C. Taylor and A. Gutmann (eds.). *Multiculturalism* (pp. 3–24). Princeton: Princeton University Press, p. 4.

② A. Rattansi (2004). "Dialogues on Difference: Cosmopolitans, Locals, and 'Others' in a Post-National Age." *Sociology*, 38(3): 613–621.

③ P. Sundar (2009). "Multiculturalism." In M. Gray and S. A. Webb (eds.). *Social Work Theories and Methods* (pp. 98–108). London: Sage, p. 100.

④ W. Devore and E. G. Schlesinger (1999). *Ethnic-Sensitive Social Work Practice* (5th ed.). Boston: Allyn and Bacon, pp. 139–140.

即使是同一个人，也会随着生命经历的丰富，针对同一个问题给出不同的问题解决的答案。

依据这样的观察角度的转变，多元文化视角把传统助人服务的问题解决模式分为两个既相互关联又相互区别的部分：对问题本身的分析和对问题相关方的分析。前者强调问题是什么、怎么解决，把问题作为一件事情，注重事情本身如何处理；后者聚焦问题与谁相关、怎么协调，把问题放在社会处境中，关注利益相关方如何平衡发展。① 这样，问题解决模式就不再是"空中楼阁"，可以"不食人间烟火"，不管周围他人的感受，只关注问题本身如何解决，而需要与特定社会处境中的利益相关方联系在一起，是我们在特定社会处境中遭遇问题进而寻找解决的过程。② 简单来说，多元文化视角把助人服务看作"问题解决模式+利益相关方分析"，它要求我们在问题解决过程中始终关注利益相关方的想法，学会协调与利益相关方的关系。③

生活中的问题解决

小齐从事社会工作多年，尽管在学校读书的时候也学过心理咨询的课程，而且通过了心理咨询师的考试，但是在实际提供助人服务的过程中常常分不清两者的差别，导致有时候不知道该如何准确界定受助者的问题，当然也就很难找到有效的助人服务方法。小齐发现，在日常生活中开展心理咨询有一个显著特点，就是受助者的改变总是与周围他人紧密联系在一起，无法割裂开来，看上去更像是家庭辅导或者同伴辅导，这种能够把周围他人联系起来的心理咨询方式更实用。但是经过几年的实践，小齐认识

---

① G. G. Wood and R. Middleman (1989). *The Structural Approach to Direct Practice in Social Work*. New York: Columbia University Press, p. 27.

② W. Devore and E. G. Schlesinger (1999). *Ethnic-Sensitive Social Work Practice* (5th ed.). Boston: Allyn and Bacon, p. 122.

③ Ibid., p. 123.

到，在现实生活场景中开展服务最为关键的是要从实际出发，它是什么就是什么，要采用一种自下而上的问题解决模式。

为此，小齐根据自己的实践经验总结出社会工作在日常生活场景中开展助人服务的基本步骤：

小齐觉得，在日常生活场景中开展助人服务的目的是促进人们生活的改善，需要以生活安排问题的克服为主线，它最大的特点就是促进人与环境协同发展，不能过于偏向心理干预，也不能过于偏向社会分析。

一旦传统的问题解决模式转变成"问题解决模式+利益相关方分析"，受助者遇到的问题就不是从个人角度考察的心理方面的困扰，也不是从社会角度分析的环境方面的不足，而是有着成长改变意愿的人在现实生活中遭遇的阻碍，这使他们的生活掌控感面临威胁，生活安排出现问题。这样，对人际关系的考察就成为心理结构分析和社会结构分析的前提，它让心理干预和政策实践有了现实基础，不至于片面夸大心理干预或社会分析的作用。因此，干预的策略也需要相应做出调整，不再以目标为导向，采取自上而下的服务方式，而是以成效为导向，关注受助者自身在问题面前自下而上的选择和改变能力。受助者遭遇的问题也就需要切割成一个一个小问题，在解决小问题的尝试中呈现利益相关方的不同要求。只有这样，受助者的成长改变才有现实的生活基础，人与环境才能协同发展，从而避免个人与环境的对立。因此，多元文化视角强调，每个人都是现实生活问题的解决者，都具有问题解决的能力。① 不过，这种问题解决能力只有在自下而上的行动尝试中才有生存发展的空间，才能够减少社会歧视和社会排斥现象的出现。②

多元文化视角发现，这种注重"问题解决模式+利益相关方分析"的助人服务逻辑，只关注受助者成长改变经历中的横向关联。然而，人们同时具有时间维度上的纵向关联，通过记忆和想象将过去、现在和未来联系起来，这样的纵向关联使得受助者的成长改变总是与生活经验的发掘以及未来希望的赋予结合在一起，它是一个充满酸甜苦辣的生命探索过程，而问题和问题解决就是这种生命探索的主线，不断推动着人们的成长改变。因此，针对问题和问题解决，我们就不能站在生活经验之外"就事论事"，而是需要将其与受助者自身的成长经历联系起来，协助受助者考察自己之前是否遭遇过类似的问题以及尝试过哪些应对办法，以此为基础探索新的问题解决方式。多元文化视角认为，传统的问题解决模式看起来很客观，但是实际上它忽视了受助者的生活经验，导致问题解决过程缺乏现实的生活经验基础，而事实上任何人都无法脱离自己的生活经验来谈问题和问题解决。传统的助人服务不仅无法让受助者对自己更有信心，而且加剧了受助者对自身拥有的宝贵的生活经验的怀疑。在多元文化视角看来，受助者不是环境的被动适应者，而是有着独特生活经验和成长目标的主动参与者。③

如果从人的成长改变经历来看日常生活中遭遇的问题，我们很快就能发现，对自己所处的位置以及周围他人要求的考察是问题解决不可缺少的部分；否则，即使问题得到了解决，我们与周围他人的人际冲突也会加剧，或者因问题解决而出现新的人际冲突，或者

---

① W. J. Reid (1986). "Task-Centered Social Work." In J. Turner (ed.). *Social Work Treatment: Interlocking Theoretical Approaches* (pp. 267-295). New York: Free Press, p. 270.

② W. Devore and E. G. Schlesinger (1999). *Ethnic-Sensitive Social Work Practice* (5th ed.). Boston: Allyn and Bacon, p. 121.

③ Ibid., p. 127.

因问题解决成效无法得到维持而反弹。这样的问题解决结果意味着，我们如果希望从传统的问题解决方式转变成多元文化视角下的问题解决方式，就需要借助特定问题处境中的身份自觉过程。也就是说，我们在问题解决过程中会遭遇周围他人的不同看法和要求，周围他人对问题和问题解决往往有自己的理解。这样，问题解决过程实际上是人们不同成长经验之间的对话和碰撞过程，具有意义价值层面的诉求。[1] 因此，在多元文化视角看来，问题解决过程就是我们在特定问题处境中明确自己与周围他人的不同以及寻找和获得身份认同的过程，这样的身份不仅自己认可，而且周围他人也认可，既有现实的生活基础，也有意义价值的文化内涵。[2]

这种身份认同有赖于我们在问题解决过程中对自己所处位置及应对处境方式的自觉，也就是要了解自己到底身处什么位置、与周围他人有什么不同以及自己如何根据周围他人的成长改变要求做出积极的回应。可以说，这是我们在特定处境中对自身应对行动的伦理价值层面的考察，回答周围他人为什么采取这样的问题解决方式以及自己应该做出什么样的回应，绝不是站在"专家"的立场上对自己或者周围他人所认同的伦理价值标准进行客观分析。显然，这种问题解决处境中的身份自觉涉及对人与人之间的伦理价值差异的考察以及文化自觉能力的提升，它要求我们由从单一视角理解问题解决过程转变成从多元视角考察问题解决过程，把我们自己与周围他人之间针对问题和问题解决进行的对话交流也作为问题解决过程的组成部分，使问题解决过程具有重构我们的个人成长经验、身份和文化价值的作用。[3]

---

[1] J. W. Green (1995). *Cultural Awareness in Human Services*. Boston: Allyn and Bacon, p. 12.
[2] W. Devore and E. G. Schlesinger (1999). *Ethnic-Sensitive Social Work Practice* (5th ed.). Boston: Allyn and Bacon, p. 131.
[3] P. Sundar (2009). "Multiculturalism." In M. Gray and S. A. Webb (eds.). *Social Work Theories and Methods* (pp. 98–108). London: Sage, p. 99.

二、处境化差异分析

美国新墨西哥高地大学的一名社会工作学者何塞·希斯内罗斯（Jose A. Sisneros），根据自己三十多年服务拉丁裔社区的实务经验，探索多元文化视角下的助人服务逻辑。希斯内罗斯发现，所谓多元文化视角，就是尊重人与人之间的差异性，把人与人之间的差异作为服务的前提，完全不同于传统的问题解决模式。这种模式反对站在"中立"立场上对人进行"客观"分析，认为传统问题解决模式所强调的"客观"分析只会加剧服务双方的对立，不仅让双方看到各自生活中不同的位置和经验，而且常常借助"客观事实"使得强势一方的要求合理化，并迫使弱势一方做出让步，按照强势一方所要求的发生改变。因此，希斯内罗斯在关注差异审视的多元文化视角基础上，提出引入注重权力关系考察的批判视角的建议。他认为，只有通过这两种观察视角的结合，我们才能在看到相互之间存在的差异的同时，不掉入"谁都对"的相对主义陷阱，找到特定社会历史处境中需要努力克服的社会歧视和社会排斥。①

这样，希斯内罗斯把场景分析、差异分析和权力关系分析结合在一起，在特定场景中探寻多元化差异所呈现的权力关系，从中寻找可改变之处。对于希斯内罗斯来说，我们只有借助一种他称之为批判意识（critical consciousness）的自我审视，才能发现多元权力关系中的成长改变路径。这种批判意识基于我们对自己过往经验的考察，是一种向内审视的自我觉察，它要求我们反观自己的经验并对其中过度强调一致或对立的部分保持警觉，以便从自己视为理所当然的经验中看到隐藏的社会歧视和社会排斥。希斯内罗斯认为，要是我们缺乏这种批判反思的自觉意识，就无法在处境化的差异分析中看到自己所处的特定位置，当然，也就无法在多元生活中找到自

---

① J. Sisneros, C. Stakeman, M. Joyner and C. L. Schmitz (2008). *Critical Multicultural Social Work*. Chicago: Lyceum Books, p. 6.

己成长改变的空间。① 正是因为如此，我们就需要放弃习以为常的类型化思维方式，那种静态的总是关注"是什么"的分析思考方式，而应将人与环境紧密联系起来，并且通过批判反思这种经验自觉不断深入了解自己所处的位置，找到其中的成长改变的突破口。下面，我们来看一看处境化差异分析怎么做。

处境化差异分析

第一步，把生活中遭遇的问题与处境联系起来，使用处境状况提问，如"你是在什么处境下发现这个问题的"或者"你是在做什么事情的时候遇到这个问题的"等，避免"问题是什么"的类型化分析。

第二步，找出问题处境中的相关方，使用人际关联提问，如"这件事谁会在意"或者"这件事可能影响到谁"等，避免"关系好坏"的人际关系或者人际沟通状况的提问。

第三步，寻找相关方的行动理由，使用循环动机提问，如"他是看到你的什么表现采取这样的行动方式的"或者"你觉得他这样做是针对你什么方面的表现"等，避免直接询问"他为什么这样做"。这种直接动机提问容易导致对立。

第四步，挖掘相关方行动的合理性，使用关键词的词语替换提问，用中性一点的词替换饱含情感的关键词，如"他这样做让人感到不舒服"，用"不舒服"替代"恶心"，以减少个人情绪对事情判断的主观影响。

第五步，澄清自己的行动应对方式，使用行为取向提问，如"针对他人的要求你是怎样做的"或者"在问题困

---

① J. Sisneros, C. Stakeman, M. Joyner and C. L. Schmitz (2008). *Critical Multicultural Social Work*. Chicago: Lyceum Books, p. 6.

境中你是怎么做的",避免"你自己是怎么想的"这种认知取向的提问。

第六步,聚焦未来可改变的行动空间,使用成效反思提问,如"你觉得做什么会让情况好一些"或者"你觉得怎样做成效会更好",避免针对既存事实进行讨论,导致相互抱怨。

显然,第一步和第二步是让问题处境化,第三步和第四步是明确处境中周围他人的位置,第五步和第六步则是确定处境中自己的位置。通过处境化差异分析的这六步,人们就能够在问题的特定处境中找到自己成长改变的空间。

处境化的差异分析不同于类型化的内容分析,不再针对问题的内容和特征进行静态的考察,这种静态考察会导致"我"与"你"、"人"与"环境"的两极对立,而是通过对处境中的应对行动及其成效的动态考察将人与环境紧密联系起来,拓展特定处境中人的成长改变空间,实现人与环境的协同发展,让应对多元环境变化也成为我们自我成长的重要内涵。[①] 因此,针对日常生活中的问题,我们一旦丢失了处境化的分析,就会不自觉地忽视环境的变化和环境的模糊性,把环境视为固定不变的,对抗环境的变化,看不到不利的社会处境中我们需要面对的社会歧视和社会排斥的挑战。[②] 而我们一旦放弃多元的差异视角,就无法认识到人与环境、人与人之间的差异,无法在矛盾冲突中找到协同发展的空

[①] E. Keenan (2004). "From Sociocultural Categories to Socially Located Relations: Using Critical Theory in Social Work Practice." *Families in Society*, 85(4): 539-547.

[②] D. Nylund (2006). "Critical Multiculturalism, Whiteness, and Social Work: Towards a More Radical View of Cultural Competence." *Journal of of Progressive Human Services*, 17(2): 27-42.

间，弱势就会变得更为弱势，强势也会变得更为强势。① 因此，处境化差异分析包含两个方面的重要内涵：一是让环境成为我们应对策略的重要组成部分，使我们的自我拥有应对环境变化的能力；二是让人与环境（人与人）之间的对立转变成协同发展，使我们的自我能够从原来人与环境对立的束缚中跳出来，具有随环境而变化的驾驭能力。可以说，多元差异视角其实是要在人与环境的对抗和适应之间找到"第三条"成长改变道路：在接纳差异的基础上寻找协同成长的方式。②

三、自觉意识

人的成长改变离不开一种很重要的能力，就是人的自我反思（self-reflection）能力。它要求我们不是向外看，去观察和分析外部的环境，而是向内看，学会发掘并且接纳自己生活经验中的差异部分，从而摆脱单向度的类型化分析。③ 正是借助自我反思这种学习方式，我们才能从生活的外部走入生活的内部，在现实的生活场景中体验特定历史条件下遭遇的问题以及自身的理解方式，才能根据环境的变化对自身经验进行重组，探索新的行动尝试，将环境的变化纳入自我经验的建构，找到多元环境下我们成长改变的空间。④ 因此，自我反思能力的培养是实现助人服务从"助人"向"自助"转变的关键。当然，它也是挖掘我们成长改变动力的核心所在。有了这种能力，我们才能够主动调整自己生活中那些无效的应对行动，不再把自己与环境或者他人对立起来，看到生活冲突中那些改变的可能。⑤

---

① J. Ife (2008). *Human Rights and Social Work: Towards Rights-Based Practice*. Port Melbourne: Cambridge University Press, p. 79.

② N. Bissoondath (1994). *Selling Illusion: The Cult of Multiculturalism in Canada*. Toronto: Penguin Books, p. 163.

③ Y. Abu-Laban (2002). "Liberalism, Multiculturalism, and the Problem of Essentialism." *Citizenship Studies*, 6(4): 459-482.

④ J. Sisneros, C. Stakeman, M. Joyner and C. L. Schmitz (2008). *Critical Multicultural Social Work*. Chicago: Lyceum Books, p. 6.

⑤ Ibid., p. 7.

把人与环境对立起来的观察视角是一把双刃剑,它一方面塑造了生活暴力(violence)和文化霸权(imperialism),另一方面又导致了个人无力感(powerlessness)和社会边缘化(marginalization),两者相互作用,就会形成权力掌控游戏的恶性循环。① 在这种恶性的相互影响中,无论强势一方还是弱势一方,都会在日常生活中遭遇越来越多的阻力,逐渐失去对生活的掌控感。② 因此,我们需要有一种反思自身经验的自觉意识,在逐渐失去生活掌控感的问题困境中察觉到这种恶性循环的不良后果,主动提醒自己放弃这种无谓的对抗,从人与环境对立的"小我"中跳出来,找到更为良性的人与环境相互促进的循环圈,让每个人重新找回自我,找回对生活的掌控感。③

从"我要做"到"我能做"

小李从事社会工作六年了,他发现一个有趣的现象,只要自己有明确的服务目标,也就是想要做成什么,往往做起来很费劲,而且很容易有挫败感。如果自己只求用心做,却常常能够做好一开始看起来很难做到的事情。社工服务机构的老张听了小李的经验分享之后,很认同小李的想法。他告诉小李,事情就是这样:一旦人们做事有了明确的目标,就很容易站在自己的角度看待环境,关注"我要做什么",把自己的感受和想法放在了第一位,忽视环境的变化;而一旦人们把自己的目标放下一些,用心做好需要做的事情,就会留意环境的要求,看到在目前这样的环境条件下"我能做什么",把环境的变化

---

① I. M. Young (1990). *Justice and the Politics of Difference*. Princeton: Princeton University Press, p. 39.
② L. A. Bell (1997). "Theoretical Foundations for Social Justice Education." In M. Adams, L. A. Bell and P. Griffin (eds.). *Teaching for Diversity and Social Justice: A Sourcebook* (pp. 3–15). New York: Routledge, p. 13.
③ M. E. Kondrat (1999). "Who Is the 'Self' in Self-Aware: Professional Self-Awareness from a Critical Theory Perspective." *Social Service Review*, 73(4): 451–477.

放在了第一位,对环境、对周围他人就有了更为包容的态度。

老张还与小李分享了一张总结自己多年服务经验的图:

```
我要做什么 ━━━ ━━━ ━━━ ━━━ 要我做什么
  (人)           ↑            (环境)
              我能做什么
             (人在情境中)
```

从表面上看,"我要做什么"与"我能做什么"只是一字之差,前者比后者更为主动,但是实际上,我们仔细比较就会发现,"我能做什么"与"我要做什么"有着本质的不同。如果把"我要做什么"看作做事方式的一端,强调人与环境联系中的人,注重个人心理的调适,把"要我做什么"当作做事方式的另一端,注重人与环境联系中的环境,关注社会层面的改善,那么"我能做什么"就是介于"我要做什么"与"要我做什么"之间,是在"要我做什么"的基础上寻找"我要做什么"。这样,就有了更深层次的主动,是一种自觉的主动,了解在一定的处境中可以做什么,这种做事方式不仅更为持久,而且更为有效。[1] 因此,从"我要做什么"到"我能做什么",不只是做事的方式发生了改变,更为重要的是,做事的人的观察视角也发生了根本转变。从原来单一角度的观察,只注意我想要什么、我想做什么,转变成双向角度的考察,关心我能做什么、做什么可以促使生活发生改变,从而将环境变化纳入自我意识的考察范围,我们的自我因此有了随环境变化而变化的自觉能力。[2] 有了这种生活的自觉能力,我们才能够从"我要做什么"或者"要我做什么"的问题困境中看到成长改变的希望,跳出原有

---

[1] J. Sisneros, C. Stakeman, M. Joyner and C. L. Schmitz (2008). *Critical Multicultural Social Work*. Chicago: Lyceum Books, p. 22.

[2] Ibid., p.24.

意识的局限，理解不同人的不同观察角度，培养出与多元差异生活相处的能力。①

显然，与以往助人服务的观察视角相比，多元文化视角有一个显著的特征，就是对生活差异的关注。只有对自身所处独特位置有所了解，我们才能增强对特定处境中的成长改变的自觉意识，不再聚焦于是什么的"客观事实"分析，也不再聚焦于应该是什么的"主观价值"判断，而是探索在特定处境中如何改变的"经验事实"。这既与我们以往的生活经验有密切的联系，具有主观性，也与我们对自身经验的批判反思能力紧密相关，具有客观性，是我们在特定处境中创造自身成长改变空间的探索过程。② 从这一点来说，我们的成长改变过程就是一次灵性旅程（a spiritual endeavor），我们需要从原有的自我束缚中解放出来，看到问题遭遇中呈现的周围他人和环境的不同要求，把面对生活差异时的"熟视无睹"或者"对立抗争"转变成包容和开放，这样我们才会具有更深层次的成长改变的自觉意识。③

正是基于对处境化差异的考察，多元文化视角给我们带来了理解问题和问题解决的新角度，它不再把问题当作人与环境交流中产生的差异，需要人与环境相互适应，而是把问题视为我们的自我对现实生活中差异经验的忽视，因此需要通过对自身处境的批判反思提升对生活差异的警觉，在接纳生活的差异中找到问题解决的方法，让我们的"内心更加安全"（inner sense of security），能够欣赏每一个生命、每一时刻的独特美妙之处。④

---

① D. Lum (1982). "Toward a Framework for Social Work Practice with Minorities." *Social Work*, 27(3): 244–249.

② C. L. Schimitz, C. Stakeman and J. Sisneros (2001). "Educating Professionals for Practice in a Multicultural Society: Understanding Oppression and Valuing Diversity." *Families in Society*, 82(6): 612–622.

③ S. P. Robbins, P. Chatterjee and E. R. Canda (2006). *Contemporary Human Behavior Theory: A Critical Perspective for Social Work* (2nd ed.). Boston: Pearson Education, p. 149.

④ D. W. Sue and D. Sue (1999). *Counseling the Culturally Different: Theory and Practice* (3rd ed.). New York: John Wiley & Sons, p. 136.

第五章

生命是一种整合

生命必然需要突破人与环境的二元分割。只有借助人的在地参与和生活自决,才能实现生命的整合。社会工作亦不例外,也需要将关注人群服务的问题解决与关注场景服务的自我成长整合起来。

当我们用抱怨面对生活时，生活就会用沮丧回馈我们；当我们用笑脸迎接生活时，生活就会充满喜悦。生活中有许多令人沮丧的事，学会用笑脸迎接沮丧，才能发现生命的美妙。它的美妙不是随心所愿，心想事成，而是于困境中孕育勃勃生机。人只有在环境中才真正拥有生命力。生命的种子就是我们心中的微笑，从微笑那一刻起，生命就开始在我们的内心生长。

第一节 宏观视角：生活自决与在地参与

小时候，总以为长大了我们就能够做自己喜欢的事。等长大了之后才发现，我们的生活依旧如此，小时候的梦想成了我们的记忆。每一种环境都有自己的要求，我们就是生活在这样那样的现实生活要求之下的人，我们成长改变的空间就在我们的身边，就在我们每一次用心倾听周围他人的要求中，也在每一次我们遭遇困境之后的探索中。

一、生活自决

从我们的生活经验来看，问题解决与环境条件有着密切的关系，不同的环境条件需要有不同的问题解决办法，这似乎是我们的生活常识。但是，对环境因素的考察直到第二次世界大战后才受到一些学者的关注，他们要求助人服务从"社会"的角度重新审视问题解决的过程和方式,把社会处境视为问题解决不可缺少的一部分。① 在社会处境中寻找问题解决方法的这一理念,到了20世纪90年代初才真正得到社会的普遍关注。学者们发现,这种从社会处境入手解决问题的视角(也被称为宏观视角),不仅与直接针对问题寻找解决办法的传统问题解决模式有着本质的区别②,而且使得在日常生活中帮助人们解决问题的社会工作有了明显区别于其他助人服务的位置、方法和依据③。正是因为如此,宏观视角下的社会工作不是指一般意义上的间接社会工作(indirect work),即那种不把焦点放在个人、家庭、同伴等微观层面,而直接针对社区、国家甚至国际等宏观环境层面开展的间接帮助人们改变的服务④,也不是指传统的三大社会工作手法中的社区工作,即那种以社区为基本单位考察服务的组织和实施的方式,而是指从社会处境入手规划助人安排的宏观视角下的直接服务,是一种社会处境中的临床服务⑤。可以说,宏观视角下的社会工作其实是一种观察视角,它强调从社会处境出发规划助人的服务安排。这与社会工作所强调的"人在情境中"的核心理念是一致的。

在这样的宏观社会处境视角下,我们参与当地(地方)的生活安排就成为我们成长改变的关键之一,因为只有参与,我们才能与周围他人建立起联系,了解当地生活安排的要求,进而影响当地生活的变化,让自己成为当地生活变化的促进者。⑥ 这种宏观视角显然

---

① H. Bisno (1956). "How Social Will Social Work Be?" *Social Work*, 1(2): 12–18.

② W. G. Brueggemann (2002). *The Practice of Macro Social Work* (2nd ed.). Belmont: Books/Cole, p. xxi.

③ D. D. Long, C. J. Tice and J. D. Morrison (2006). *Macro Social Work Practice: A Strengths Perspective*. Belmont: Thomson Higher Education, p. 3.

④ D. Pierce (1989). *Social Work and Society: An Introduction*. New York: Longman, p. 167.

⑤ D. D. Long, C. J. Tice and J. D. Morrison (2006). *Macro Social Work Practice: A Strengths Perspective*. Belmont: Thomson Higher Education, pp. 3–4.

⑥ W. G. Brueggemann (2002). *The Practice of Macro Social Work* (2nd ed.). Belmont: Books/Cole, p. 3.

与传统的问题解决模式有一个显著差别,就是把环境视为开放的、变化的,我们不是在给定的外部环境条件下通过个人心理的调整适应这种人为假定的外部环境,如家庭、同伴、社区等标准化的生态环境,而是在变动的环境中通过我们个人的在地参与促进自我的成长改变。[1] 这样,我们的成长改变也就离不开责任承担,我们在日常生活中的任何行为选择都需要回答一个问题,即如何加深与周围他人的联结。也就是说,在面对周围他人的不同生活安排要求时,如何承担起自己的责任,不去歧视或者排斥别人,避免把自己的意愿强加给别人。[2] 显然,这种宏观视角下的助人服务具有减少社会处境中存在的不公平现象的作用。[3]

威廉·布吕格曼(William G. Brueggemann)是日本九州保健福祉大学的一名社会工作教授。[4] 由于受"后现代社会"(post-modern era)思潮的影响,从20世纪90年代开始,他把"后现代社会"所倡导的社会建构思想运用到社会工作的助人服务中,重新梳理宏观社会处境视角。布吕格曼认为,"后现代社会"思潮的核心内涵是消除人与环境二元对立的思维方式,不再只关注个人如何通过内部的心理调整适应外部环境,或者只关注如何借助增强外部社会支持来保障个人的生活权益。这些做法都只强调人与环境中某个因素的作用,从而破坏了人与环境之间的现实联结,最终让人丢失了对于自己生活的主动性和自主性。我们需要将人与环境联系起来,把现实视为人与环境相互影响、相互建构的过程,找回传统问题解决模式

---

[1] M. Reisch and C. Garvin (2016). *Social Work Practice and Social Justice: Concepts, Challenges, and Strategies*. New York: Oxford University Press, p. 4.

[2] National Association of Social Workers (2008). *Code of Ethics of the National Association of Social Workers*. Washington, DC: NASW.

[3] W. G. Brueggemann (2002). *The Practice of Macro Social Work* (2nd ed.). Belmont: Books/Cole, p. 3.

[4] 他的宏观社会工作论述的具体内容,可以参考阅读 W. G. Brueggemann (2002). *The Practice of Macro Social Work* (2nd ed.). Belmont: Books/Cole。

遗失了的助人服务的核心内涵：人对生活的自决意识和能力。① 因此，布吕格曼建议放弃"专家式"的自上而下的现代思维方式，那种直接针对不足而指导我们开展助人服务的逻辑，留出多一些时间倾听那些生活中遭遇困难的受助者自己的想法和感受，协助他们找回为自己生活做出决定和安排的"自决"机会。② 只有在"自决"中，受助者才能够结合环境变化在日常生活中进行自主学习，增强安排自己生活的能力和信心，形成"后现代社会"所强调的一种自下而上的建构思维方式。

从生活的失控到生活的自决

小李从事助人服务多年，他发现，人们喜欢"就事论事"，只针对具体的问题开展服务，这样做的目的很清楚，就是解决个人面临的具体问题。但小李觉得，如果助人服务仅仅聚焦受助者的具体问题，而应对问题的方式不变，受助者下次还是会出现类似的问题。这样，助人服务就像拆了东墙补西墙，把生活中有余的部分拿出来去弥补不足的部分，疲于奔命。如何才能改变这种助人服务的状况呢？小李为此感到很困惑，向机构中有十多年丰富实务经验的老赵咨询。

老赵向小李解释说：对于问题，我们通常有两种解释方式。一种把自己视为局外人，站在他人生活之外看他人，自然就会把他人在日常生活中遭遇的问题看作不足；另一种把自己当作局内人，体会他人在日常生活中遭遇问题之后怎么办，自然会把问题看作一种令人困扰的处境，在这种处境中人们逐渐失去了对生活的掌控能

---

① P. F. Drucker (1989). *New Realities in Government and Politics, in Economics and Business, in Society and World View.* New York: Harper & Row, pp. 3-4.

② W. G. Brueggemann (2002). *The Practice of Macro Social Work* (2nd ed.). Belmont: Books/Cole, pp. 397-398.

力。传统的问题解决模式就是第一种看问题的方式，它解决问题的办法只能是"就事论事"。这种解决问题的方式在封闭式的机构环境中是可行的，但是在开放式的生活环境中就会面临挑战。人们通常不愿意被当作"有问题"的人，也就是"被问题化"，而且即使人们在机构中学到了问题解决的办法，也不具有随着环境变化进行自我调整的能力，就会出现学了很多但能够用起来的很少的现象，最后大家疲于奔命。要改变这种状况，人们必须分清楚这两种问题解决方式的不同，对于开放式的生活环境中的问题，就需要走进日常生活，不是站在生活之外"坐而论道"，而是把问题看作人们失去对生活的掌控能力，从帮助人们找回生活掌控感开始助人服务，让人们重新拥有对自己生活的自决能力。这样，助人者就不能仅仅盯着需要帮助的人，而应当从单向的问题解决的视角中跳出来，将环境作为人们自我成长改变不可缺少的生活土壤，从环境的联结和生活的参与入手，增强人们在开放、变动的环境中掌控生活的能力。

因此，助人服务有两种问题解决的方式："不足消除"的问题解决和"自我成长"的问题解决。

助人者（管理者）　　　　　参与
不足⇧消除　　　　　受助者⇄环境（他人）
　适应　　　　　　　　　　自决
受助者⇄环境（他人）　　自我⇧成长
　一致　　　　　　　　助人者（协助者）

在布吕格曼看来，参与是加强人与环境联结的唯一办法，也是摆脱在生活之外"坐而论道"的唯一方式，只有通过参与，我们才能把环境视为自我成长的现实条件，在现实生活中找回自决的意愿和能力，提升对生活的掌控感和获得感。① 不过，对于布吕格曼来说，人的自决不能从字面上解释，简单理解成能够为自己的生活安排做出决定，它其实包含了我们生活观察视角的转变，让我们不是直接从想法入手做出生活安排，而是从感受入手接纳环境的变化，尊重人与人之间的差异，学会自下而上的目标制定方式，并且与周围他人保持协同合作的关系。因此，这样的自决具有两个方面的重要内涵：一是在特定处境中如何应对的实践自决。这种自决要求我们眼睛朝下看，并且通过我们对在地环境要求的接纳、了解和探索找回自己的成长改变空间，它让我们拥有改变环境的能力和更为自信的自我，了解在特定的在地处境中自己可以做些什么。二是在特定处境中与环境一起改变的自决。这样的自决需要我们看到自己的应对行为与环境改变之间的关系，找到可以影响环境的应对方式，让我们对在地环境有掌控的信心，能够与周围他人一起创造属于自己的家庭、社区和社会。② 显然，布吕格曼所说的自决是一种把自己融入环境并且能够带动环境一起改变的自决，是一种能够增强个人社会性的自决，绝不是传统问题解决模式所推崇的个人心理品质层面的自决。③

二、"后现代社会"思维

仔细比较就会发现，传统的问题解决模式与布吕格曼所倡导的社会宏观视角的服务逻辑是不同的。前者凭借的是观察分析，要求我们把日常生活中的不足部分找出来，只针对这些不足开展修补服务，像个人能力的缺乏、社会支持的薄弱以及亲子关系或者家庭结构的不平衡等，就是不足分析的典型例子。类似的还有生态和系统分析，也强调针对生活中失衡的部分进行调适。这样的服务逻辑背

---

① W. G. Brueggemann (2002). *The Practice of Macro Social Work* (2nd ed.). Belmont: Books/Cole, p. 419.

② Ibid., p. 423.

③ H. Specht and M. Courtney (1994). *Unfaithful Angels: How Social Work Has Abandoned Its Mission*. New York: Free Press, p. 27.

后有一个明确的假设，即个人只要具备良好的分析理性，就能够找到这种生活不足的修补办法。① 这种注重科学分析的静态理性来自对个人价值的推崇，它相信每个人都具有价值和尊严，只有确保个人的内在价值和尊严，每个人才可能具有独立性和自主性，承担起个人应该承担的责任。② 正是因为如此，遭遇困难的受助者常常表现为缺乏责任感，不是不敢面对问题害怕承担责任，就是有意回避问题无视自己的责任。传统的问题解决模式就是建立在这样的伦理价值基础之上的，它把个人的价值与环境的要求对立起来，强调通过提升理性分析能力增强个人对环境的适应或者掌控的能力。这种只关注修补生活不足的问题解决方式实际上是现代社会所强调的一种思维方式，其追求的是普遍化、标准化的"自上而下"的科学知识。③ 这种"自上而下"的科学知识很容易与我们的生活经验发生冲突，特别是在生活环境比较多样、变化比较大的"后现代社会"中，这种冲突就更为明显，我们的生活计划往往赶不上生活的实际变化，导致了这样一种常见现象："专家"说的都对，就是解决不了实际问题。对此，布吕格曼提出"后现代社会"的思维方式，关注通过参与在地事务帮助我们提升在变化环境中的学习能力。这是一种"自下而上"的经验学习，它依据的不是与环境变化脱节的个人主义的个人价值和尊严，而是一种能够融入环境并且随环境一起变化的实践场景中的个人价值和尊严。④

从指导到陪伴

小刘在社区的助人服务中发现一个有趣的现象，当服务结束时，问及受助者什么使他们改变，他们常常回

---

① W. G. Brueggemann (2002). *The Practice of Macro Social Work* (2nd ed.). Belmont: Books/Cole, pp. 29-32.

② Ibid., p. 39.

③ Ibid., p. 3.

④ M. Reisch (2016). "Why Macro Practice Matters." *Human Service Organization: Management, Leadership & Government*, 21(2): 1-3.

答的是因为在与小刘的接触过程中体会到小刘真正为他们好，愿意为他们着想，愿意和他们交朋友，也愿意为他们做一点事情。但是小刘自己觉得并没有做什么，更谈不上有什么专业性。她向机构的督导老张咨询为什么会这样。

老张告诉小刘，助人服务有两种。一种关注做事，用专业来树立威信，主张遇到什么问题就解决什么问题，有什么要求就满足什么要求；另一种关注做人，用陪伴来柔化人心，强调关心人的疾苦，用心去体会别人的感受，想办法做一点力所能及的事，减轻人的痛苦和困惑。在日常生活中，人们遇到的问题常常与很多因素相关联，如果我们用做事的方式，很容易掉入做得越多越无效、做得越多越迷茫的"陷阱"。相反，如果我们采用做人的方式，用心去做好一些日常生活中的小事，就能让人们看到生活的改变，找回自己的信心和努力的希望。

显然，老张所说的"做人"服务不同于传统社会工作注重的问题解决式的"做事"服务，它关注生活中哪里可改变、如何实现这样的生活改变，是一种在变化环境中寻求个人成长改变的服务。陪伴也就成为获取这种"自下而上"的经验知识的关键，只有懂得陪伴，助人的社会工作者才能走进受助者的生活，协助受助者在日常生活中找到那些可以改变的小事情，通过一点一滴的努力实现生活的改变，帮助受助者找回自己改变的意愿和能力，让他们真正成为自己的帮助者，实现助人向自助的转变。[1]

传统问题解决式的"做事"服务逻辑源于西方17世纪的启蒙运动，它出于我们经营经济生产的需要，涉及我们驾驭物质生产过程

---

[1] D. D. Long, C. J. Tice and J. D. Morrison (2006). *Macro Social Work Practice: A Strengths Perspective.* Belmont: Thomson Higher Education, p. 54.

的方式。这种方式很自然地把环境视为物,也确实需要我们运用科学理性的分析方法。但是,这样的理性分析方法一旦运用于社会生活,就会遇到挑战,因为社会从来不是由哪一类人组成的,人与人之间总是存在立场和观点的差异。特别是在日常生活中,这种差异更为明显。这样,尊重人的差异性就成为社会生活的一项基本诉求。这样的诉求在快速变化的"后现代社会"变得更为突出,因此,在个人理性自由原则基础之上建立起来的传统问题解决模式会受到很多人的质疑,认为这样的问题解决方式不仅无法走进"弱势者"的生活,了解他们生活处境中的真实改变需求,而且很容易以"科学"或者"标准化"的名义无视他们的实现生活要求,导致助人服务的提供者与受助者之间的对立和抗拒。① 宏观视角推崇的"做人"服务就是顺应社会生活的差异化要求而进行的尝试,它倡导我们放弃以实现自己预定目标为唯一标准这种过度突出个人理性的行动方式,学会处境化的分析方法,在处境中找到可以改变之处,让我们重新找回改变的意愿和能力,带动环境一起改变。这样的改变既无法由市场的发展来培育,也无法由政府的推动来实现,它恰恰要借助做人的助人服务才能产生。这才是社会工作这样的助人服务的价值所在,让我们通过参与创造一种更有希望、更有意义的生活,找到心灵安顿之处。②

三、社会自我

在具体的助人过程中,宏观视角下的助人服务的焦点不同于传统的问题解决模式,它关注个人自我如何成长,认为我们只有在感受环境变化的前提下拥有生活自决能力,才能够在环境的变化中为自己找到成长改变的空间;否则,我们即使具备了问题解决的能力,也会与环境脱节,在多样、持续变化的生

---

① W. G. Brueggemann (2002). *The Practice of Macro Social Work* (2nd ed.). Belmont: Books/Cole, p. 3.

② Ibid., p. 9.

活环境面前不知所措。① 宏观视角发现，传统的问题解决模式对我们的自我也是有所考察的，只是把我们的自我视为个人内在的品质，可以独立于我们生活的环境，使得我们的能力培养脱离环境，变成纯粹知识的学习和技能训练，最终使我们每个人成为社会生活中单个孤立的"原子"化的人。② 实际上，这种孤立的个人自我观与现实生活是不相符的，我们的自我总是与现实的生活环境联系在一起的。当我们遇到问题时，就意味着我们的自我与现实生活环境之间发生了冲突，无法根据环境的变化及时做出调整。如果此时我们依旧不去倾听生活环境的要求，采取不理会生活环境变化的"自上而下"的问题解决模式去处理问题，就会进一步割裂与环境的联系，出现越解决问题越依赖他人或者专家的困局。这样，我们的自我在问题的解决过程中不是得到了成长，而是进一步弱化。显然，解决这种困局的唯一办法是，加强我们在困境中与生活环境的联结，从而在困难面前看到生活环境的变化和要求，增强我们自我的社会联结性和生活自决能力。③ 如果从自我来看问题解决模式，我们就发现，正是对自我内涵的不同理解，导致出现两种完全不同的问题解决方式，产生两种完全不同的助人成效。

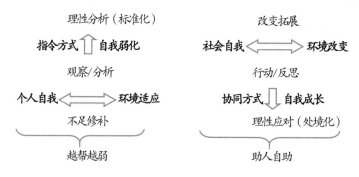

---

① J. P. Hornick and B. Burrows (1987). "Program Evaluation." In Richard M. Grinnell (ed.). *Social Work Research and Evaluation* (3rd ed., pp. 143-164). Itasca: Peacock, p. 143.

② G. Winter (1966). *Elements for a Social Ethic: The Role of Social Science in Public Policy*. New York: Macmillian, pp. 7-9.

③ W. G. Brueggemann (2002). *The Practice of Macro Social Work* (2nd ed.). Belmont: Books/Cole, p. 21.

针对传统问题解决模式强调的自我的个人特征，宏观视角提出社会自我这一概念，认为自我不是个人的自我，而是社会处境中的自我，其具有两个重要特征：一是应对性(activity)。它是指不管我们是否喜欢，我们每个人总是生活在一定的处境中，需要面对环境提出的挑战并做出回应，既不是环境挑战的被动接受者，也不是环境挑战的掌控者，而是介于两者之间的影响环境改变的推动者。二是自主性(autonomy)。它是指不管我们是否意识到，我们每个人都具有自觉意识，能够对自己的生活应对方式和改变成效进行审视和解释，并且以此为基础对自己的生活做出调整和安排，具有影响自己命运的能力。因此，在宏观视角看来，我们的真正改变在于自我的成长，它不可能来自社会支持的加强这种纯粹外部环境条件的改善，也不可能来自"专家"指导这种纯粹单向的指令式交流方式，只能来自我们自身。我们借助与周围他人协同的沟通方式加强与环境的联结，找到生活困境中可改变的拓展空间，实现自我增能。[①] 只有这样，助人服务才能达成"助人自助"的目标。

对于自我来说，它的成长改变离不开一个很重要的元素，就是对此时此地（here and now）即当下的关注。宏观视角认为，我们之所以在日常生活中遭遇问题，不是因为存在什么不足需要修补，而是因为我们的想法与环境的要求有差距，并且我们对此找不到有效的应对方法，在环境要求面前不知所措，逐渐失去对生活的掌控感。此时，我们只有通过加强对当下的关注以及深化与环境的联结，才能够让自我扎根于活生生的现实世界，让自己踏上自我探索、自我增能的发展道路，避免应用传统问题解决模式出现的困境，即不自觉地把生活中的差异当作不能适应环境的表现，从而忽视我们自我的应对能力和学习能力，丢失了自我成长改变的机会。[②] 我们来读一读下面这个佛学中的小故事"脚不湿"。

[①] W. G. Brueggemann (2002). *The Practice of Macro Social Work* (2nd ed.). Belmont: Books/Cole, p. 21.

[②] Ibid., p. 22.

关注当下——"不湿脚"与"脚不湿"

一位高个子的师父与一位矮个子的师父要过浅水滩,两个人做好了过河准备。

高个子问:"你为什么这样过河?"

矮个子回答:"不湿脚。"

高个子继续说:"你们每个人不管老老少少怎么都这样回答。"

矮个子问:"那你怎么回答?"

高个子回答:"脚不湿。"①

尽管从字面上看,这两种回答相似,只是把"脚"从宾语的位置换到了主语的位置,但是实际上,这样调换意味着这两个人的做事方式完全不同。前者注重用眼睛看,要求环境(河水)"不湿脚";后者注重用心感受,希望在环境挑战面前自己"脚不湿"。显然,宏观视角所说的关注当下并不是我们常讲的只管眼前事那么简单,它其实是倡导一种新的做事和学习方式,要求我们用心体察此时此地的感受,学会运用自我增能的方式去应对现实环境的挑战,发掘生活的乐趣。

四、改变导向

一旦我们运用自我增能的方式应对现实生活的挑战,人就离不开环境,环境因此成为个人实现自我成长的基础和条件。没有了环境,个人的自我也就没有了成长的土壤,必然成为没有了生命的枯木;同样,环境也离不开人,它不再是我们眼中孤立的"客观"存在,而是随时需要面对我们生存和发展要求的不断变化的环境。② 因

---

① 参见蒙培元:《中国哲学主体思维》,北京:东方出版社1993年版,第180页。

② C. A. Cahmbers (1980). "Social Service and Social Reform: A Historical Essay." In F. R. Breu and S. J. Diner (eds.). *Compassion and Responsibility: Readings in the History of Social Welfare Policy in the United States* (pp. 18–32). Chicago: University of Chicago Press, p. 20.

此，我们需要从一种新的整全视角来考察自己的日常生活安排，这种整全视角能够同时结合个人与环境的要求，让个人的自我能够融入环境的发展，不再局限于单向的聚焦个人或者环境的分析，而是将个人的应对行动放在具体的环境中，同时考察环境对个人的影响，放弃传统问题解决模式那种只顾树木（问题）不顾森林（处境）的做法。[1] 显然，在宏观视角看来，人与环境之间不是谁影响谁或者相互影响那么简单，而是一种影响的循环链，人的某个行动作用于环境的同时，环境也在影响人。这样，人的行动成效不仅取决于个人的行动，而且取决于环境对个人行动的回应。只有当个人的行动与环境的要求相结合的时候，人的行动才能有成效，个人的自我也因此拥有了掌控现实生活的能力。[2]

有了这种整全视角，我们对生活的态度就会发生明显变化，能够将个人对环境的影响与环境对个人的影响联系起来考察生活的安排，不再局限于"小我"，仅仅关注自己怎么做，不管环境的要求，而能够结合环境的变化，关注在特定的环境要求下我们自己可以怎么做，让自己拥有更为开放、包容的"大我"。我们个人的想法与环境的要求不仅不是对立的，而且相互依存，它们就像一枚硬币的两面，一起推动我们个人自我的不断成长。[3] 特别是当我们遭遇的问题涉及个人生活的多个方面，影响我们日常生活安排的时候，我们所具有的这种能随环境变化的自我应对能力就成为解决我们日常生活问题的关键，它直接关乎我们能否掌控自己的日常生活和健康成长。[4]

---

[1] R. Vodde and J. P. Gallant (2002). "Bring the Gap Between Micro and Macro Practice: Large Scale Change and a Unified Model of Narrative-Deconstructive Practice." *Journal of Social Work Education*, 38(4): 439–458.

[2] D. D. Long, C. J. Tice and J. D. Morrison (2006). *Macro Social Work Practice: A Strengths Perspective*. Belmont: Thomson Higher Education, p. 17.

[3] J. R. Rothman and T. Mizrahi (2014). "Balancing Micro and Macro Practice: A Challenge for Social Work." *Social Work*, 59 (1): 91–93.

[4] T. Mizrahi and J. Morrison (eds.)(2013). *Community Organization and Social Administration: Advances, Trends, and Emerging Principles*. New York: Routledge, p. 43.

如果从强调人与环境相互联系的整全视角审视问题,我们就会发现,社会工作这种助人服务所要解决的问题有自己的特征,既不能与纯粹个人的心理困扰混淆,也不能与公共生活的社会问题相互替代,它正好介于两者之间,具有三个方面的重要特征:(1)生活性。它明显受到外部环境的影响,给我们个人的日常生活造成困扰。(2)事实性。它不是我们纯粹个人的感受,是一群相关者共同经历的事件。(3)社会性。它的解决依赖我们个人和公共生活两个层面的改善,而且彼此之间相互影响。① 因此,像社会工作这种助人服务所要解决的问题往往与场景有着密切的关系,不仅场景不同问题的表现就不同,而且环境因素对问题的影响非常突出,有些问题并不是一下子能够解决的,或者很难在短时间内得到解决。面对日常生活中这样复杂的问题,我们也就不能采取传统的问题解决方式,即问题是什么就解决什么,而需要根据环境变化的要求有所侧重地开展服务,从生活中的可以改变之处入手,懂得随机应变(contingency approach)。② 只有这样,我们才能从小的改变开始,通过努力逐渐带动大的改变,最后实现整个生活状况的改善。

基于对问题和问题解决过程的不同理解,宏观视角提出了新的助人服务策略:以改变为导向,倡导哪里可改变就从哪里入手的服务原则。它要求我们放弃传统的问题解决方式,认为这种方式从问题入手,坚持问题是什么就解决什么,这种"非黑即白"的服务原则只会将现实问题简单化,加剧人与环境的对抗,特别是在多样化和不断变化的日常生活环境中,这样的服务原则很容易碰壁,因为现实生活中很多问题并不是一下能够解决的,问题越严重,受环境因素的影响也就越突出。宏观视角倡导的改变导向的服务原则不同,尽管它也关注问题,但并不会把问题与问题解决直接联系起来,而是强调在问题的处境中发现哪里可以改变。那些暂时无法解

---

① W. G. Brueggemann (2002). *The Practice of Macro Social Work* (2nd ed.). Belmont: Books/Cole, pp. 43–44.

② Ibid., p. 45.

决的问题就需要放在一边,那些与问题并不直接相关但可以带来生活改变的方面就需要放在首要位置进行考察。这样,哪里可改变就成为我们面对问题时考察的中心。宏观视角相信,我们只有找到了可以改变之处,梦想才能变成现实,生活才能发生真正的改变。[1]

从技术改变到生活改变

小刘从事助人的公益服务多年,她发现人们的生活近几年越来越受到智能手机的影响,于是针对老年人开展了一系列智能手机学习的公益服务,如"掌上就医""生活一键式""易支付"等,帮助老年人掌握智能生活的必要技术,方便出行。没想到,她的这些公益服务受到一些爱心人士的强烈反对。这些爱心人士认为,老年人退出了职业生涯,更需要社会交往和互助的机会,这样,他们才会觉得自己是有用的,不是社会的累赘。如果公益服务追求生活便利,就会像"便民服务",只会给人们带来生活便捷和物质依赖的感受,无法让人觉得自己是有用的,导致他们失去获得感和满足感。

这些爱心人士相信,生活改变才是公益服务的核心,因为无论爱心还是技术,都需要以生活作为生存的土壤;否则,就容易使人陷入"先入为主"的思维困局。人们在现实生活中真正关心的既不是爱心,也不是技术,而是生活如何改善。只有当人们真正掌握了生活改变的技术时,才能相信自己是有力量的人,才能承担起自己的生活责任,对周围他人保持一颗关爱之心。

一旦我们关注生活改变,人与人之间的交流就不是直线式的,而具有了在特定场景中联动的特征,不仅一方的行动影响另一

---

[1] W. G. Brueggemann (2002). *The Practice of Macro Social Work* (2nd ed.). Belmont: Books/Cole, p. 47.

方,而且任何一方的行动成效都取决于双方的行动是否能够达成互惠,出现"1+1>2"的结果;否则,其中任何一方都会觉得自己生活的改变不取决于自己的行动,而是受制于他人,就会丧失对生活的把控感。对此,宏观视角提出了一种能够促进生活改变的"互惠反思"(mutual reflection)。不同于传统的专注于个人内心感受或者行动经验的反思,那是一种只注重个人自我能力提升的反思,这种反思关注在特定场景中对自己生活改变的成效进行考察,它让我们具有了在与周围他人的联动中促进自己生活改变的能力。[1]

五、互惠反思

显然,这种"互惠反思"的能力代表了我们在现实生活中建构生活的能力,既需要我们符合现实的生活条件和周围他人的要求,遵循"客观"原则,也需要我们主动参与和自决,发挥"主观"的能动性,是一种通过主观努力寻找"客观"变化规律的探索过程。[2] 如果我们采用传统的问题解决模式处理问题,就会不自觉地把"客观"事实当作我们经验之外的"客观"事件,或者把个人的心理完全视为"主观"的,陷入过度失望或者过度乐观的尴尬境地,看不到问题处境中每个人自身拥有的与周围他人联结的能力,自然会放弃生活的自决机会。宏观视角倡导"互惠反思",就是希望我们能够把人与人之间的联结视为第一位的,以这样的"客观"事实为前提寻找自我成长的"主观"发展空间,避免人与环境的对立。因此,宏观视角称这种"互惠反思"是一种能够促进人与环境良性循环的价值思维方式(value-centered thinking),它能够弥补传统的纯"客观"事实分析或者纯"主观"伦理指导的不足。[3]

在这种"互惠反思"中,行动(action)起着重要作用,它不再

---

[1] W. G. Brueggemann (2002). *The Practice of Macro Social Work* (2nd ed.). Belmont: Books/Cole, pp. 73-74.

[2] Ibid., p. 68.

[3] Ibid., pp. 70-71.

是我们依照预先制定的目标而机械地执行任务，而是我们根据自己对生活的理解体验现实生活的过程，在这个过程中我们有了与周围他人相联结而一起创造生活的机会。① 因此，"互惠反思"是有关行动的反思，是我们把自己放在与周围他人的联结中考察如何促进生活改变的行动反思。这样，宏观视角所说的行动具有三个方面的重要特征：（1）社会性。它是我们与周围他人产生联结的重要方式，只有通过对行动的考察，我们才能深入具体的生活场景，了解自己与周围他人具体的关联方式。②（2）反思性。它是我们理解现实生活的基础，也是我们赋予自己生活以意义的过程，借助这样的反思和意义赋予过程，我们才具有主动影响自己生活安排的能力，生活也就不再是纯"客观"的命运安排，或者纯"主观"的随心所欲。③（3）改变性。它是我们施展自己的影响，并且学会与周围他人协商的过程。有了这样的影响过程，我们才能够将个人的成长与环境的改善结合起来，拥有改变现实生活的能力。④ 正是有了这样的行动理解，我们才能在多元化的现实生活中找到自我的成长改变空间，放弃传统问题解决模式所坚持的只关注个人利益最大化的个人理性选择原则。这种原则只会把人与人之间的交往当作利益的理性互换，将社会生活经济化，侵蚀人与人之间的情感联结，使我们的现实生活变成冰冷的利益场。⑤

以改变为导向的服务策略，要求我们把关注的焦点放在如何调整行动方式促使生活发生有成效的改变上，它是一种向前看的服务方式，帮助我们避免把精力过度集中在谁对谁错的现状分析上，从

---

① H. Blumer (1969). *Symbolic Interactionism: Perspective and Method*. Englewood Cliffs: Prentice-Hall, pp. 14–15.

② M. Zey (1998). *Rational Choice Theory and Organizational Theory: A Critique*. Thousand Oaks: Sage, p. 2.

③ W. G. Brueggemann (2002). *The Practice of Macro Social Work* (2nd ed.). Belmont: Books/Cole, p. 74.

④ Ibid., p. 75.

⑤ B. Checkoway (1997). "Core Concepts for Community Change." In Marie Weil (ed.). *Community Practice: Models in Action* (pp. 1–15). New York: Haworth Press, p. 13.

而阻碍改变的发生。这样，我们就需要从关注个人的问题或者能力转向关注个人的改变资源，从个人自身的改变意愿入手，调整个人原来的行动方式，挖掘个人的改变能力，促使我们从生活的被动受助者变成生活的主动参与者，学会与周围他人建立一种互惠式的合作联盟。① 这种从改变意愿入手、注重改变能力和改变信心培育的服务方式，是为了让受助者真正成为自己生活的改变者，学会遵循生活改变的规律找到自己成长改变的途径。② 提供服务的助人者也因此成为协助者，他们既不同于指导者，直接提供如何行动的指令，也不同于倾听者，只注重理解别人的想法，而是要与受助者一起面对现实生活的挑战，协助他们在自己的现实生活中找到更为有效的行动方式，促使自己的现实生活发生积极的改变。③

六、自我增能

在我们寻找自我成长改变途径的过程中，建立人与环境相互促进的循环影响圈就变得非常重要，它不是人适应环境或者环境为人的发展提供支持这么简单，而是要求我们学会运用循环影响的逻辑考察人与环境之间的相互作用，调整自己的行动方式，让自己的行动能够带来积极的生活改变成效。④ 只有这样，我们在现实生活的困难面前才能看到自我成长改变的希望，相信自己是有能力改变自己的生存环境和影响自己的生活安排的，找回自己在问题困境中逐渐失去的生活掌控感和社会身份。⑤ 这就是我们通常说的增能（empowering），它给我们最直接的感受是，面对生活挑战时觉得自己是

---

① D. D. Long, C. J. Tice and J. D. Morrison (2006). *Macro Social Work Practice: A Strengths Perspective*. Belmont: Thomson Higher Education, p. 60.

② Ibid., p. 63.

③ K. D. Tower (1994). "Consumer-Centered Social Work Practice: Restoring Client Self-Determination." *Social Work*, 39(2): 191-196.

④ D. D. Long, C. J. Tice and J. D. Morrison (2006). *Macro Social Work Practice: A Strengths Perspective*. Belmont: Thomson Higher Education, p. 64.

⑤ K. K. Miley, M. O'Melia and B. DuBois (2001). *Generalist Social Work Practice: An Empowering Approach*. Boston: Allyn & Bacon, p. 97.

有力量和信心的。显然,增能所说的能力不是指单向的理性的问题解决能力,它涉及我们在现实生活挑战面前的双向交流,是指我们在现实生活中勇于面对环境提出的挑战并且善于从中寻求生活改变的能力,这是一种自我的能力,是我们的自我在现实生活挑战面前的自决能力。①

玩玩反义词——增能与能力概念的比较

```
      反义词                    反义词
增能 ⇒ 失去掌控       有能力 ⇒ 没能力
社会自我                  个人自我
```

增能是对于失去生活掌控的人们而言的,它是帮助人们在遭遇问题失去生活掌控之后重新获得掌控的过程,是人们在现实生活的关联中社会自我能力的增强,核心表现就是自决能力的提高。有能力是针对遇到事情没能力处理的人们而言的,它是帮助遭遇问题的人们学会解决问题的过程,是人们在现实生活中解决问题的个人自我能力的提升,核心表现就是问题解决能力的增强。

与协助我们提高问题解决能力不同,在帮助我们重新获得生活掌控的过程中,首先需要关注的不是如何观察,不是为了精准界定问题而分析问题产生的原因,找到解决问题的办法,而是如何倾听,以便准确发现改变意愿,挖掘改变能力,找回改变信心。② 之所以要以倾听作为这种增能的核心服务策略,是因为增能改变的是我们对生活的掌控能力,它以我们自己的生活经历以及对生活的理解为基础,我们自己才是现实生活真真切切的经历者,最能体会到现实生活对自己的要求。③ 只有学会倾听,我们才能放下那些"先入为

---

① D. D. Long, C. J. Tice and J. D. Morrison (2006). *Macro Social Work Practice: A Strengths Perspective.* Belmont: Thomson Higher Education, p. 63.

② Ibid., p. 65.

③ G. J. Green and M. Lee (2002). "The Social Construction of Empowerment." In M. O'Melia and K. Miley (eds.). *Pathways to Power: Readings in Contextual Social Work Practice* (pp. 179–190). Boston: Allyn & Bacon, p. 184.

主"的想法，愿意与周围他人交流，让自己成为自己生活的决策者，重新找回对生活的掌控感。①

一旦从增能视角理解助人服务，我们就会发现，生活掌控能力的提升不是来自"专家"制定的标准化服务，而是对在地经验的挖掘，这让我们拥有参与在地社会生活的机会，其目的是提升我们对现实生活的自决意识和能力。② 这样，我们的生活就不完全是个人的，它与社会的发展、历史的演进密不可分，是文化经验生产的一部分，具有持续不断的自我革新（self-production）的能力。③ 就这一点而言，这种促进自我成长的宏观视角让从事助人服务的社会工作在现代社会中有了独特的位置和作用。这是因为，无论以市场交换为导向的组织还是以行政管理为目标的组织，都注重问题是什么和问题如何解决，关注个人的理性解决问题能力的提升。④ 这种应对事情的方式虽然能够提高我们做事的效率，但同时带来了标准化、一致化的自我发展的困局，让我们在现实生活面前只有强者与弱者的差别，没有了人与人之间的关怀和生活的多样性。宏观视角倡导的助人服务则不同，它不是把现实生活作为帮助我们解决问题的一种资源，而是当作一种场所，一种滋养我们自我成长改变的现实基础。⑤ 正是有了这样的现实生活基础，我们的自我才真正拥有了成长发展的空间，不再仅仅作为解决问题的工具。⑥ 我们的生活也因此具

---

① D. D. Long, C. J. Tice and J. D. Morrison (2006). *Macro Mocial Work Practice: A Strengths Perspective*. Belmont: Thomson Higher Education, p. 63.

② S. Buecher and F. K. Cylke (1997). "The Centrality of Social Movements." In Steven M. Buecher and F. Kurt Cylke (eds.). *Social Movements: Perspectives and Issues* (pp. 558–579). Mountain View: Mayfield, p. 577.

③ D. Lum (2004). "Social Work in a Multicultural Society." *Social Work*, 49(1): 1–15.

④ L. M. Salamon (1995). *Partnership in Public Service: Government-Nonprofit Relations in the Modern Welfare State*. Baltimore: Johns Hopkins University Press, p. 15.

⑤ D. D. Long, C. J. Tice and J. D. Morrison (2006). *Macro Social Work Practice: A Strengths Perspective*. Belmont: Thomson Higher Education, p. 115.

⑥ G. Winter (1966). *Elements for a Social Ethic: The Role of Social Science in Public Policy*. New York: Macmillan, p. 8.

有了社会性，有了人与人之间的信任和关心，以及生活的归属感和责任感。①

显然，宏观视角所要强调的不是规模大小的宏观，而是观察视角的宏观。这种观察视角把人与环境相联结的社会性放在了第一位，从促进我们自我成长的增能方式入手，围绕如何改变开展服务，就此找到人与环境能够一起改变的协同方式，让我们重新拥有对生活的掌控感和获得感。② 这种宏观视角让我们看到社会工作这类助人服务的社会性，也使社会工作不再停留在问题是否能解决这种技术层面的讨论，发挥帮助我们找回心灵安身之处的作用，这是现代社会生活中每一个人的基本诉求。③

第二节　社会工作：问题解决还是自我成长

在生活中谁又能说自己不会遇到问题呢？问题就是生活原本的样子，只是我们不愿意在生活中看到问题，它让我们感到害怕和紧张，会想到自己能力的不足和条件的匮乏。如果我们抱着这样的心态生活，虽然问题可以得到解决，但是害怕却无法消除。一个问题解决之后，我们就会担心下一个问题，生活成了没有终点的问题解决过程。要摆脱这样的困境，我们就需要把问题解决的"助人"变成自我成长的"自助"，真正实现"助人自助"。

---

① D. D. Long, C. J. Tice and J. D. Morrison (2006). *Macro Social Work Practice: A Strengths Perspective*. Belmont: Thomson Higher Education, p. 246.

② S. J. Fogel and R. Ersing (2016). "Macro-Focused Social Work Dissertation: A Preliminary Look at the Numbers." *Journal of Social Work Education*, 52(2): 170-177.

③ J. E. Mosely (2016). "Yes, Macro Practice Matters: Embracing the Complexity of Real-World Social Work." *Human Service Organization: Management, Leadership & Government*, 21(2): 4-6.

一、改变学科

社会工作这样的助人服务离不开对问题的考察，它存在的前提是我们在现实生活中总会遭遇这样那样的问题，问题一旦出现，就需要我们想办法克服；否则，我们的生活就会陷入困境，出现越来越多的麻烦，不仅影响自己，而且影响家庭、邻里、社区，甚至整个社会。这样，社会工作这种助人服务也就有别于一般的社会科学，如社会学、心理学，或者文化人类学等，这些社会科学关注对社会现象的观察和分析，目的是通过观察和分析找出社会现象之间的关联，以帮助我们更好地理解这些社会现象。社会工作这种助人服务不同，这门学科是否成熟、是否有存在的价值，取决于它能否有效帮助我们克服现实生活中遭遇的问题。因此，社会工作这种助人服务是以对现实生活问题的考察为核心、以改变为导向的，它是一门有关生活如何改变的学科。[1]

应对还是分析

小刘从事社会工作多年，他发现人们在生活中面对现实问题时有两种截然不同的处理方式。一种要求自己先了解问题是什么，然后再根据自己的了解采取有针对性的行动。采取这种问题处理方式的人就会强调，只有看清楚了问题，才能找到解决问题的办法。另一种要求自己先想出应对的办法，然后一边尝试一边调整。这种关注应对办法的人就会坚持认为，问题能否解决是要看是否有更好的应对办法，看清楚了问题也未必能够找到更好的应对办法。

小刘觉得这两种说法有各自的道理，但是两者看起来又相互矛盾。因此，小刘感到很困惑，不知道该如何取舍。

---

[1] M. Gray and S. A. Webb (2009). "Critical Social Work." in M. Gray and S. A. Webb (eds.). *Social Work Theories and Methods*. London: Sage, pp. 76–85.

小刘遭遇的问题其实是社会工作这种助人服务的核心问题，也是首要问题：面临现实生活问题时，是想办法应对，还是注重分析理解？如果是前者，我们就把社会工作这种助人服务作为一门改变学科；如果是后者，我们就会把社会工作这种助人服务等同于一般的分析学科。至于需不需要分析，这是毫无疑问的，改变学科也需要分析，如何有效应对就是社会工作这种助人服务思考的核心，只不过这样的观察分析是第二位的，是在应对过程中对应对成效的观察分析，目的是促使我们真正拥有改变现实生活的能力，它需要始终围绕改变。显然，在现实生活面前，改变是第一位的，离开了改变，任何完美的观察分析只能是一种纯智力的游戏，对现实生活没有任何帮助。以改变为导向，这是社会工作对助人服务这一现实要求做出的回应，随着我们遭遇的问题日益复杂以及服务专业化要求不断提高，社会工作助人服务这一特点也会越来越凸显，成为社会的基本共识。①

从一般的原则来看，社会工作助人服务是以改变为导向的，这几乎没有什么疑问，但是在实际的助人服务中如何做到以改变为导向，却因为我们对现实生活中遭遇的问题有不同的理解，出现了不同的助人服务方式。② 这些助人服务都需要考察两个重要元素，就是人与环境。这样，"人在情境中"成了社会工作助人服务这门学科的核心基本命题。③ 在人与环境的关系中，如果我们把人看作改变的最重要元素，就会关注个人内部心理状况的调整，认为通过个人心理状况的改变就能够实现人与环境关系的改善。这是社会工作助人服务中非常流行的观点，特别是在社会工作助人服务寻求专业化发展的早期，社会工作者专注于个人、家庭等微观领域的服务，这种观

---

① D. Howe (2009). *A Brief Introduction to Social Work Theory.* New York: Palgrave Macmillan, p. 136.

② V. Coulashed and J. Orme (2006). *Social Work Practice* (4th ed.). Basingstoke: Palgrave Macmillan, p. 9.

③ C. Beckett (2006). *Essential Theory for Social Work Practice.* London: Sage, p. 33.

点占据着这个学科的主导位置,这种服务模式被学者们称为心理取向的社会工作助人服务方式。[1] 如果我们把环境作为改变的最重要元素,就会关注个人外部环境状况的改善,强调通过加强个人外部社会支持实现人与环境关系的改善。这种观点在20世纪六七十年代开始受到社会的重视,学者们发现,环境条件的不足会给我们的生活带来长期的困扰,而且往往影响我们生活的多个方面,使我们的生活陷入多重困难,有时甚至影响我们的基本生活保障。当然,对于环境也有不同的理解,有的关注人与人之间的社会支持状况,像家庭、同伴、邻里等微观环境,有的侧重社会结构层面的社会支持状况,像组织、社区和地区等宏观环境。[2] 这样,从"人在情境中"出发,就出现了两种对立的社会工作助人服务方式,也就是注重个人内部调整的临床治疗和关注环境改善的社会发展。

除了以这种单向视角考察人与环境之间的关系,还有另一种应对困难的方式,就是把人与环境结合起来,考察人与环境之间的相互影响,既需要人做出调整,也需要环境做出改变。这就是我们常说的生态系统视角和关系视角。生态系统视角把人与环境当作两个系统,认为这两个系统是相互影响的;关系视角有所不同,它直接把人与环境或者人与人之间的关系当作关注的焦点,像家庭关系、同伴关系、邻里关系等,强调没有人能够脱离他人或者环境的支持,人是生活在特定的社会关系中的。[3] 尽管这些整合视角克服了单向视角只关注一个改变元素的不足,有了将人与环境两个改变元素联系起来一起考察的要求,但这样的改变依旧依赖他人的指令,是

---

[1] L. Dominelli (2002). "Anti-Oppressive Practice in Context." In R. Adams, L. Dominelli and M. Payne (eds.). *Social Work: Themes, Issues and Critical Debates* (2nd ed., pp. 3-19). New York: Palgrave Macmillan, p. 3.

[2] D. Howe (2009). *A Brief Introduction to Social Work Theory*. Basingstoke: Palgrave Macmillan. p. 4.

[3] L. Dominelli (2002). "Anti-Oppressive Practice in Context." In R. Adams, L. Dominelli and M. Payne (ed.). *Social Work: Themes, Issues and Critical Debates* (2nd ed., pp. 3-19). New York: Palgrave Macmillan, p. 4.

外部给予的,受助者自身并没有通过人与环境的改变形成自我"造血"的功能。因此,我们在考察人与环境的相互影响时就不能站在生活之外进行观察分析,而需要走进生活,从受助者的生活经验出发关注他们自身拥有的反思能力,帮助他们在人与环境的相互影响中找到可以改变之处,由此逐渐拓展他们在现实生活中的改变能力。这种注重自我"造血"的整合视角有两种发展取向:一种注重人际层面,关注个人与他人之间如何形成积极影响的循环圈,受后现代建构主义思潮的影响,被学者称为建构视角[1];另一种侧重社会层面,强调个人参与和社会公正倡导,目的是帮助我们建立人与社会环境之间相互促进的循环圈,它受到批判理论的影响,被学者称为批判视角[2]。

显然,要想在生活困境中拥有自救的"造血"功能,实现"助人自助",就需要从我们的经验入手,放弃客观"事实"分析。这样,社会工作助人服务就有了两种基本的促使我们发生改变的方式。一种关注生活中的不足,认为只有找到了不足,才有可能明确问题,由此才能找到解决问题的办法。了解问题和解决问题就成了掌握这种生活改变方式的核心。另一种关注生活困境中的经验,认为只有找到了我们自身理解现实生活困境的经验,才有可能通过对行动经验的反思,让我们在现实生活困难面前发现自我成长改变的路径。促进生活参与和自我成长就成为实现这种生活改变方式的关键。因此,面对困难时,我们有两种整合人与环境改变元素的方式:问题解决和自我成长。[3]

---

[1] W. G. Brueggemann (2002). *The Practice of Macro Social Work* (2nd ed.). Belmont: Books/Cole, p. 9.

[2] M. Gray and S. A. Webb (2009)."Critical Social Work." In M. Gray and S. A. Webb (eds.). *Social Work Theories and Methods* (pp. 76–85). London: Sage, p. 77.

[3] W. G. Brueggemann (2002). *The Practice of Macro Social Work* (2nd ed.). Belmont: Books/Cole, p. 4.

二、场景服务

从形式上看，问题解决的助人方式与自我成长的助人方式是相互矛盾，甚至相互对立的。问题解决的助人方式只关注对生活不足部分的修补，它采取"哪里不足，修补哪里"的病理方式，是一种自上而下的标准化助人服务。自我成长的助人方式则不同，它关注不足出现时的生活处境，使用"哪里可改变，就改变哪里"的成长方式，是一种自下而上的差异化助人服务。由于关注不足部分的修补，问题解决的助人方式就比较适合人群服务，特别是行为有偏差的边缘人群，这些受助者有明确的需要修补的不足之处。自我成长的助人方式则更为关注我们在困境中自决能力的提升，因而更适配场景服务。我们来看一看社会工作者小齐的一段经历。

社区——是人群服务还是场景服务？

小齐读完美国某著名高校社工专业硕士的课程后，就回国投身社工行业，想学以致用。但他发现自己所要做的与所学的差别太大，像是一个在天，一个在地，很不适应。作为社区项目负责人，他不仅需要经常走访社区居民，与社区居委会打交道，聊一些日常生活中的琐碎事情，而且机构负责人总是希望他多考虑项目购买方和社区居委会的需求，强制要求他每次汇报都把社区放在第一位，甚至直接安排社工承担一些社区行政工作来讨好社区……

小齐很迷茫，想凭借专业的助人服务帮助社区中的弱势人群，但是社区似乎不觉得这是他们最需要社工做的事情；想从社区发展入手，但是社区行政方面的任务太重，很容易把社工作为社区事务的帮手。

在社区中开展社会工作助人服务时，有一个常常让人感到困惑的问题，即是把社区作为人群居住的地方，还是把社区作为人群生活的一个单位。如果把社区作为人群居住的地方，我们就会关注社区生活中的人,采取人群服务的方式;如果把社区作为人群生活的一个单位,我们就会关注人与环境之间的相互影响,好似家庭一样,人就成为环境改变的一部分,因而适于采取场景服务的方式。如果是人群服务,问题解决的助人方式就比较有效,因为它直接明了,有明确的人群"不足"和"修补"方法;如果是场景服务,自我成长的助人方式就更有针对性,因为它关注我们自身带动环境改变的能力。因此,小齐在社区服务中遇到的困难其实是助人服务常常面临的一个难题,是关注人群还是关注场景,或者说,是关注临床治疗还是关注社会发展。这一难题从社会工作助人服务产生时就已经出现,两者看起来几乎"水火不容"。[1]

然而,仔细观察现实生活就会发现,我们任何的生活改变都离不开人与环境这两个改变元素的相互作用,都需要将人与环境这两个方面结合起来,采取一种整全的服务视角。[2] 在这样的现实生活面前,为什么我们还是把注重人群服务的临床治疗与注重场景服务的社会发展对立起来呢?其实,无论注重人群服务的临床治疗还是注重场景服务的社会发展,都没有否认人与环境这两个元素在生活改变中的作用,只是在问题困境中我们需要应对两种现实生活环境。一种相对封闭一些,是专门针对某种社会生活的要求人为组织起来的,像企业、医院、救助站等,是一种组织化的环境。在这种封闭式的组织化环境中,环境是给定的,人群需要筛选出来。这样,人群自然成为服务关注的焦点,问题的界定和问题解决方法的寻找就成为助人服务的核心。另一种相对开放一些,是我们日常生活的场景,像社区就是这样的环境。这种环境是无法给定的,是日积月累自然形成的一种生活环境。在这种开放式的生活环境中,人与人之

---

[1] M. Abramovitz (1998). "Social Work and Social Reform: An Arena of Struggle." *Social Work*, 43(6): 512-526.

[2] J. E. Mosely (2016). "Yes, Macro Practice Matters: Embracing the Complexity of Real-World Social Work." *Human Service Organization: Management, Leadership & Government*, 21(2): 4-6.

间的联系要借助环境才得以明确,环境的变化就成为我们关注的重点,助人服务自然要把环境放在第一位,关注我们如何在变化的环境中促进生活的变化,生活参与和自我成长就成为改变的核心。

因此,在社区这样的环境中开展社会工作助人服务,就有了两种看起来"水火不容"的方式:注重问题解决的人群服务和注重自我成长的场景服务。两者的差别,说到底,是对人与环境关系理解的不同。如果我们把注重问题解决的人群服务放在变化的生活环境中就会发现,在现实生活中我们的问题往往无法通过一次努力就得到解决,因此我们在每一次做出努力之后都要停下来查看来自环境的不同要求,学会根据环境的变化寻找有效的问题解决办法。同样,如果我们在变化的生活环境中运用自我成长的场景服务就会看到,明确了环境的变化要求之后,我们自身是否拥有问题解决能力就成为推动环境改变的关键,我们应该学会采用解决问题的方式增强对环境变化的掌控能力。显然,自我成长的助人方式需要与问题解决的助人方式结合起来,只是在社区这种开放式的日常生活环境中,环境改变元素的影响凸显出来,对它的考察就成为助人服务的第一位,而对人的改变元素的考察则处在第二位。此时的问题解决已经不是针对问题不足的修补,而是消除自我成长中遭遇的阻碍,目的是促进我们的生活发生改变,让我们在生活阻碍面前通过问题解决的过程自我增能,提升我们对日常生活的掌控能力。①

这样,在社区这种开放式的日常生活环境中开展助人服务,我们就需要紧紧围绕改变这一自我成长的核心,将自我成长的助人服务与问题解决的助人服务结合起来,以自我成长为核心、以问题解决为手段,将社会工作转变成一种有关怀、有成效的助人服务,一种以改变为导向的注重问题解决的助人服务方式。这种助人服务方式首先要求我们转变对问题的看法,不是把问题看作我们生活的不

---

① D. D. Long, C. J. Tice and J. D. Morrison (2006). *Macro Social Work Practice: A Strengths Perspective*. Belmont: Thomson Higher Education, p. 63.

足，而是当作我们自我成长中遭遇的阻碍；在明确了阻碍之后，我们就需要学会放弃，接纳现实生活的遭遇和生活中的不可改变之处，并且寻找可以改变的地方，找到可以促进生活参与的方式；有了明确的生活参与的尝试方式，我们就需要一边做一边反思，解决行动尝试过程中出现的问题；每一次尝试之后，对改变成效的考察就成为不可忽视的内容，它让我们看到环境变化对自己应对方式的影响，有了将环境变化与自我应对方式联结的能力；一旦具有了这种将人与环境联结的能力，我们就要拓展与周围他人以及环境一起改变的空间，建立协同改变的联盟，提升我们对自己生活的掌控感和获得感，实现自我增能。

三、助人自助

很显然，这种以改变为导向的问题解决的助人服务，就是把改变作为整个助人服务的主线。有了这条主线，我们在助人服务中做出的所有努力才能串联起来，形成合力，一起推动现实生活发生变化。这样，改变就成为社会工作助人服务的核心，它不只是一个如何做才能促成改变的实务问题，同时也是一个如何通过行动促使生活真正改变的理论问题。[①] 我们遭遇困难时所做的努力并不都能带来生活的改变，有的尝试虽然能够暂时缓解当下的困难，但是却给未来造成更大的麻烦。实际上，我们面对困难时不是不做努力，而是做了这些努力也未必能够给自己的生活带来真正的改变，甚至有些时候还会出现相反的结果，给自己带来更多、更大的麻烦。这个时候，我们自然就不想再做任何改变的尝试，或者去做一些仅仅让自己感觉好些但没有实际改变成效的努力。这就是社会工作的功能理论所发现的一种生活现象，一旦我们有了改变意愿，生活中的反向意愿也就出现了，我们的改变意愿越强烈，生活的反向意愿也就越

---

① D. Howe (2009). *A Brief Introduction to Social Work Theory*. Basingstoke: Palgrave Macmillan, pp. 2-3.

突出。① 因此，我们个人改变意愿越强烈，我们遭遇的困难越严重，我们个人改变意愿受挫也就越明显，由此产生的失望感也就越严重。为了保护我们自己，这个时候我们通常会选择放弃自己的改变尝试。由此我们可以发现，问题不仅仅表现为我们应对环境挑战能力的不足，更为重要的是，我们失去对生活的掌控感，不知道如何努力才能带来生活的真正改变。②

如何才能实现生活的真正改变呢？这就不是我们个人在困难面前要不断努力那么简单，它要求我们调整原有的行动方式，因为原有方式并没有给我们的生活带来积极的改变，反而让我们陷入人与环境的不断对抗。这样，行动方式的调整就成为实现生活改变的首要任务，需要我们找到不使自己与环境产生对抗的行动，发现困境中的可以改变之处。为此，我们就需要将那些对抗的行动方式与行动意愿区分开来，做好两个方面的调整，让自己看到可以带来生活改变的新的行动尝试。一是推。从行动意愿出发，找到愤恨、沮丧甚至绝望这些负面情绪背后的自我成长要求，强化这些要求。二是拉。揭示原有行动方式的负面效果，让我们认识到原有方式不仅无法给自己的生活带来改变，反而会制造更多的困扰。通过推和拉这两个方向的影响，对我们原有行动方式进行调整的改变意愿逐渐凸显，由此我们就能找到新的促进生活改变的行动尝试。

从行动意愿到改变意愿

小刘非常认同社会工作"助人自助"的服务理念，他一开始只是在业余时间从事一些助人的公益服务。经过一段时间的尝试，小刘觉得公益服务非常有意思，能够让自己看到自身的价值，之后他找到一个全职的助人公益岗

---

① J. Taft (1978). "Translator's Introduction: The Discovery of the Analytic Situation." In O. Rank. *Will Therapy: The Therapeutic Applications of Will Psychology* (J. Taft, Trans.) (pp. xi-xxi). New York: Knopf (Original work published in 1929), p. xxi.

② D. D. Long, C. J. Tice and J. D. Morrison (2006). *Macro Social Work Practice: A Strengths Perspective.* Belmont: Thomson Higher Education, p. 65.

位，全身心地投入公益服务。小刘发现，人们的行动意愿与改变意愿不同：行动意愿是向外的、单向的，是人们按照自己的想法去做的意愿，它的动力来自人们的需求，目的是通过行动来满足自身的需要；而改变意愿是向内的、双向的，是人们对自己的做法进行调整的意愿，它的动力来自人们的行动反思。因此，那些容易遭遇困扰的人往往很"拧巴"，他们的行动意愿很强，但改变意愿很弱。小刘认为，社会工作"助人自助"的服务理念恰恰抓住了行动意愿与改变意愿这两者之间的差别，把对改变意愿的挖掘作为"助人"的核心，这样，"自助"也就"水到渠成"。

更有意思的是，经过几年的尝试，小刘发现，这样的"助人"也是在"助己"，让自己学会用"自助"的方式与别人打交道，发现生活中自我改变的成长空间，对生活有了更多的安全感和获得感。

有了改变意愿并不意味着就具有改变能力，改变能力是在成功的改变尝试中慢慢积累起来的，如果改变尝试遭遇挫败，改变意愿依旧可能受到抑制。这样，对改变成效的考察就成为改变能力培育不可缺少的部分。通过对改变成效的审视，我们能够反观自己的应对行动，逐渐从单向的行动意愿中摆脱出来，看到周围环境的不同要求，学会将环境的要求与自己的应对行动联系起来，有了根据环境变化调整自己应对行动的改变能力。一旦我们拥有了这种改变能力，改变的愿望就会得到巩固。这样，我们的改变意愿与改变能力就可以相互促进，形成自我改变的良性循环圈，一起推动我们摆脱生活的困境，从被动的受助者转变成主动的生活改变者。[①] 值得注意

[①] M. Gray and S. A. Webb (2009). "Critical Social Work." In M. Gray and S. A. Webb (eds.). *Social Work Theories and Methods* (pp. 76–85). London: Sage, p. 76.

的是，改变能力的获得也需要我们经历不同的情景，包括顺利的和不顺利的，因为只有在不同情景中找到改变意愿和增强改变能力，我们的自我能力才会更强，才拥有更大的成长改变空间。

为了维持我们的改变动力，改变联盟的建设非常重要。人可以影响环境；同样，环境也可以影响人。良好的社会支持也能够激发我们的改变意愿，从而推动我们寻求新的改变尝试。这样，家庭、同伴、邻里等社会身份的建设也就成为我们自我成长过程中的重要组成部分。此时，我们需要学会一种"互惠反思"的行动方式，通过自己的行动尝试不仅给自己的生活带来改变，而且给身边的重要他人，如家人、朋友、同事等，也带来生活的改变。[1] 这样，我们就打造出了个人的社会身份和对生活的责任感，不再把自己视为"单独"的一个人，一个只关注自己的感受和个人目标是否实现的人，而有了与身边重要他人建立情感联结的能力。[2] 生活因此有了人与人之间的关怀，有了我们心灵安顿的地方。

一百多年来，社会工作者一直在寻找困境中开展助人服务的真谛，希望我们的生活困扰少一些，满意多一点，它绝不是解决眼前遇到的问题那么简单，而是让我们在现实生活中真正拥有改变的希望和改变的能力，为自己的生命感到自豪，在暂时的"助人"过程中成为自己生活的"自助"者，过上一种有力量、有尊严的生活。

---

[1] W. G. Brueggemann (2002). *The Practice of Macro Social Work* (2nd ed.). Belmont: Books/Cole, pp. 73-74.

[2] B. Checkoway (1997). "Core Concepts for Community Change." In Marie Weil (ed.). *Community Practice: Models in Action* (pp. 1-15). New York: Haworth Press, p. 13.